lonely planet

LES CYCLADES

EN QUELQUES JOURS

PETER DRAGICEVICH ET ANNA KAMINSKI

Sommaire

Préparer son séjour 4

Église de Firostefani, Santorin (p. 176)

Explorer les Cyclades 26

Vaut le détour

Hier et aujourd'hui 233

Carnet pratique 239

Coups de projecteur

Bienvenue dans les Cyclades

C'est aux Cyclades que commence toute quête de l'île rêvée. Inondées de soleil et baignées d'eaux azur, ces formations rocheuses escarpées sont ponctuées de villages immaculés et d'églises aux dômes bleus. Alliant douceur de vivre et legs des siècles passés, c'est l'essence de l'Hellade que l'on retrouve ici, entre sites archéologiques et plages de cartes postales. Ajoutez une scène culinaire en plein essor, des lieux où la fête est reine et une dose de sophistication, et vous avez un aperçu des charmes que vous réservent les Cyclades.

Ces îles sont d'une diversité étonnante : les hédonistes se retrouvent à Mykonos et à Ios, les férus d'histoire à Délos, les randonneurs à Andros ou Amorgos. Vous êtes plutôt romantique ? Cap sur Santorin. Lassé du monde moderne ? Rendez-vous à Donoussa ou Anafi. À vous de décider si vous préférez enchaîner les ferrys, déjeuner en prenant tout votre temps dans une taverne au bord de l'eau, ou encore, paresser sur une plage sublime.

Firostefani, Santorin (p. 176)

Les incontournables

Les paysages volcaniques de Santorin

Île volcanique, Santorin borde une caldeira immergée. Falaises abruptes, roches rouges et sable noir offrent un spectacle inoubliable. **p. 168**

Les plages de Naxos

Les splendides plages de sable sont l'un de attraits de l'île. **p. 125**

Randonnées et circuits panoramiques à Amorgos

À pied ou en voiture, des paysages grandioses à découvrir. **p. 30**

MILA ATKOVSKA/SHUTTERSTOCK ©

L'île de Délos

Le site archéologique de la Délos antique est l'un des plus importants de Grèce. **p. 98**

Les plages de Milos

Cette île riche en curiosités géologiques réserve criques et plages d'une grande variété. **p. 84**

LEFTERIS PAPAULAKIS/STOCK.ADOBE.COM ©

Se restaurer

Les Grecs adorent manger dehors et partager de longs et copieux repas en famille et entre amis. La cuisine grecque traditionnelle utilise des produits locaux de saison. L'assaisonnement reste simple : jus de citron, ail, origan et huile d'olive extra-vierge constituent les saveurs de base, avec tomate, persil, aneth, cannelle et clous de girofle. Petit tour d'horizon de l'art culinaire grec.

MARK READ/LONELY PLANET ©

Cuisine grecque

Mayirefta Plats cuits au four ou dans une marmite : moussaka (aubergines, viande hachée, pommes de terre et fromage), *lemonato* (viande avec citron et origan), *stifado* (ragoût de viande avec tomates et oignons)...

Grillades Les souvlakis – probablement le plat national – se présentent sous plusieurs formes, des brochettes de viande grillée au *gyros* de porc ou de poulet cuit sur une broche verticale et enveloppé avec tomate, oignon et tzatziki dans un pain pita.

Poisson et fruits de mer Le poisson est souvent grillé entier et arrosé de *ladholemono* (sauce au citron et à l'huile). Les petits poissons sont légèrement frits. Le poulpe est grillé, mariné ou cuit dans une sauce au vin.

Mezze Ces hors-d'œuvre sont souvent partagés. Parmi les classiques, citons le tzatziki (yaourt, concombre et ail), la *melidzanosalata* (salade d'aubergines), le *taramasalata* (tarama), la *fava* (purée de pois cassés et jus de citron), le *saganaki* (fromage frit).

Salade grecque Servie partout, la *horiatiki salata* (ou "salade villageoise") comprend tomates, concombre, oignons, olives et feta, parfois remplacée par un fromage local.

Chaussons Les boulangeries déclinent *tyropita* (chaussons au fromage), *spanakopita* (chaussons aux épinards) et autres chaussons variés.

Végétarien Les légumes occupent une place importante dans la cuisine grecque – un héritage des périodes de vaches maigres et des traditions orthodoxes de jeûne. Les végétariens repéreront les plats de légumes comme les *fasolakia yiahni* (haricots verts braisés), les *bamies* (gombos), les *briam* (légumes cuits au four) et les feuilles de vigne farcies ou *dolmadhès*.

Douceurs Parmi les gourmandises traditionnelles figurent les baklavas, les *loukoumadhès* (beignets en forme de boule servis avec du miel et de la cannelle), le *kataïfi* (pâtisserie en cheveux d'ange farcie de noix pilées), le *rizogalo* (gâteau de riz) et le *galaktoboureko* (pâtisserie garnie de crème).

OLGAORLY/GETTY IMAGES ©

Boissons grecques

Café Le café grec traditionnel est servi dans une petite tasse. Commandez un *metrio* (moyen, avec un sucre) et sirotez-le lentement jusqu'au marc (qui ne se boit pas).

Ouzo et spiritueux L'ouzo, fameux alcool grec anisé, est bu entre les plats. Le *tsípouro* est une eau-de-vie servie en apéritif, à base de raisin. Moins forte, la *mastíkha* est une liqueur très sucrée à base de distillat de mastic de Chios,

Vins grecs Issus de cépages indigènes, ils ont un caractère bien particulier. De délicieux crus proviennent de Santorin.

Guide des restaurants

Taverne Les tavernes sont des endroits détendus, d'un bon rapport qualité/prix, souvent tenus par une famille.

Mayireio Le *mayireio* excelle dans les ragoûts traditionnels et les plats au four (*mayirefta*).

Estiatorio Restaurant plus chic, servant de la cuisine internationale ou des spécialités grecques.

Mezedhopoleio Cet établissement offre un grand choix de mezze.

Ouzerie Un assortiment de mezze est souvent offert pour accompagner l'ouzo.

Spécialités des Cyclades

Les haricots et légumes secs sont des ingrédients traditionnels des Cyclades, d'où la popularité de la *fava* (purée de pois cassés) et du *revithada* (soupe de pois chiches). Les spaghettis au homard et les saucisses sont aussi des spécialités. Chaque île possède ses propres délices culinaires. Renseignez-vous sur les plats, les fromages et les produits locaux.

Les plus belles plages

Véritable paradis pour les amateurs d'eaux cristallines et de soleil, les plages des Cyclades sont un de leurs attraits les plus emblématiques. Longues étendues de sable blanc, criques secrètes encadrées de falaises, plages de sable rouge ou noir : la variété est immense d'une île à l'autre, et bien souvent d'une baie à l'autre. À vous de choisir selon vos envies !

Sites spectaculaires

Agia Anna, Amorgos Une plage rocailleuse avec une photogénique chapelle chaulée et une vue somptueuse sur les falaises (p. 38).

Sarakiniko, Milos Des formations rocheuses aux allures de meringues et des grottes (p. 85).

Plathiena, Milos Une plage de galets d'une beauté exceptionnelle, encadrée de formations calcaires (p. 85).

Kokkini, Santorin Cette célèbre plage est cernée d'impressionnantes falaises rouges (p. 171).

Vlihada, Santorin Une plage bordée de falaises érodées (p. 171).

Mesa Pigadia, Santorin Sable volcanique noir et falaises (p. 171).

Kolona, Kythnos Une étroite bande de sable reliant un promontoire à l'île de Kythnos dessine une sublime double baie (p. 81).

Plages de sable

Plaka, Naxos Une splendide étendue de sable et des eaux cristallines (p. 125).

Hawaii, Naxos Sable blanc et eaux turquoise (p. 125).

Agios Prokopios, Naxos (photo) Des eaux peu profondes, dans une baie protégée (p. 125).

Elia, Mykonos Une superbe étendue de sable doré enserrée entre deux falaises (p. 115).

Paradise, Mykonos Eaux limpides et sable doré (p. 115).

Agios Sostis, Mykonos Une superbe et vaste étendue de sable doré, moins fréquentée que les plages de la côte sud de Mykonos (p. 115).

Paraga, Mykonos Un magnifique croissant de sable connu pour ses fêtes de plage (p. 116).

Hrysi Akti, Paros La "plage dorée" est la plus belle plage de Paros (p. 150).

Kalotaritissa, Amorgos La plus belle d'Amorgos (p. 38).

Agios Sostis, Sérifos Une pointe de sable prolongée d'un promontoire rocheux aux tons or, où se dresse une église blanche et bleue (p. 205).

LUKASZIMILENA/STOCK.ADOBE.COM ©

Livadakia, Sérifos Une magnifique plage bordée de tamaris, à proximité de Livadia (p. 202).

Kedros, Donoussa Eaux calmes et limpides (p. 164).

Pori, Koufounissia Ce long croissant de sable aux eaux claires est la plus belle plage de Koufounissia (p. 163).

Livadi, Shinoussa Une longue plage aux eaux paisibles (p. 159).

Livadi, Iraklia La plus belle plage de l'île (p. 157).

Criques

Firopotamos, Milos Une superbe crique cernée de falaises calcaires et bordée de maisons de pêcheurs traditionnelles (p. 87).

Aspri, Santorin Cette crique au pied de falaises blanches, l'une des plus jolies de Santorin, n'est accessible qu'en bateau (p. 171).

Paros Park, Paros Cette aire protégée au nord de Paros comprend criques et plages remarquables (p. 151).

Psili Ammos, Shinoussa Une belle crique de sable abritée (p. 160).

Vorini Spilla, Iraklia Une splendide crique accessible par un sentier de randonnée (p. 158).

Proximité de sources chaudes

Loutra, Kythnos Des eaux thermales s'accumulent dans un bassin rocheux avant de filer vers la mer, où les baigneurs peuvent en profiter (p. 80).

Paléohori, Milos La présence de sources chaudes non loin fait chauffer par endroits le sable de cette plage, l'une des plus belles de Milos, cernée de falaises (p. 85).

Activités nautiques

Les Cyclades tirent parti de leurs paysages ourlés de flots bleus et caressés de vents chauds, et d'une vie marine foisonnante. Amateurs de plongée, kitesurfeurs débutants et véliplanchistes trouveront ici leur bonheur.

Plongée et snorkeling

Le snorkeling se pratique à peu près partout le long des côtes. Monastiri, sur Paros, figure parmi les meilleurs spots.

Beaucoup de clubs de plongée emmènent les groupes en bateau sur des sites splendides.

La loi grecque est claire : pour se prémunir contre le pillage des antiquités immergées dans la mer Égée, seules les écoles sont autorisées à pratiquer la plongée. Il faut donc passer par elles.

Il y a peu encore, les sites de plongée étaient limités et strictement contrôlés, mais de nouveaux spots sont désormais accessibles et les centres de plongée se multiplient.

L'**Association professionnelle des moniteurs de plongée** (PADI ; www.padi.com) fournit la liste des centres certifiés PADI.

Planche à voile

La planche à voile est le sport nautique le plus pratiqué en Grèce. Vous trouverez des planches à louer un peu partout, moyennant 15 à 30 €. La plupart des loueurs proposent aussi des cours pour débutants.

Ski nautique

Les eaux relativement calmes et chaudes de la Méditerranée rendent agréables la pratique du ski nautique. Toutefois, en août, les conditions sont parfois difficiles, lorsque le *meltemi* (vent sec du nord) souffle dans le centre de la mer Égée.

Plongée

Amorgos L'île où a été tourné le *Grand Bleu* compte

ADRIENNE PITTS/LONELY PLANET ©

de beaux sites et un centre renommé (p. 36).

Ios L'île, réputée pour ses sports nautiques, accueille plusieurs prestataires sur la plage de Mylopotas (p. 62).

Kéa Un des meilleurs sites de Grèce pour la plongée, avec parois rocheuses, épaves d'avion, grottes sous-marines (p. 72).

Kythnos Avec 30 sites, un paradis pour les plongeurs (p. 80).

Mykonos D'intéressants sites (épaves, grottes sous-marines, parois) au départ des plages de Kalafatis, Lia et Paradise (p. 117).

Paros Bonnes agences de plongée sur la plage de Hrysi Akti (p. 151).

Santorin La plongée est une autre manière de visiter les curiosités géologiques de l'île, telles les grottes de lave sous-marine (p. 193).

Sérifos Une agence réputée, des épaves et des mines englouties (p. 202).

Paros Bonnes agences sur la plage de Hrysi Akti (p. 150).

Planche à voile

Paros La plage de Hrysi Akti est sans doute le meilleur spot des Cyclades (p. 150). Santa Maria et Pounta (p. 150) offrent de belles conditions.

Mykonos Les véliplanchistes apprécient les plages de Kalafatis et Ftelia (p. 117).

Naxos Agios Georgios, Pyrgaki et Mikri Vigla (p. 125) sont les principales plages pour la planche à voile.

Ios La plage de Mylopotas et celle de Psathi offrent des conditions idéales (p. 63).

Kitesurf et surf

Plage de Pounta, Paros
Avec son vent presque constant, Pounta attire les meilleurs kitesurfeurs du monde ; les épreuves de la Professional Kiteboard Riders Association et du Kiteboard Pro World Tour s'y déroulent. Avec ses eaux peu profondes, c'est aussi un formidable endroit pour s'initier au surf (p. 150).

Mikri Vigla, Naxos
Cet excellent spot propose des cours à deux pas d'une splendide plage de sable blanc (p. 125).

Patrimoine et culture

Les Cyclades ont bien plus encore à offrir que leurs paysages exceptionnels. Des sites archéologiques sont disséminés sur chaque île ou presque, des vestiges de forts vénitiens évoquent un passé moins lointain, tandis qu'une myriade d'églises manifeste la ferveur orthodoxe. Quant aux fameux villages cycladiques blanchis à la chaux, c'est un émerveillement.

Sites archéologiques

Île de Délos Un des plus importants sites archéologiques de Grèce. Île sacrée, la Délos antique était un sanctuaire d'Apollon et un lieu de commerce (p. 98).

Skarkos, Ios Remarquables vestiges d'un village de l'âge du bronze (p. 61).

Karthea, Kéa Les ruines de cette cité antique comptent les vestiges d'une acropole, de temples, d'un théâtre et de thermes (p. 74).

Théâtre antique, Milos C'est près de ce théâtre romain partiellement mis au jour qu'a été découverte la *Vénus de Milo* (p. 91).

Filakopi, Milos Vestiges d'une cité minoenne (p. 94).

Temple d'Apollon, Naxos Le portique de ce temple inachevé, sur un îlot, est empreint de mystère (p. 128).

Thira antique, Santorin Temples, maisons, mosaïques, et édifices publics des époques hellénistique, romaine et byzantine (p. 191).

Akrotiri, Santorin Vestiges d'une cité minoenne, enfouie par une éruption volcanique vers 1600 av. J.-C. (p. 192).

Patrimoine vénitien

Kastro de Naxos (Hora) Dans ce quartier du XIIIe siècle aux ruelles étroites, des demeures vénitiennes subsistent, ainsi que des fortifications et les vestiges du château (p. 128).

Kastro de Parikia, Paros Un fort bâti avec les vestiges d'un temple antique (p. 144).

Pigeonniers, Tinos Héritage vénitien pittoresque (p. 230).

Andros (Hora) Ruines d'une forteresse (XIIIe siècle) et jolies maisons vénitiennes (p. 46).

Églises et monastères

Panagia Ekatontapyliani, Paros Cette basilique paléochrétienne (VIe siècle) est l'une des plus belles églises des Cyclades (p. 144).

Panagia Evangelistria, Tinos Probablement le lieu de pèlerinage le plus important pour les orthodoxes grecs (p. 228).

ICEMANPHOTOS/STOCK.ADOBE.COM ©

Moni Zoödohou Pigis, Sikinos Monastère fortifié du XVIIe siècle, dont on visite l'église et la salle des visiteurs (p. 67).

Église de la Panagia, Folégandros Dans un site spectaculaire en bord de falaise, cette église domine le village de Hora (p. 53).

Moni Hozoviotissa, Amorgos (p. 39) Un monastère du XIe siècle accroché à la falaise dans un site grandiose (p. 39).

Panagia Paraportiani, Mykonos Cette célèbre église (XVe-XVIIe siècle) au profil de rocher est particulièrement photogénique (p. 108).

Monastère de Tourliani, Mykonos L'ensemble, aux allures de château, comprend une somptueuse église coiffée d'une coupole, renfermant une icône dorée finement ouvragée et un petit musée (p. 114).

Villages

Oia et Fira, Santorin Des villages parmi les plus beaux des Cyclades, au sommet des falaises qui bordent la caldeira immergée (p. 186).

Folégandros (Hora) Dédale de ruelles, maisons blanches, bougainvillées, églises bleues : un superbe village cycladique (p. 52).

Amorgos (Hora) Un village raffiné coiffé d'un *kastro* et entouré de moulins (p. 35)

Pyrgos, Tinos Ce hameau somptueux est le joyau de Tinos (p. 231).

Dryopida, Kythnos Un patchwork de toits en tuile rouge et de ruelles sinueuses (p. 81).

Plaka, Milos Ce lacis de ruelles aux maisons blanches est la quintessence de l'idéal cycladique (p. 91).

Klima, Milos Village apprécié pour ses *syrmata*, maisons traditionnelles de pêcheurs aux portes colorées (p. 93).

Mykonos (Hora) L'archétype du dédale cycladique, avec ses moulins et ses maisons chaulées (p. 106).

Apiranthos, Naxos Un village enchanteur aux maisons de pierre brute et aux rues pavées de marbre (p. 138).

Ioulida, Kéa La perle de Kéa, au cœur de l'île (p. 71).

Randonnées

MASQUERADE75/STOCK.ADOBE.COM ©

Les Cyclades sont un paradis pour les randonneurs. Vous y rencontrerez une belle variété de sentiers, en particulier les kalderimia, des voies dallées de l'époque byzantine qui relient les villages entre eux. De nombreuses îles ont des sentiers de randonnée balisés. Le printemps, où les paysages se couvrent de fleurs sauvages, et l'automne, offrant des températures agréables, sont les moments les plus propices.

Si vous vous aventurez hors des sentiers battus, une bonne carte est primordiale – la plupart des cartes touristiques sont insuffisantes. **Terrain** (www.terrainmaps.gr), organisme basé en Grèce, publie d'excellentes cartes de randonnée.

Des agences proposent des randonnées organisées. La plus importante, **Trekking Hellas** (trekking.gr), propose des formules sur plusieurs jours. Vous trouverez également des agences sur les différentes îles.

Les meilleures îles pour la randonnée

Amorgos Les 8 sentiers balisés et numérotés de l'île, de tous niveaux, permettent de profiter de paysages à couper le souffle (p. 30).

Anafi Cette île peu fréquentée, dominée par le rocher du Kalamos, fait le bonheur des randonneurs solitaires (p. 199).

Andros La deuxième plus grande île de l'archipel est sillonnée de 19 magnifiques sentiers balisés (p. 45).

Folégandros L'île, prisée des randonneurs, compte 6 sentiers principaux numérotés et balisés. Marcher est d'ailleurs nécessaire pour atteindre de nombreuses plages, inaccessibles en bus ou en voiture (p. 57).

Kéa Douze sentiers de randonnée ont été aménagés, mettant à profit le réseau de chemins ancien (p. 71).

Milos Dans cette île volcanique aux nombreuses curiosités naturelles, 7 randonnées sur le thème de la géologie sont proposées par le projet Miloterranean Geo Experience (p. 90).

Petites Cyclades Iraklia (p. 158) et Donoussa (p. 164) sont particulièrement appréciées des randonneurs.

Santorin La randonnée est un bon moyen d'échapper aux foules. La marche de Fira à Oia offre un panorama exceptionnel (p. 169).

Sikinos L'île a créé les "sentiers culture", réseau de 7 itinéraires balisés (p. 67).

Avec des enfants

Une mer chaude, des sites antiques qui enflamment l'imagination, des prix raisonnables : une fois les précautions prises contre le soleil, les Cyclades sont une destination idéale où les enfants sont toujours accueillis avec le sourire.

DANMORGAN12/STOCK.ADOBE.COM ©

Plage et sports nautiques

Les plages exercent une attraction garantie, avec leurs eaux cristallines invitant à la baignade et au snorkeling. Pour aller plus loin, les centres de plongée sont nombreux à proposer des initiations pour enfants (au sujet de la plongée, voir p. 14).

Explorer les îles

Louer une voiture est sans doute le moyen le plus aisé de découvrir les îles. Pour des promenades plus courtes, balades à dos d'âne, à vélo ou à cheval peuvent plaire aux enfants. Les excursions en bateau promettent également de beaux moments.

Pour la visite des villages, veillez à prévoir un porte-bébé pour les plus petits ; les poussettes ne sont vraiment pas pratiques dans les ruelles pavées.

Budget

De nombreux hôtels ne facturent pas de supplément pour les jeunes enfants et installent un lit d'appoint dans la chambre.

Quant aux trajets en ferry et bus, ils sont gratuits pour les enfants de moins de 4 ans, et à moitié prix jusqu'à l'âge de 10 ans ou 12 ans.

Sites Web

Enfant en voyage (www.enfant-en-voyage.com/voyage-en-grece-avec-enfant). Mine de bonnes idées.

Je voyage avec mes enfants (avec-mes-enfants.fr/grece-cyclades-en-famille). Conseils d'une mère de famille dans les Cyclades.

Voyages et enfants (www.voyagesetenfants.com/category/ou-partir-avec-des-enfants/europe/grece). Expériences en famille et photos.

Les Cyclades en 4 itinéraires

Perles des Cyclades (10 à 14 jours)

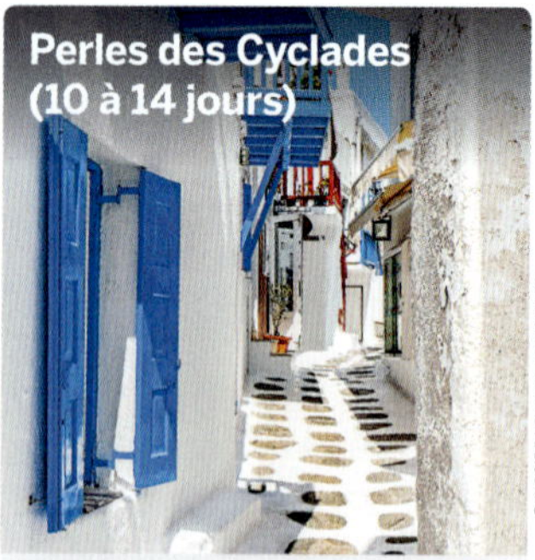

TOBAGO77/STOCK.ADOBE.COM ©

Gagnez d'abord **Mykonos** (p. 97) et restez-y un jour ou deux pour profiter du port animé, des bars et des plages. Passez une journée sur **Délos** (p. 98) à la découverte de vestiges antiques. Ensuite, direction **Naxos** (p. 123). La plus verdoyante des Cyclades a pour atouts une vieille ville aux remparts vénitiens, bâtie sur une colline, des villages authentiques et des plages de sable blanc. Continuez jusqu'à **Paros** (p. 141) : découvrez la vieille ville de Parikia puis rejoignez Naoussa, un village côtier, pour de délicieux fruits de mer. Enfin, visitez la spectaculaire **Santorin** (p. 167) : découvrez des vignobles et des plages volcaniques, ainsi que l'impressionnant site minoen d'Akrotiri.

Odyssée culturelle (10 à 14 jours)

VIVOO/STOCK.ADOBE.COM ©

Depuis le continent, cap sur **Tinos** (p. 225), haut lieu de pèlerinage orthodoxe. Découvrez à l'intérieur de l'île les pigeonniers vénitiens et le splendide village de Pyrgos. Gagnez l'île de **Mykonos** (p. 97), d'où l'on visite, à la journée, l'extraordinaire site archéologique de la **Délos antique** (p. 98). Ne manquez pas le joli village cycladique de Mykonos (Hora). Prenez le ferry pour **Naxos** (p. 123). Découvrez le *kastro* vénitien de Hora et le temple d'Apollon. Explorez l'intérieur de l'île, ses *kouros* antiques et les villages au riche passé de Halki et Apiranthos (p. 136 et 138). Ralliez enfin **Santorin** (p. 167) et partez sur les traces de la minoenne Akrotiri et de la Thira antique, au cœur de paysages volcaniques étonnants.

Cyclades occidentales (8 jours)

JSK12/STOCK.ADOBE.COM ©

Depuis Le Pirée, gagnez **Sifnos** (p. 207). L'île paraît aride au premier abord, mais prenez le temps de découvrir ses paysages d'oliveraies, d'amanderaies et de lauriers, ses villages étincelants (en particulier Kastro) et ses baies aux eaux azur. Rejoignez ensuite l'île de **Milos** (p. 83). De nature volcanique, elle réserve des paysages surprenants, telle la plage de Sarakiniko aux formations rocheuses en meringue. Déambulez dans Plaka, quintessence du village cycladique. Mettez ensuite le cap sur **Folégandros** (p. 49), et séjournez dans Hora, l'un des plus beaux villages des Cyclades, en bord de falaise. Essayez la belle plage d'Angali ou celle d'Agios Nikolaos, accessible au terme d'une marche de 850 m.

Naxos, concentré de Cyclades (4 jours)

SAIKO3P/STOCK.ADOBE.COM ©

La vaste **Naxos** a l'avantage de combiner tous les attraits des Cyclades : plages de rêve, beaux villages, vestiges antiques et arrière-pays fertile. Commencez par **Naxos (Hora)**, le chef-lieu de l'île (p. 128), remarquable pour son *kastro* vénitien du XIIIe siècle. Au soleil couchant, rendez-vous à l'énigmatique temple antique inachevé d'Apollon, au bout de la jetée. Accordez-vous une journée sur l'une des splendides plages de sable de l'île telles **Plaka** ou **Hawaii** (p. 125). Le lendemain, explorez en voiture les paysages fertiles de l'intérieur de l'île et les villages d'**Apiranthos** et **Halki** (p. 136 et 138). Le dernier jour, entreprenez la belle ascension du **mont Zeus** (p. 137), point culminant des Cyclades, au cœur de la région de Tragéa.

Les basiques

Pour plus d'informations, voir le Carnet pratique (p. 238).

Monnaie
Euro (€)

Langue
Grec

Formalités
Pas de visa requis pour les ressortissants de l'Union européenne et les Suisses, ni pour les Canadiens séjournant moins de 90 jours.

Argent
Les cartes bancaires sont acceptées en ville ; prévoyez des espèces pour les destinations isolées. Si la plupart des villes possèdent des DAB, ils sont souvent hors service.

Téléphone portable
Les forfaits des voyageurs européens fonctionnent en Grèce. Les autres voyageurs doivent se renseigner sur les frais d'itinérance.

Heure locale
Heure GMT/UTC + 2 heures. Il est 13h dans les Cyclades quand il est 12h à Paris.

Budget quotidien

Moins de 100 €

Lit en dortoir et *domatia* (chambre d'hôtes) : moins de 60 €.

Repas sur les marchés et stands de rue : moins de 15 €

De 100 à 180 €

Chambre double en hôtel de catégorie moyenne : 60-150 €.

Repas copieux dans une taverne : environ 20 €.

Tarifs des sites : souvent moins de 15 €.

Plus de 180 €

Chambre double en hôtel de luxe : à partir de 150 €.

Restaurants haut de gamme : environ 60-100 €.

Activités (tel un brevet de plongée : 400 € environ).

Cocktails : environ 12 €.

Sites Web

EOT (office du tourisme grec ; www.visitgreece.gr). Information touristique succincte (en anglais).

Greeka (www.greeka.com). De nombreux conseils pour organiser son voyage. Photos des destinations et service de réservation (en anglais).

Greek Travel Pages (www.gtp.gr). Horaires des ferrys et liste des hébergements (en anglais).

Lonely Planet (www.lonelyplanet.fr). Informations sur les destinations et forum de voyageurs.

Ministère de la Culture grec (www.culture.gr). Pour les événements et les sites culturels (en grec et en anglais).

Odysseus (odysseus.culture.gr). Portail d'information sur les sites antiques (en grec et en anglais).

Arriver dans les Cyclades

Par avion

Beaucoup de voyageurs se rendant dans les Cyclades arrivent en avion à Athènes, à l'**aéroport international Eleftherios Venizelos** (ATH ; www.aia.gr), puis prennent le ferry vers leur île de destination.

Mykonos, Syros, Paros, Naxos, Santorin et Milos possèdent des aéroports avec vols quotidiens depuis/vers Athènes. Certains ont des vols depuis/vers d'autres villes d'Europe en été (vols charters, ainsi que des vols réguliers pour Mykonos et Santorin).

En ferry

Depuis le continent, les ferrys pour les Cyclades partent du Pirée (vers la plupart des îles), de Rafina (pratique pour Mykonos, Andros et Tinos) et de Laurion (Lavrio ; pour Kythnos et Kéa).

Comment circuler

Ferry

Des ferrys modernes, notamment des catamarans, et des bateaux de nuit avec cabines, relient les îles entre elles. Pour établir un itinéraire, il est essentiel de connaître leurs trajets et horaires. C'est en juillet-août que les bateaux sont les plus nombreux ; en hiver, les liaisons sont plus rares, voire cessent. Les horaires annuels sont annoncés au plus tard en mai. Réservez l'été.

Bus

Fréquents et souvent climatisés.

Voiture et moto

Les loueurs proposent des tarifs raisonnables et sont présents sur toutes les îles sauf les plus petites. La voiture permet d'explorer les îles en toute liberté.

Caldeira de Santorin (p. 167)

Archipel des Cyclades

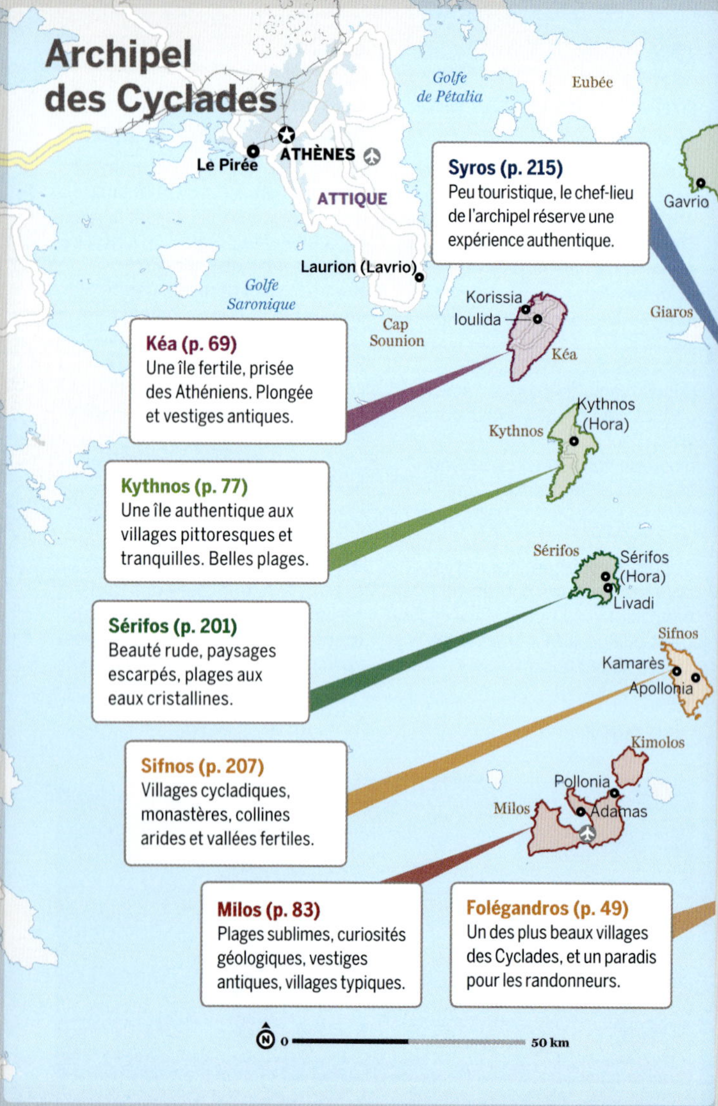

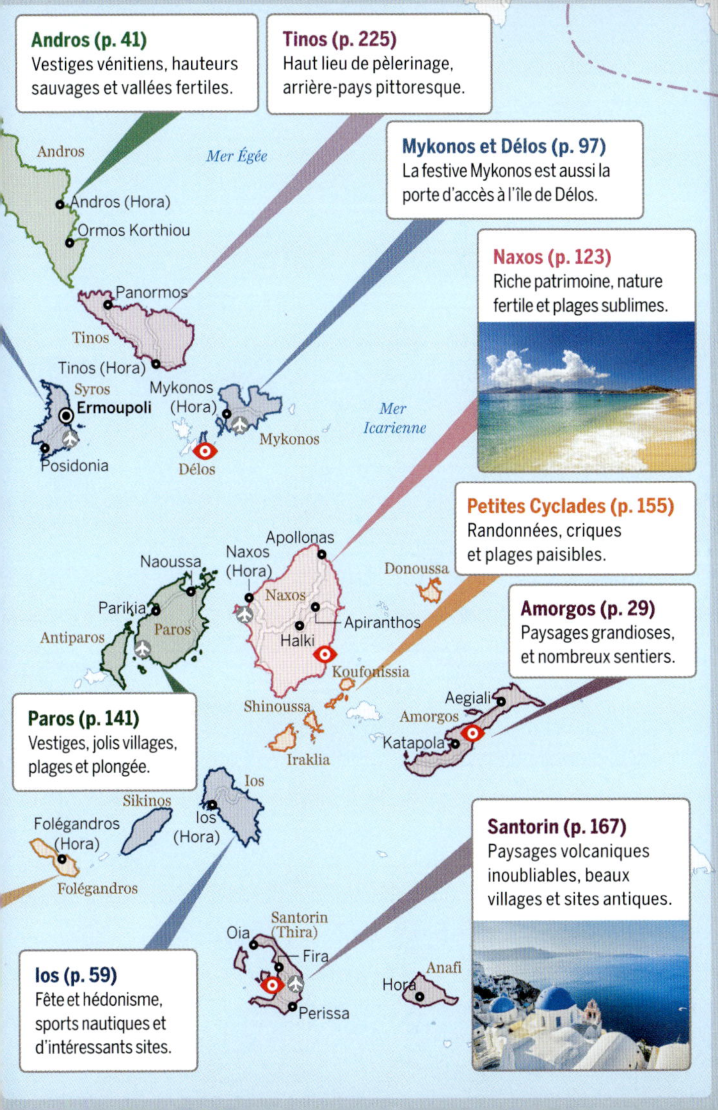
Andros (p. 41)
Vestiges vénitiens, hauteurs sauvages et vallées fertiles.
Tinos (p. 225)
Haut lieu de pèlerinage, arrière-pays pittoresque.
Mykonos et Délos (p. 97)
La festive Mykonos est aussi la porte d'accès à l'île de Délos.
Naxos (p. 123)
Riche patrimoine, nature fertile et plages sublimes.
Petites Cyclades (p. 155)
Randonnées, criques et plages paisibles.
Amorgos (p. 29)
Paysages grandioses, et nombreux sentiers.
Paros (p. 141)
Vestiges, jolis villages, plages et plongée.
Santorin (p. 167)
Paysages volcaniques inoubliables, beaux villages et sites antiques.
Ios (p. 59)
Fête et hédonisme, sports nautiques et d'intéressants sites.
Andros
Mer Égée
Andros (Hora)
Ormos Korthiou
Panormos
Tinos
Tinos (Hora)
Syros
Ermoupoli
Posidonia
Mykonos (Hora)
Mykonos
Délos
Mer Icarienne
Apollonas
Naxos (Hora)
Naoussa
Naxos
Parikia
Paros
Antiparos
Apiranthos
Halki
Donoussa
Koufonissia
Shinoussa
Iraklia
Aegiali
Amorgos
Katapola
Ios
Ios (Hora)
Sikinos
Folégandros (Hora)
Folégandros
Santorin (Thira)
Oia
Fira
Perissa
Anafi
Hora

Explorer
Les Cyclades

Vaut le détour

Port de Mykonos (p. 97) GATSI/STOCK.ADOBE.COM ©

Explorer

Amorgos ΑΜΟΡΓΟΣ

La splendide île d'Amorgos apparaît de façon spectaculaire à qui arrive par la mer, ses monts semblant déchirer le ciel au-dessus des flots. La route qui serpente le long de ses crêtes entre les principaux villages est l'une des plus belles de toutes les Cyclades.

Amorgos est relativement isolée. Les amateurs de plongée et les fans du Grand Bleu *(le film de Luc Besson, tourné sur l'île en 1988) y viennent pour les eaux de la mer Égée, tandis que les randonneurs arpentent les sentiers sillonnant les paysages escarpés.*

Cette île culmine à 800 m et s'étire sur 30 km. Sa côte sud-est tombe à pic dans la mer avec un incroyable monastère accroché à la falaise. Tout aussi spectaculaire, la côte nord-ouest s'adoucit cependant pour former les baies où se nichent le port principal de Katapola et celui d'Aegiali, tandis qu'un étonnant décor rocheux enserre l'enchanteresse Amorgos (Hora).

Si les plages ne manquent pas, Amorgos se distingue avant tout par sa richesse archéologique et ses fabuleux paysages, propices à une kyrielle d'activités.

Notre sélection

- ***Moni Hozoviotissa (p. 39)*** *Un monastère d'un blanc étincelant faisant corps avec la falaise.*
- ***Route Amorgos (Hora)-Aegiali (p. 31)*** *Une des plus belles routes panoramiques des Cyclades.*
- ***Amorgos (Hora), chef-lieu de l'île (p. 35)*** *Un village cycladique plein de charme, environné de moulins.*
- ***Agia Anna (p. 38)*** *Une plage au pied des falaises.*

Plan d'Amorgos p. 32

Moulins près d'Amorgos (Hora) MILANGONDA/STOCK.ADOBE.COM ©

Les incontournables

Randonnées et circuits panoramiques à Amorgos

Avec ses somptueuses falaises et son monastère blanc accroché à la roche, Amorgos réserve des paysages grandioses. La meilleure manière de les apprécier est de parcourir les sentiers de randonnée qui sillonnent l'île ou – à défaut – d'emprunter la route entre Amorgos (Hora) et Aegiali, parmi les plus belles des Cyclades.

Trois sites Internet sur l'île : www.amorgos.gr, www.amorgos.guide et www.amorgos-island-magazine.com

Randonnées

Amorgos est prisée des randonneurs. L'île compte une douzaine de sentiers, dont huit sont numérotés et bien balisés (à découvrir en ligne sur www.amorgos.gr). **Terrain** (terrainmaps.gr) publie une carte des randonnées sur Amorgos. Voici quelques-uns des itinéraires à suivre :

n°1 (13,4 km ; 4 à 5 heures). Ce sentier descend d'abord d'Amorgos (Hora) vers Moni Hozoviotissa, monastère accroché à la falaise dans un site à couper le souffle (photo ci-contre). Le sentier remonte ensuite en lacets à travers les collines avant de redescendre vers Aegiali.

n°2 (3,5 km ; 1 heure). Belle descente entre Amorgos (Hora) et le port de Katapola.

n°3 (14 km ; 5 heures). Cette randonnée assez éprouvante relie Katapola à Kato Kampos via les ruines côtières de Minoa et Arkesini, le village de Vroutsi et la tour d'Agia Triada.

n°4 (8 km ; 3 heures). Ce sentier faisant une boucle depuis Aegiali permet de découvrir les superbes villages de Langada et Tholaria.

Circuits organisés

Dans le village de Langada, au nord-est de l'île, **FindinGreece** (☎6944326036 ; www.findingreece.com ; Langada ; ⏲9h-20h) organise des randonnées guidées. Alix et Semeli, enthousiastes et compétents, proposent différents itinéraires de découverte de l'île (ainsi que des excursions de plongée ou encore des cours de cuisine ou de céramique), parfois thématiques (circuits sur les herbes sauvages par exemple). Sur réservation.

Route panoramique Amorgos (Hora)-Aegiali

En voiture, ne manquez pas les 16 km séparant Amorgos (Hora) d'Aegiali, une superbe route entre montagnes plantées de broussailles, pentes plongeant vers la mer et villages inhabités (Nikouria, Grabonissi).

★ À savoir

- Veillez à emporter de grandes quantités d'eau avec vous.
- Portez des chaussures adaptées à la marche et protégez-vous du soleil. Partir tôt le matin permet d'éviter les moments de plus forte chaleur.
- Ne surestimez pas vos forces lorsque vous choisissez votre itinéraire de randonnée.
- Munissez-vous d'une bonne carte.

✕ Une petite pause ?

Près du village de Tholaria, le café-bar **Seladi** (p. 39) est un lieu agréable d'où l'on jouit d'une belle vue sur la vallée.

A
B
C
D
E
F
1
2
3
4
Naxos (60 km), Mykonos (80 km), Paros (90 km), Syros (100 km), Le Pirée (240 km)
Donoussa (20 km), Naxos (70 km)
Astypalée (40 km), Rhodes (200 km)
Mer Égée
6 Tholaria
Aegialis Tour
8 Langada
3 Aegiali
822m
Potamos
Cap Xodoto
Nikouria
Agia Pavlos
7 Asfodilitis
698m
2 Amorgos (Hora)
Moni Hozoviotissa
5 Plage d'Agia Anna
Minoa antique et nécropole mycénienne
1 Katapola
Kato Kampos
Kramboussa
Arkesini
Cap Kalotaritissa
Paradisi
Tour d'Agia Triada
Ston Pyrgo
Vroutsi
Kamari
4
Kalofana
Arkesini
Épave de l'Olympia
Baie de Kalotaritissa
Ammoudi
Mourou
0
5 km

Depuis/vers Amorgos

Amorgos est notamment accessible depuis Naxos avec la **Small Cyclades Line** (www.smallcycladeslines.gr) qui dessert (lun-sam) les deux ports d'Amorgos (Katapola et Aegiali) via les Petites Cyclades.

Les ferrys **Blue Star** (www.bluestarferrys.gr) empruntent trois itinéraires pratiques : deux partent du Pirée, passent par Paros, Naxos et les Petites Cyclades et arrivent à Aegiali ou Katapola. La troisième option (1/sem) mène du Pirée à Katapola et continue vers Patmos, Léros, Kos et Rhodes.

Achetez vos billets auprès de **Nautilos** (Aegiali 22850 73032, Katapola 22850 71201).

Bateaux au départ d'Aegiali :

VERS	DURÉE (HEURES)	TARIF	FRÉQUENCE
Astypalea	1 ¾	13 €	4/sem
Donoussa	¾ à 1 ¼	7 €	7/sem
Iraklia	2 ¼ à 3 ¾	9 €	4/sem
Koufonissia	2 ½	7 €	3/sem
Naxos	2 ¼ à 5	12 €	1-2/jour
Paros	3 ½	13-21 €	5/sem
Shinoussa	3 ½	8,50 €	6/sem
Syros	5 ¼	16 €	1/sem

Bateaux au départ de Katapola :

VERS	DURÉE	TARIF	FRÉQUENCE
Donoussa	2 ¼ à 4 ¾	7 €	3/sem
Folégandros	2 ¼	70 €	1/jour
Ios	3	12 €	1/sem
Iraklia	1 ¾ à 4 ½	8 €	1-2/jour
Koufonissia	¾ à 3 ½	7-14 €	2-4/jour
Milos	5 ½	70 €	1/jour
Mykonos	2 ¼	55 €	3/sem
Naxos	1 ¼ à 3 ¼	11-30 €	2-3/jour
Paros	4 à 4 ¼	13-29 €	1-2/jour
Le Pirée	5 à 10	33-70 €	1-2/jour
Rhodes	8 ½	33 €	1/sem
Shinoussa	1 ½ à 4 ¼	8 €	1-2/jour
Santorin	1 ½ à 3 ¼	12-50 €	1-2/jour

Comment circuler

L'été, les véhicules de l'**Amorgos Bus Company** (6936671033 ; amorgosbuscompany.com) se rendent régulièrement de Katapola à Amorgos/Hora (2 €, 20 min, 16/jour), Moni Hozoviotissa, la plage d'Agia Anna (2 €, 30 min, 8/jour) et Aegiali (3 €, 45 min à 1 heure, environ 5/jour). Au départ d'Amorgos (Hora), le trajet pour Aegiali coûte 2 €. Des bus grimpent également depuis Aegiali jusqu'à Langada (2 €, 10 min, 6/jour) et Tholaria (2 €, 10 min, 6/jour). Les liaisons sont moins fréquentes le reste de l'année.

Louer un véhicule (voiture, quad ou scooter) est le meilleur moyen d'explorer Amorgos. Contactez **Thomas Rental** (Aegiali 22850 73444, Katapola 22850 71777 ; www.thomas-rental.gr) ou **Evis Cars** (22850 71066 ; www.eviscars.gr). En août, la location de voiture/quad/scooter revient à 40/30/20 € par jour (moins cher le reste de l'année). Seulement deux stations-service sur l'île : l'une à 1,5 km de Katapola et l'autre à Aegiali.

Katapola
Κατάπολα

1 PLAN P. 32, C3

Épousant la courbe d'une jolie baie, le port principal d'Amorgos se trouve dans la partie la plus verdoyante de l'île. C'est un lieu animé, divisé en trois villages : Katapola autour du port, Rahidhi au centre et Xylokeratidi au nord de la baie.

Au-dessus du port s'étendent les vestiges de la cité antique de **Minoa**, accessibles par un sentier de randonnée ou par une route goudronnée abrupte ; il n'y a pas de panneau d'information mais le site offre un panorama de toute beauté. De nombreux objets datant du cycladique ont été découverts à Amorgos. La plus grande idole cycladique, exposée au Musée national archéologique d'Athènes, provient des environs de Katapola.

Les bateaux accostent directement sur le quai central. La **gare routière** est à quelques minutes de marche le long de l'eau.

Restaurants de Katapola

Tavernes classiques et cafés jalonnent le front de mer. Pour une cuisine inventive, rejoignez l'autre côté de la baie, à Xylokeratidi.

Sur le front de mer, **N Synodinos** (22850 71201 ; synodinos@nax.forthnet.gr) vend des billets de ferry et propose des services de change.

Honey & Cinnamon — BOULANGERIE €

Repérez les volets rouge vif et laissez-vous guider par les effluves délicats. Dans cette minuscule pâtisserie en retrait du front de mer, on concocte des gâteaux et maints biscuits. Goûtez ceux au *psimeni raki*, la liqueur locale, ou contentez-vous d'un café ou d'une glace. (22850 71485 ; en-cas à partir de 3 € ; 9h-23h)

Youkali — GREC €€

Sur la rive nord de la baie de Katapola, Youkali propose une cuisine inventive. Tout est frais et local, bien évidement. Goûtez les pâtes aux betteraves et courgettes, les boulettes de viande sauce poireau ou les *linguine* aux crevettes. Personnel charmant et présentation impeccable. (22850 71838 ; facebook.com/youkaliamorgos ; plats 8-14 € ; 12h-2h ;)

Mouragio — POISSON €€

Titulaire du label "cuisine égéenne", cette taverne du port régale les vacanciers depuis 1980. Les spécialités maison : soupe de poisson, spaghettis au homard et pêche du jour. (22850 71011 ; plats 10-19 € ; 11h-1h)

Amorgos (Hora)

Amorgos (Hora)
Αμοργός (Χώρα)

2 PLAN P. 32, C3

Le vénérable chef-lieu de l'île brille comme une traînée de neige sur sa crête rocheuse. Perché à 400 m au-dessus de la mer, il est coiffé d'un *kastro* (citadelle) du XIIIe siècle et entouré de **moulins** qui se dressent comme des sentinelles sur les falaises avoisinantes. Il y règne une ambiance raffinée, notamment grâce aux quelques bars et boutiques à la mode qui ajoutent au charme du village sans en ternir le caractère intemporel. Ici, l'activité principale consiste à se balader et vous serez récompensé par de belles scènes de village à chaque coin de rue.

Le bus s'arrête sur une petite place en lisière du village. Vous trouverez un DAB à côté de la supérette à l'entrée d'Amorgos (Hora), et l'on trouve dans la rue principale confitures et alcools locaux.

À noter, certains hébergements offrent le transport entre le port et Katapola ou Aegiali. Renseignez-vous en réservant.

Collection archéologique MUSÉE

Ce petit musée comprend des pièces intéressantes mises au jour sur l'île, dont des vestiges de la période minoenne datant de plus de 4 000 ans. Suivez les panneaux depuis la rue piétonne. (9h-13h et 17h-20 mar-dim)

Kastanis GREC €

À l'ombre de quelques arbres dans la grand-rue, cette taverne familiale prépare de plats traditionnels goûteux comme le *patatato* (agneau, pommes de terre et tomates), de la *fava* aux câpres, une copieuse salade grecque surmontée de fromage local et des spécialités de saison telles que les légumes cuits au citron. (☎22850 72048 ; plats 7-13 € ; ⏲12h-tard ; ✎)

Jazzmin CAFÉ €

En bas d'un escalier partant de la principale rue piétonne, ce café a investi les pièces douillettes d'une maison traditionnelle. Juché sur un tabouret à la fenêtre ou confortablement installé sur la terrasse du toit, vous pourrez prendre de bons petits-déjeuners, smoothies, jus de fruits et infusions. Carte des cocktails impressionnante ; jazz et musique d'ambiance en fond sonore. (☎22850 74017 ; petit-déj 6,50-13 €, en-cas 3-6 € ; ⏲9h-2h)

Triporto CAFÉ €

Dans l'ancienne boulangerie du village, ce café branché, idéal pour le petit-déjeuner, se mue en bar décontracté le soir. Composez vous-même votre omelette avec des ingrédients tels que de la sauce aux olives ou de la crème épicée au paprika. Commandez salade, en-cas ou douceurs sucrées et sirotez un verre de vin en discutant avec le propriétaire, véritable encyclopédie sur la région. (☎22850 73085 ; facebook.com/3porto ; petit-déj à partir de 8 €, en-cas 3-5 € ; ⏲8h-4h)

Aegiali Αιγιάλη

3 PLAN P. 32, E2

Le deuxième port d'Amorgos accueille moins de bateaux et il s'en dégage une ambiance plus décontractée. Posé au bord d'une baie de sable, le site se prête idéalement aux sports nautiques et sert également de base aux randonneurs souhaitant explorer les villages de Langada et Tholaria. Nichés au cœur des collines escarpées dominant Aegiali, à 3 km chacun de ce port, les deux villages sont reliés entre eux et à d'autres parties de l'île par des sentiers de randonnée. À l'extrémité de la baie, un sentier franchit plusieurs promontoires et mène à 3 plages de sable et de galets, dont la plus éloignée est appréciée des naturistes.

Amorgos Diving Center PLONGÉE

Des instructeurs enthousiastes proposent leurs services sur la plage, dans ce centre de plongée réputé. Les séances de plongée (avec équipement) coûtent 55 € minimum ; des plongées nocturnes, des plongées sur épave et des formations PADI sont envisageables. Également un cours d'initiation Bubblemaker pour les enfants et des sorties snorkeling (25 €). (☎6932249538, 22850 73611 ; www.amorgos-diving.com)

Aegialis Tours CIRCUITS ORGANISÉS ET ACTIVITÉS

Basé à l'Aegialis Hotel & Spa, ce prestataire organise des circuits et des activités (randonnées, excursions culturelles, cours de cuisine, etc.). (☎22850 73393 ; amorgos-aegialis.com/services)

Amorgis CAFÉ €

Montez l'escalier partant du quai des ferrys pour rejoindre ce café aux tons pastel dominant la baie et débordant de plantes vertes. Venez à toute heure savourer un jus de fruits frais, un cocktail ou des en-cas tels que des tortillas, des salades et des sandwichs. (☎22850 73606 ; plats 4-10 € ; 🕘9h-tard ; 📶)

Taxidi Gefsis Apo Ti Kriti Sto Aivali CRÉTOIS €€

Proche de l'extrémité sud de la plage, ce restaurant crétois possède un sens de l'accueil aussi exceptionnel que la qualité de sa cuisine maison. Viandes braisées, *saganaki* de crevettes, pâtes à la crétoise et assiettes de mezze sont servis sur fond de jazz apaisant. (☎22850 73342 ; plats 7-15 €)

Falafel INTERNATIONAL €€

Dans une ruelle en retrait du front de mer, installez-vous aux tables ou perchez-vous sur un tabouret pour savourer un *shakshuka* ou un sandwich aux falafels au brunch, et une cuisine internationale le reste de la journée. Les pâtes à la carbonara sont préparées avec du porc de Crète fumé sur

Agia Anna (p. 38)

place, à savourer avec l'une des bières de la microbrasserie Ora. (6936808038 ; plats 6-14 € ; 11h-1h)

To Limani TAVERNE **€€**

Ce restaurant populaire, au-dessus de la rue principale, a su conserver son ambiance locale. À partir d'ingrédients des Cyclades, les chefs mitonnent de fantastiques plats régionaux : soupe de poisson, *patatato* (agneau aux pommes de terre et tomates) et compositions à base de fromage. Gardez de la place pour la tarte à l'orange ! (22850 73269 ; tolimani.weebly.com ; plats 8-18 € ; 8h-minuit)

Embassa Bar COCKTAILS

Sur le quai, en face du petit moulin, cet établissement orné d'une tête de mort est sans doute le meilleur bar à cocktails d'Amorgos. Sirotez un martini au concombre au soleil couchant ou venez le matin pour un petit café et une ambiance animée. (6932547187 ; 8h-4h)

Ailleurs sur Amorgos

Baie de Kalotaritissa PLAGE

4 PLAN P. 32, A4

La plus belle plage d'Amorgos, à la pointe ouest de l'île. Yachts et bateaux de pêche mouillent dans les eaux transparentes de la baie abritée. En juillet-août, des caïques (4 €) partent de la plage de sable et de galets vers l'île inhabitée de **Kramboussa**.

Agia Anna PLAGE

5 PLAN P. 32, D3

La petite plage rocailleuse d'Agia Anna est baignée d'eaux calmes dans lesquelles on peut plonger depuis les rochers. La plage a été immortalisée dans le film *Le Grand Bleu* : elle est connue pour son cadre spectaculaire et sa photogénique chapelle chaulée. Une autre plage de sable, plus grande, se trouve de l'autre côté du parking.

Tholaria VILLAGE

6 PLAN P. 32, E1

Accessible depuis Aegiali par une route sinueuse de 3 km ou par une marche de 30 minutes, le village de Tholaria est perché dans les montagnes à 10 minutes de marche des **ruines de l'Aegiali antique**, vestiges d'un village qui n'a pas encore été mis au jour. Faites une halte chez Kali Kardia (p. 39) pour déguster d'excellentes boulettes de viande, puis le soir venu allez contempler les étoiles en sirotant un cocktail au Seladi (p. 39). Une belle randonnée part de Tholaria vers Langada, de l'autre côté de la vallée.

Asfodilitis VILLAGE

7 PLAN P. 32, D2

Accessible par une étroite route pavée grimpant en pente raide depuis la route principale d'Amorgos (Hora) à Aegiali, ce hameau aux maisons en ardoise paraît désert. On y trouve pourtant une taverne, un drapeau du parti communiste grec et une ou deux voitures fatiguées. C'est un site où règne le silence, idéal pour contempler le lever du soleil ou faire une halte au cours de la randonnée d'Amorgos (Hora) à Aegiali. La sortie vers Asfodilitis se situe à 6 km au sud-ouest d'Aegiali.

Langada
VILLAGE

8 PLAN P. 32, E2

À 3 km à l'est d'Aegiali vous attend le pittoresque dédale de ruelles chaulées du village de Langada. On y trouve plusieurs excellentes tavernes et quelques boutiques vendant des céramiques produites au village. Faites une halte à FindinGreece pour découvrir les randonnées et visites culturelles proposées. Grimper au village depuis Aegiali prend environ 30 minutes ; accès possible en bus également.

Ston Pyrgo
TAVERNE €

Depuis le village d'Arkesini, suivez les panneaux jusqu'à la tour d'Agia Triada (qui mérite une visite) pour rejoindre ce *mezedhopoleio* (plan p. 32, B4) – café-restaurant de mezze – tenu par le jeune chef Vangelitsa. Cuisine maison délicieuse, du *patatato* aux légumes cuits au citron en passant par la pêche du jour. (22850 72258 ; Arkesini ; plats 7-12 € ; 11h-22h)

Kali Kardia
GREC €

Sur la minuscule place de l'église de Tholaria (p. 38), ce restaurant familial décoré de carafes de retsina et de photos de famille sert peut-être de délicieuses boulettes de viande (peut-être les meilleures des Cyclades !), ainsi que des portions généreuses des classiques grecs. (22850 73347 ; Tholaria ; plats 5-8 € ; 8h-22h)

Moni Hozoviotissa

Ce monastère du XIe siècle (photo p. 30) apparaît comme une tache blanche incrustée dans la falaise au-dessus des flots, en contrebas d'Amorgos (Hora) sur la côte est (plan p. 32, D3). Du parking, on rejoint le monastère par une éprouvante ascension de 350 marches. Avec un peu de chance, un gardien sera présent pour vous en dire davantage sur le monastère et ses icônes. Si vous le pouvez, allez-y le plus tôt possible. Veillez à respecter le code vestimentaire (pantalon pour les hommes, jupe ou robe longues pour les femmes, épaules couvertes pour tous), strictement appliqué. (dons appréciés ; 8h30-13h et 17h-19h)

Seladi
COCKTAILS

À une courte marche des ruines de l'Aegiali antique près de Tholaria (p. 38), brunchez sur la terrasse de Seladi avec vue sur la vallée. Le soir, l'endroit se mue en un bar à cocktails intimiste. Télescope à disposition pour observer le ciel. (22850 73197 ; Tholaria ; 10h-14h et 18h-2h)

Explorer

Andros ΑΝΔΡΟΣ

Deuxième plus grande île de l'archipel des Cyclades, la verdoyante Andros est un paradis pour les randonneurs. Ses hauteurs sauvages contrastent avec ses vallées fertiles, sillonnées de cours d'eau et ponctuées d'anciens moulins. Il n'y est pas un village sans source, et l'eau dévale partout en cascade le flanc de colline.

Explorez les sentiers, pour la plupart pavés et taillés de marches, pour découvrir des paysages ponctués de sites archéologiques, et colorés de fleurs sauvages au printemps.

Quant à la ville d'Andros (Hora), principale bourgade de l'île, on perçoit la richesse de son passé maritime à l'architecture néoclassique de ses riches demeures d'armateurs.

Notre sélection

- ***Andros (Hora), capitale de l'île (p. 44)*** *L'élégante Hora est perchée sur un promontoire rocheux.*
- ***Musée archéologique et musée d'Art contemporain (MOCA, p. 45)*** *Deux excellents musées à Andros (Hora).*
- ***Plages d'Andros (p. 46)***
- ***Sentiers de randonnée (p. 45)*** *19 sentiers balisés sillonnent l'île.*

Plan d'Andros p. 42

Andros (Hora) KITE_RIN/STOCK.ADOBE.COM ©

A
B
C
D
1
2
3
4
5
6
Cap Kampanos
Cap Fasa
Hartes
Zorkos
Mer Égée
716 m
Amolohos
Vitali
Vitali
O Kossis
Golfe de Vitali
Ateni
Vori
Baie de Fellos
1
Gavrio
Agios Petros
Cap Gria
Ahla
Kipri
Remata
Hrisi Ammos
Katakilos
Vourkoti
Batsi
2
Stenies
Stivari
Arni
Gialia
Rafina (65 km)
Apikia
Niborio
Anerousa
Mesathouri
3
Paraporti
Mt Petalo (910 m)
Andros (Hora)
Menites
Sineti
Paleopoli
Messaria
Gorges de Dipotamata
Pitrofos
Baie de Paleopoli
Mesa Vouni
Kochilou
Exo Vouni
Halkolimionas
Piskopio
Kapparia
Ormos Korthiou
Cap Orginos
Aidonia
Batsilianos
Korthi
Mousionas
Pera Horio
Piso Meria
648 m
Cap Steno
Malli
Mamados
Marlas
Pyrgos
Tinos
Syros (50 km), Mykonos (70 km)
N
0
10 km

Depuis/vers Andros

Les ferrys accostent à Gavrio. On compte jusqu'à 4 bateaux par jour à destination d'Andros depuis le port principal de Rafina (19-25 €, 2 heures), qui poursuivent ensuite vers Tinos (13-16 €, 1 heure 30) et Mykonos (15-35 €, 2 heures 15), au sud. En saison haute, il y a aussi des bateaux directs pour Naxos (38 €, 3 heures 15, 1/jour) et Paros (35 €, 2 heures 30-4 heures, 2/jour). Plus de détails sur www.ferries.gr.

Comment circuler

L'île est desservie par les bus **KTEL Andros** (22820 22316 ; ktelandrou.gr). Les horaires sont affichés aux arrêts de bus de Gavrio et Andros (Hora) – celui d'Andros (Hora) est situé au-dessus de Plateia Goulandri.
Ligne Andros (Hora)-Gavrio, via Batsi Hors saison, les liaisons (4 €, 55 min) sont calées sur les horaires de ferrys. À partir de mai, il y en a 4 par jour, et jusqu'à 9 par jour au pic de la saison. Le trajet Gavrio-Batsi coûte 2 € et dure 15 min.
Ligne Gavrio-Korthi Au moins 2 liaisons par jour (5 €, 1 heure à 1 heure 15).
Ligne Andros (Hora)-Korthi Au moins 2 liaisons par jour en semaine (4 €, 40 min).

Étroites et parfois en mauvais état, les routes donnent néanmoins accès à de nombreux sites et de sentiers inatteignables si l'on n'est pas motorisé. **Escape in Andros** (22820 29120 ; www.escapeinandros.gr) peut, sur rendez-vous, retrouver ses clients au port pour leur remettre un véhicule de location. **Dino's Rent-a-Bike** (22820 41003 ; www.rent-bike-andros.gr ; à partir de 16 €/jour ; 9h-21h), à Batsi, loue scooters et quads.

Au départ du port de Gavrio, la course en **taxi** (Batsi 22820 41081, Gavrio 22820 71561 et Andros/Hora 22820 22171) coûte environ 12 € pour Batsi et 40 € pour Andros (Hora).

Gavrio Γαύριο

1 PLAN P. 42, A2

Gavrio est le principal accès maritime d'Andros, et prend parfois des allures de parking géant. De nombreux services (DAB, agences de voyages, loueurs de scooters et de voitures) sont installés sur le front de mer, ainsi que des tavernes et des cafés quelconques, mais il y a des endroits plus attrayants pour se loger sur l'île.

Kyklades Travel (22820 72363) et **Batis Travel** (22820 71489) vendent des billets de ferry et peuvent réserver des hébergements.

O Kossis
GRILL €

C'est au milieu de nulle part, dans les collines surplombant Gavrio au nord (suivez les panneaux après Epano Fellos ; plan p. 42, A2), que l'on savoure les meilleures grillades de l'île. Cette taverne, gérée en famille, sert des côtes d'agneau fondantes et autres délices carnés, pour le plus grand bonheur des insulaires. (☎6972002975 ; plats 7,50-12 € ; 🕒14h-23h tlj juin-sept, ven-dim oct-mai ; 📶)

Batsi Μπατσί

2 👁 PLAN P. 42, B3

À 6 km au sud-est de Gavrio, la principale station balnéaire de l'île s'enroule autour d'une jolie baie bordée de sable doré. Les restaurants, cafés et bars du front de mer s'animent à partir du mois de mai, et l'on peut rejoindre en une courte promenade vers le sud d'autres petites baies, dont celle d'Anerousa.

Oti Kalo
POISSON €€

Admirez le soleil couchant depuis la terrasse couverte de ce restaurant décontracté, à deux pas du port. Il y a un ou deux plats de viande, mais surtout des produits de la mer : bar grillé, carpaccio de poulpe, calamar farci et grillé, risotto de fruits de mer ou encore *linguine* aux crevettes. (☎6939844603 ; facebook.com/OtiKaloAndros ; plats 9,50-16 € ; 🕒12h-minuit ; 📶)

Stamatis Taverna
TAVERNE €€

Ouverte en 1965, la plus ancienne taverne de Batsi vous transportera dans le passé. En salle ou sur la terrasse installée dans une ruelle au-dessus du port, on y sert une cuisine authentique, avec des spécialités telles que le chevreau *kleftiko* (braisé en papillote), du bœuf *sofrito* (mijoté dans une sauce au vin blanc), des *chilopita* (sorte de pâtes) d'Andros et des spaghettis au homard. (☎22820 41283 ; facebook.com/stamatistavern ; plats 7-18 € ; 🕒12h-23h ; 📶)

Andros (Hora) Ανδρος Χώρα

3 👁 PLAN P. 42, C3

L'élégante capitale de l'île, perchée sur un spectaculaire promontoire rocheux, donne par-delà les demeures néoclassiques sur deux vastes baies sableuses de part et d'autre de la ville. La vieille ville doit à l'ancienne colonie vénitienne et aux armateurs qui s'y installèrent ses jolies places et maisons aux tons pastel. Un riche patrimoine dont témoignent un excellent musée archéologique, un musée d'art moderne et contemporain et plusieurs remarquables églises.

Ce cadre raffiné est quelque peu terni par l'hôtel abandonné et les constructions délabrées qui bordent la plage de Niborio, au nord. Dirigez-vous plutôt vers le sud et la superbe plage de Paraporti, bordée de jolies collines verdoyantes.

Randonnées à Andros

Andros est sillonnée de 19 magnifiques sentiers balisés (de 30 minutes à 6 heures) ; le niveau de difficulté (de facile à moyen) est indiqué. Des serpents (timides) rôdent : portez pantalon et chaussures de randonnée.

Très bon investissement, la carte *Andros Hiking Map* (6 €) est publiée par l'excellente association **Andros Routes** (www.androsroutes.gr), en collaboration avec l'éditeur de cartes Anavasi. Le site Internet d'Andros Routes met l'accent sur les sentiers entretenus par les membres et fournit des conseils utiles.

Pour des parcours mémorables, les habitants recommandent les secteurs au nord d'Andros (Hora), notamment les villages de Stenies et Apikia. Pour une courte et jolie balade, **Pithara**, une ravine ombragée et agrémentée de cascades, est accessible depuis Apikia. Pour une randonnée plus longue, direction l'impressionnante **gorge de Dipotamata**, indiquée depuis la route menant à l'intérieur des terres, après Sineti, au sud-est d'Andros (Hora). Le chemin est en partie pavé et passe par d'anciens ponts et moulins hydrauliques, au cœur d'une végétation luxuriante.

Mieux encore, réservez une randonnée avec **Trekking Andros** (☎22820 61368 ; www.trekkingandros.gr ; randonnée guidée à partir de 25 €), une agence qui organise différentes activités guidées sur l'île : marche, VTT ou encore excursions en bateau.

L'agence **Ploes Travel** (☎22820 29220 ; G Empirikou) vend des billets de ferry, et propose randonnées guidées et location de véhicules.

Musée archéologique MUSÉE

Vous pourrez admirer dans cet excellent musée la magnifique copie en marbre (IIe siècle av. J.-C.) d'un bronze attribué à Praxitèle, *Hermès d'Andros*. La statue d'Artémis, datant de l'époque romaine, est divinement drapée de marbre scintillant. (☎22820 23664 ; Plateia Kaïri ; adulte/enfant 4 €/gratuit ; 🕘8h30-16h mer-lun)

MOCA – musée d'Art contemporain MUSÉE

Installé dans deux bâtiments, le MOCA est réputé pour ses expositions estivales d'artistes célèbres (Picasso, Matisse, Toulouse-Lautrec, Miró…). La galerie de sculptures présente de grands artistes grecs. En été, on peut déguster des desserts maison au café avec vue sur la mer. (☎22820 22444 ; www.moca-andros.gr ; Vasili et Elizas Goulandri ; juil-sept 5 €, oct-juin 3 € ; 🕘juil-sept lun 11h-15h et mer-dim 11h-15h et 18h-21h, avr-juin et oct 10h-14h mer-lun, 10h-14h nov-mars sam-lun)

Plages d'Andros

On trouve des plages superbes et faciles d'accès le long de la route reliant Gavrio à Batsi (plan p. 42, A2), dont celle d'**Agios Petros**, bordée de constructions, celle de **Hrisi Ammos**, très populaire, et la longue plage de sable de **Kipri**.

La belle **Halkolimionas** (B4) – avec son sable gris et sa minuscule église – se trouve près de l'intersection pour Andros (Hora), à 2 km en contrebas d'une vallée striée de terrasses en pierre. Un bar de plage s'y installe en été. Non loin d'Andros (Hora) s'étendent les eaux claires de la superbe plage de **Gialia** (C3).

Nombre des plus belles plages, comme **Vori** (B2) et **Vitali** (C2), au nord-est, sont accessibles uniquement en 4x4, en quad ou en bateau. Des excursions en bateau partent de Batsi et Niborio, la plage d'Andros (Hora) – louer des bateaux est possible également.

Forteresse vénitienne RUINES

Les ruines de cette forteresse, érigée au début du XIIIe siècle par Enrico Dandolo, duc de Venise, se dressent avec majesté sur une île reliée au promontoire par les arches érodées d'un ancien pont de pierre. Ne tentez pas de le traverser, même si certains habitants le font.

Ta Skalakia TAVERNE €

Les tables de cette charmante taverne, gérée par un duo mère-fille, s'étalent sur l'escalier du même nom le long d'une ruelle éclairée de guirlandes. La brève carte propose des plats savoureux : salade grecque, tzatziki, porc parfumé à l'origan, boulettes de viande ou encore tarte au fenouil. (☎22820 22822 ; 28 Oktovrio 1940 ; plats 8-9 € ; 🕒18h-23h ; 📶)

Endochora MÉDITERRANÉEN €€

Cet excellent point d'observation des allées et venues, sis dans la rue principale, revisite, avec modernité et raffinement, des classiques grecs. Les salades incluent des produits locaux de première qualité : câpres, tomates, figues et fromage. Les végétariens se délecteront de l'orge perlé aux champignons.(☎22820 23207 ; www.endochora.com ; G Empirikou ; plats 9-18 € ; 🕒18h-1h lun-jeu et 13h-1h ven-dim mai-oct, 13h-1h ven-dim nov-déc et mars-avr ; 📶)

Dolly's Bar & Restaurant MÉDITERRANÉEN €€

Au bord de la piscine à l'arrière de l'hôtel Micra Anglia, ce restaurant élégant et décontracté propose une cuisine aux influences cycladiques, grecques et italiennes. Commandez une viande grillée à la perfection ou goûtez la tourte garnie d'agneau, de légumes et de fromage. Ouvert à midi mais uniquement pour des en-cas. (☎22820 22207 ; www.micra-anglia.gr ; Ml Goulandri 13 ; plats 13-20 € ; ⌚19h-23h ; ❄ wifi)

Ailleurs sur Andros

N'hésitez pas à louer un scooter ou une voiture pour explorer les superbes montagnes d'Andros, ponctuées de villages pittoresques. Au nord de l'île, la zone verdoyante autour d'**Arni** (plan p. 42, B3) cède la place à des collines arides balayées par le vent, tandis que la route zigzague jusqu'à **Vourkoti** (C3), puis au **monastère Agios Nikolaos**, fondé au XIe siècle et remanié au XVIIIe siècle, et d'où le point de vue est exceptionnel. Du monastère, un sentier mène à la magnifique plage d'**Ahla** (C2) – compter une heure de marche pour y descendre.

Une profonde vallée agricole traverse toute l'île. Une foule de petits villages, dont les sources sont signalées par des têtes de lion ou d'autres sculptures en marbre, s'égrènent le long de cette vallée : **Apikia**, **Stenies**, **Mesathouri**, **Strapouries** et **Menites** (C3), autant de découvertes plaisantes. Ne manquez pas non plus **Messaria** (C3), où vous pourrez voir l'**église des Taxiarques** (XIIe siècle), bel exemple d'architecture byzantine, ainsi que l'**église Agios Nikolaos** (XVIIIe siècle) au dôme bleu.

Au sud, visitez les villages ruraux de **Livadia**, **Kochilou**, **Piskopio** et **Aidonia** (C4) ; ce dernier est émaillé de demeures surmontées de tours, en ruine. Un ravissant paysage agricole planté de cyprès entoure **Ormos Korthiou** (C4), village de bord de mer doté d'une belle église.

Sea Satin Nino — MÉDITERRANÉEN €€

Installé sur une minuscule place arborée d'Ormos Korthiou (plan p. 42, C4), ce café-bistrot branché propose de bons plats concoctés à base de produits locaux : pâtes maison, spécialités de poisson et une ribambelle d'excellents mezze. Le café est délicieux, et le pain perdu au bacon constitue sans doute le meilleur petit-déjeuner de toute l'île. (☎22820 61196 ; facebook.com/Sea.Satin.Nino.Andros ; Ormos Korthiou ; plats 7-16 € ; ⌚9h-tard ; wifi)

Gialia — GREC €€

À quelques kilomètres au nord de la ville d'Andros (Hora), au bord des eaux azur de la plage de Gialia (plan p. 42, C3), cet excellent restaurant sert en-cas et classiques grecs. La délicieuse (et copieuse) salade Andros, couronnée de fromage local *kopanisti*, vaut le détour. (☎22820 24452 ; plats 8-15 € ; ⌚12h-22h avr-oct ; wifi)

Explorer Folégandros ΦΟΛΕΓΑΝΔΡΟΣ

Folégandros s'étend au sud de l'archipel des Cyclades, à la frontière de la mer de Crète. L'île est renommée pour son village principal, Folégandros (Hora), sans doute l'un des plus attrayants des Cyclades, campé au bord d'une falaise.

Avec ses collines, ses champs en terrasses plongeant jusqu'à la mer, son arrière-pays verdoyant ponctué de chapelles et de ruines et ses nombreuses plages (dont certaines ne s'atteignent qu'au prix d'efforts éreintants !), Folégandros fait la joie des randonneurs.

L'île mesure 12 km sur 4 km. Depuis Folégandros (Hora), on rejoint aisément à pied le petit port de Karavostassis, sur la côte est, et le village d'Ano Meria.

Difficile d'imaginer dans ce cadre enchanteur que Folégandros a connu des périodes assez sombres. Sa position isolée et son aridité en ont fait une terre d'exil pour les prisonniers politiques, de l'époque romaine à la fin de la dictature des colonels (1967-1974).

Notre sélection

- ***Folégandros (Hora), chef-lieu de l'île (p. 52)*** *En bord de falaise, l'un des plus beaux villages des Cyclades.*
- ***Église de la Panagia (p. 53)*** *Un site spectaculaire, en surplomb de Folégandros (Hora).*
- ***Randonnées (p. 57)*** *L'île compte 6 sentiers balisés permettant de découvrir ses paysages sauvages.*
- ***Plages (p. 55)***

Plan de Folégandros p. 50

Eaux cristallines de Folégandros PICCAYA/STOCK.ADOBE.COM ©

A
B
C
D
E
F
1
2
3
4
Agios Georgios
Cap Kiparissi
312 m
Ano Meria
3
Ampeli
Livadaki
Agios Nikolaos
Baie de Vathi
Angali
Angali
Baie de Vorina
Vorina
Baie de Piakas
Panagia
2
Folégandros (Hora)
Agios Eleftherios (414 m)
Petousis
Livadi
Mer Égée
1
Karavostassis
Vardia
Baie de Karavostassis
Vitsentzou
Pountaki
Livadi
Katergo
Cap Vigla
Sifnos (50 km), Milos (80 km), Sérifos (90 km), Le Pirée (230 km)
Naxos (70 km), Paros (110 km)
Sikinos (20 km), Ios (35 km)
Santorin (50 km)
0
2 km

Depuis/vers Folégandros

Folégandros est désormais bien reliée au Pirée (du moins de mai-juin à septembre) par la route des Cyclades occidentales. Elle est également reliée à Santorin et desservie par des ferrys réguliers de la ligne Ios-Sikinos-Folégandros.

Bateaux au départ de Folégandros :

VERS	DURÉE	TARIF	FRÉQUENCE
Amorgos	2 ½	70 €	1/jour
Ios	1¼-1 ¾	6-45 €	2-4/jour
Kimolos	1 ½	6 €	1/sem
Koufonissia	3 ½	70 €	1/jour
Milos	1	34-40 €	3/jour
Mykonos	2 ¾-3 ¾	49 €	2/jour
Naxos	2 ¾-3 ¼	11-43 €	2-3/jour
Le Pirée	3 ¾-4 ½	63-70 €	2-3/jour
Santorin	¾-3 ¼	7-45 €	3-4/jour
Sérifos	2 ½	50 €	2/jour
Sifnos	2	46-50 €	3/jour
Sikinos	¾	5 €	2 /sem
Syros	5-6 ½	13,50 €	3 /sem

Comment circuler

Les ferrys desservant l'île accostent à Karavostassis.

Le bus attend à l'arrivée des ferrys pour faire la navette (3 km ; 2 €) vers Folégandros (Hora). En sens inverse, les bus pour le port partent de Folégandros (Hora) 1 heure avant le départ de chaque ferry, au moins 3 fois par jour (8h, 14h et 18h30). Des bus partent de Folégandros (Hora) à destination d'Ano Meria (2 €) au moins 4 fois par jour (8h30, 13h10, 14h45 et 20h) et toutes les heures l'été. Ils s'arrêtent l'été à la plage d'Angali (2,20 €).

Un **service de taxis** (6944693957) est assuré sur Folégandros. Depuis Folégandros (Hora), comptez 7 à 10 € pour le port, 10 € pour Ano Meria et 10 à 14 € pour la plage d'Angali.

Explorer l'île est toutefois bien plus facile en louant un véhicule. En saison, plusieurs agences louent voiture/quad/scooter pour environ 60/40/25 € par jour. Les prix peuvent chuter de moitié hors saison. Essayez **Donkey Scooters** (22860 41628 ; www.donkeyscooters.gr ; scooter/quad à partir de 20/30 €/jour ; 9h30-20h30 mai-oct), qui propose de livrer (sur réservation) 125 cm³ et quads en différents points de l'île, ou encore **Tomaso** (22860 41600 ; tomaso.gr ; 9h-21h), basés à Folégandros (Hora). Vous pouvez aussi louer un scooter ou un quad sur le front de mer de Karavostassis.

En été, de petits bateaux font régulièrement la navette entre les plages.

Karavostassis
Καραβοστάσις

1 PLAN P. 50, E3

Le port de Folégandros s'étend en arrière de deux plages séparées par une presqu'île rocheuse : l'une de galets, l'autre (Vardia) de sable et de galets. En marchant 15 minutes le long de la côte vers le sud on rejoint les criques de **Vitsentzou** et **Pountaki** puis la plage bien abritée de **Livadi**, appréciée des familles. En haute saison, des caïques partent de Karavostassis vers des plages plus isolées, comme celle de **Katergo** (également accessible par un sentier pédestre non ombragé).

Meltemi

TAVERNE €

Perché au-dessus du port (avec un beau panorama), Meltemi se distingue par sa jolie terrasse à balustrades bleues. On y sert une cuisine traditionnelle et familiale, des plats de la mer et des viandes grillées. (22860 41287 ; plats 8-12 € ; 9h-tard avr-oct)

Folégandros (Hora)
Φολέγανδρος (Χώρα)

2 PLAN P. 50, D3

Posée sur un plateau au bord d'une falaise qui plonge abruptement dans la mer, Hora est un dédale de ruelles flanquées de maisons et églises bleues et blanches typiques de l'architecture cycladique, et de bougainvillées aux couleurs

Folégandros (Hora) et église de la Panagia

éclatantes. C'est l'un des plus beaux villages des Cyclades. Sa rue principale, piétonnière, serpente entre cinq places verdoyantes où s'étalent des terrasses animées. Dans la partie est du village, franchissez une arche basse pour pénétrer dans le quartier de maisons à deux niveaux du *kastro*, qui date du règne de Marco Sanudo (XIIIe siècle).

La gare routière est située à l'entrée sud de Folégandros (Hora), derrière la poste.

Église de la Panagia — ÉGLISE

Depuis la Plateia Pounta, un chemin grimpe en zigzaguant jusqu'à l'imposante église de la Vierge ou église de la Panagia (plan p. 50, D3), dominant le village : un paradis pour amateurs de couchers de soleil (le lever du soleil vaut également le détour). On la rejoint aisément et sans escaliers en 15 minutes de marche. La vue sur Folégandros (Hora) en contrebas et les îles de Milos et Sifnos est spectaculaire. (18h-21h)

Sea U Dive Centre — PLONGÉE

Cette agence de plongée installée en lisière de Folégandros (Hora) est constituée d'instructeurs professionnels et enthousiastes qui organisent toute une gamme d'excursions sur une douzaine de sites de plongée autour de l'île. Également initiations pour enfants, cours PADI et croisières privées autour de l'île. (22860 41624 ; sea-u.com ; plongée 1/2 bouteilles 55/80 € ;)

Se loger sur Folégandros

Folégandros (Hora) jouit d'un cadre pittoresque. Son offre d'hébergements va de la *domatia* rudimentaire à l'hôtel de charme. Presque tout est complet en juillet-août ; réservez bien à l'avance. Le transfert depuis/vers le port (3 km) est généralement inclus dans le prix.

À Karavostassis, il existe une douzaine de logements sur le front de mer, de l'hôtel au studio à louer. Réservation impérative en juillet-août.

Local Path — GASTRONOMIE

Basée à Folégandros (Hora), cette agence organise des circuits autour de l'île en petits groupes allant de visites gastronomiques pour découvrir les spécialités gastronomiques de Folégandros à des virées dans l'arrière-pays de l'île. Réservation indispensable, tarif selon le nombre de participants. (22860 41624 ; www.local-path.com ; 9h-21h)

Cafe Mikro — CAFÉ €

Installé dans une petite impasse donnant sur Plateia Maraki, ce café animé est un bon lieu où déguster des pancakes et un café en matinée, ou un spritz au coucher du soleil – en caressant Paoki, le chat. (22860 27644 ; plats à partir de 8 € ; 9h-23h juin-sept)

MEFANTI/STOCK.ADOBE.COM ©

Kastro de Folégandros (Hora)

Chic
GREC €€

Installé sur une charmante petite place, ce restaurant est idéal pour regarder défiler les passants en savourant une cuisine aux saveurs impressionnantes. Chose rare en Grèce, le menu précise les options sans gluten, sans produits laitiers et véganes, et propose de nombreux plats végétariens. Les carnivores se délecteront de chevreau ou d'agneau élevés dans la ferme des propriétaires. (☎ 22860 41515 ; Piatsa ; plats 7-14 € ; ⏲ 19h-23h Pâques-oct ; 🍷)

Pounta
TAVERNE €€

Table familiale, Pounta est l'œuvre d'un couple hellénodanois imaginatif : les plats sont servis dans la vaisselle artisanale (également à vendre) fabriquée par Lisbet, dans un vaste jardin luxuriant. Au menu : yaourt au petit-déjeuner, poulpe grillé ou lapin *stifadho* et aubergine au four. Sur la Plateia Pounta. (☎ 22860 41063 ; www.pounta.gr ; Plateia Pounta ; plats 7-14 € ; ⏲ 8h-15h et 18h-minuit Pâques à mi-oct)

Blue Cuisine
FUSION €€€

Les amateurs d'aventures culinaires apprécient ce

Folégandros pratique

Les agences de voyages sont de bonnes sources d'information. Vous trouverez des renseignements (et une application téléchargeable) sur le site www.folegandros.com.

Diaplous Travel (☎ 22860 41158 ; www.diaploustravel.gr ; Plateia Pounta ; ⏲ 9h-13h30 et 18h30-21h). Billets de ferry et excursions en bateau. L'agence de Karavostassis ouvre 30 minutes avant les départs de ferrys.

Folegandros Travel (☎ 22860 41273 ; folegandros-travel.gr ; Plateia Dounavi ; ⏲ 9h30-13h et 18h-21h). Billets de ferry et change. Également un bureau au port.

restaurant proche de l'entrée sud de Folégandros (Hora), dont le petit menu propose un voyage gastronomique à travers toute la Grèce et des mélanges de saveurs audacieux. Ici, les fruits de mer sont parfumés d'agrumes et de fenouil, le melon mariné se marie au goût salé du jambon *lountza* de Chypre, et le souvlaki de chèvre est

Les plages de Folégandros

De nombreuses plages étant difficiles d'accès, beaucoup de visiteurs optent pour des croisières de 6 heures autour de l'île (adulte/enfant 50/25 €), comprenant le déjeuner et au moins 4 pauses baignade. L'excursion se réserve auprès de Diaplous Travel (p. 54) et part de Karavostassis à 11h. Des croisières privées plus courtes peuvent également être organisées.

De plus, en haute saison, sur la côte ouest, des bateaux au départ d'Angali rallient les plages d'Agios Nikolaos (aller-retour 5 €) et de Livadaki (aller-retour 10 €).

Plages accessibles à pied ou par la route

La plage de **Livadi** (plan p. 50, E4) se trouve à 1,2 km au sud-ouest de Karavostassis – suivez l'itinéraire "bis" qui longe la côte juste après l'hôtel Anemi. Il y a un camping (voir www.folegandros.org).

La plage de **Katergo** (E4), à la pointe sud-est de l'île, est accessible par une randonnée assez éprouvante ou en bateau depuis Karavostassis. Les bateaux partent fréquemment (si la météo le permet) et la traversée coûte 8 € aller-retour.

Sur la côte centrale, à l'opposé de Folégandros (Hora), la plage de sable et de galets d'**Angali** (C2) est très appréciée. Sur place, vous trouverez quelques chambres à louer et des tavernes convenables ; en été, des bus assurent régulièrement la navette avec Folégandros (Hora). À 750 m à l'ouest d'Angali par un sentier côtier se trouve la plage **Agios Nikolaos** (C2), appréciée des naturistes et dotée d'un restaurant saisonnier et d'une taverne.

Certaines plages sont accessibles au bout de la route, après Ano Meria. On peut rejoindre la plage de **Livadaki** (A2) à pied (1,5 km) depuis l'arrêt de bus proche de l'église Agios Andreas, à Ano Meria. Se rendre à celle d'**Agios Georgios** (B1), au nord d'Ano Meria, implique une marche éprouvante (environ 40 min). Il faut de bonnes chaussures, une protection solaire (crème et couvre-chef), des boissons et des vivres, car la plupart de ces plages ne possèdent ni magasin ni taverne.

relevé d'un chutney de tomates acidulé. Réservez. (☎22860 41665 ; www.bluecuisine.gr ; plats 14-25 € ; ⏲19h-minuit)

Eva's Garden MÉDITERRANÉEN **€€€**

Une interprétation sophistiquée de la cuisine grecque, avec un menu conjuguant classiques et mélanges de saveurs audacieux : risotto d'écrevisse et faux-filet côtoient oignons rôtis farcis de veau, pignons et raisins secs ou encore un carpaccio de poulpe. Prenez à gauche après la Plateia Piatsa. (☎22860 41110 ; plats 12-27 € ; ⏲19h-minuit, fin mai-sept)

Merkouri BAR À VINS

Perché au-dessus d'un vignoble, le Merkouri ravira les œnophiles avec ses 40 crus grecs à déguster au verre. Discutez cépages avec le propriétaire tout en goûtant le vin qu'il produit lui-même, et dégustez des plats savoureux proposés à la carte. (☎6977272373 ; facebook.com/merkouriwinefolegandros ; ⏲19h-3h)

Ano Meria

Ανω Μεριά

3 PLAN P. 50, B2

Le village d'Ano Meria est constitué d'une succession de petits hameaux éparpillés le long de la route sur plusieurs kilomètres, sur la crête de l'île. De là partent des sentiers de randonnée : l'un descend vers la chapelle d'Agios Georgios, sur la côte nord, depuis le restaurant Sinadisi, tandis qu'un

Plage de Livadaki (p. 55)

Randonnées à Folégandros

Folégandros est appréciée des randonneurs et compte 6 sentiers principaux numérotés et balisés. Notre sélection :

n°1 : Folégandros (Hora)-plage d'Agios Nikolaos, via Angali (4,5 km, 1 heure 30, aller). Une descente à travers la campagne suivie d'une balade le long de la côte.

n°3 : Ano Meria-Agios Georgios (2,6 km, 1 heure 15). Une descente très agréable sur un chemin pavé entre le nord du village et la chapelle en bord de mer.

n°5 : Ano Meria-plage de Livadaki (5,7 km, 2 heures 15). Ce sentier fait une boucle depuis les moulins à vent d'Ano Meria, descend vers la plage et remonte abruptement à travers la campagne jusqu'au nord du village.

n°6 : Folégandros (Hora)-plage de Katergo (6,4 km, 2 heures 30). Randonnée assez éprouvante passant par le sommet de Folégandros et le village de Petousis avant de descendre en pente raide vers la plage.

Informations détaillées sur www.folegandros.com/trekking. Terrain (terrainmaps.gr) vend une excellente carte de Folégandros.

autre permet de rejoindre la plage de Livadaki depuis les imposants moulins à vent du centre d'Ano Meria, ou depuis le sentier partant de l'extrémité du village et passant devant l'**église Agii Anargiri**.

Sinadisi — TAVERNE €

Sinadisi, ou "chez Maria", se trouve au bout du village. L'établissement peint en bleu fut ouvert en 1920 par le grand-père du propriétaire actuel. C'est l'endroit idéal pour goûter la *matsata* (pâtes locales) avec une salade grecque et des fromages de l'île. (☎22860 41208 ; plats à partir de 7 € ; ⏲12h-22h mai-sept)

Pane e Vino — ITALIEN €€

À la sortie d'Ano Meria, ce restaurant italien, le seul de Folégandros, est tenu par un couple qui s'est installé sur l'île après un séjour touristique. Pizzas, tiramisu et salade *caprese* à la mozzarella. (☎22860 41531 ; facebook.com/PaneVinoFolegandros ; plats à partir de 10 € ; ⏲13h-minuit juin-sept ; 🖉)

Explorer

Ios ΙΟΣ

Ios a longtemps eu l'image d'un lieu de fêtes interminables et fortement alcoolisées. Il y a là une part de vérité : de juin à août, l'île est le domaine privilégié de la jeunesse et de l'hédonisme. Pourtant l'île a bien plus à offrir et nombre de ses sites, parmi les plus intéressants, sont exempts de bacchanales.

On peut passer ses journées à parcourir le dédale de la vieille ville, perchée sur une colline, ou à se prélasser sur le sable. Explorez les coins reculés de l'arrière-pays, les plages de sable du sud comme celle de Manganari ou les sentiers déserts menant aux monastères couronnant les collines. En moyenne saison, l'ambiance moins trépidante attire les familles et les voyageurs d'âge mûr.

Il n'est pas difficile d'échapper à la cohue : il suffit de louer une voiture et de s'aventurer dans la campagne entre élevages de chèvres, fermes apicoles et paysages spectaculaires.

Notre sélection

- ***Panagia Gremiotissa (p. 60)*** *Depuis cette église des hauteurs d'Ios (Hora), la vue est superbe au coucher du soleil.*
- ***Skarkos (p. 61)*** *Un site préhistorique cycladique remarquable.*
- ***Vie nocturne d'Ios (p. 64)*** *Ios demeure un haut lieu de la fête.*
- ***Plages (p. 63)*** *Mylopotas, en particulier, fera le bonheur des amateurs de sports nautiques.*

Plan d'Ios p. 60

Ios (Hora), village principal de l'île (p. 60) GATSI/STOCK.ADOBE.COM ©

Découvrir

Panagia Gremiotissa POINT DE VUE

1 PLAN P. 60, B2

Prenez la ruelle derrière le Sally's Rooftop Garden à Ios (Hora) et gagnez, par des marches craquelées et d'antiques arches, le sommet d'Ios (Hora), où se dresse l'église Panagia Gremiotissa. La vue est encore plus belle depuis les trois chapelles qui surplombent l'église.

Tombe d'Homère SITE ARCHÉOLOGIQUE

2 PLAN P. 60, B1

Depuis Hora, une belle route serpente sur 13 km vers le nord et rejoint le site où reposerait la dépouille d'Homère. Cette affirmation sans fondement historique doit beaucoup à un officier néerlandais qui effectua en 1771, des fouilles sur l'île. Parmi les vestiges mis au jour à Ios, des

Depuis/vers Ios

Bateaux au départ d'Ios :

VERS	DURÉE	TARIF	FRÉQUENCE
Anafi	3 ½	9 €	2/sem
Folégandros	1 ¼-1¾	6-45 €	3-5/jour
Iraklio	3	70 €	5/sem
Katapola (Amorgos)	3	12 €	1/sem
Kimolos	3	11 €	3/sem
Milos	3-4	16-50 €	2-3/jour
Mykonos	1 ¾-2 ½	48-54 €	2-3/jour
Naxos	¾-1 ¾	16-34 €	2-4/jour
Paros	¾-5 ¼	11-27 €	3-5/jour
Le Pirée	¾-6	39-60 €	3-4/jour
Santorin	½-1 ½	7-39 €	4-9/jour
Sérifos	5-6	14-60 €	1-2/jour
Sifnos	4½-5¼	12-55 €	1-2/jour
Sikinos	½	4 €	4/sem
Syros	6 ¾	16 €	4/sem

Acteon Travel (☎22860 91343 ; www.acteon.gr ; 🕗8h-22h), sur le port, vend des billets de ferry.

Comment circuler

En été, des **bus** (☎22860 92015 ; www.ktel-ios.gr) bondés font la navette, toutes les 20 minutes, entre Ormos, Ios (Hora) et la plage de Mylopotas (2 € le trajet). Les horaires sont affichés aux arrêts de bus du village principal et consultables en ligne. En été, des bus supplémentaires se rendent fréquemment à Koubara, et moins souvent aux plages d'Agia Theodoti, Psathi et Manganari. Pour un taxi, appelez **Ios Taxi Service** (☎69777 60570) ; comptez 5 € du port à Ios (Hora) et 5 € d'Ios (Hora) à Mylopotas.

En été, des caïques font la liaison entre Ormos et Manganari via Mylopotas (aller-retour environ 12 €/pers).

On trouve plusieurs loueurs de voitures, motos et 4x4 à Ormos, Ios (Hora) et à la plage de Mylopotas.

pièces de monnaie à l'effigie du poète auraient été découvertes. Si la tombe présente peu d'intérêt, la route et le site (photo p. 58) valent le déplacement.

Skarkos

SITE ARCHÉOLOGIQUE

3 ◎ PLAN P. 60, B2

Perché au sommet d'une petite colline au nord d'Ios (Hora), ce village du début de l'âge du bronze est l'un des sites préhistoriques les plus remarquables de la mer Égée. Il est bâti en terrasses – restaurées – qui épousent le relief de la colline, et on y voit les ruines de plusieurs édifices de style cycladique ; commencez par visiter le musée archéologique pour comprendre le contexte. En voiture, prenez la bifurcation entre Ormos et Ios (Hora). À pied, suivez le chemin pavé (15 minutes), qui part à l'arrière d'Ios (Hora). Le panorama est splendide. (4 € ; 🕗8h-15h mar-dim mai-sept)

Musée archéologique MUSÉE

Ce musée installé dans un édifice néoclassique (début XXe siècle) au bord de la route qui traverse Ios (Hora) – plan p. 60, B1 –, est incontournable pour qui s'intéresse à l'Antiquité. On y découvre de nombreux objets de l'âge du bronze découverts sur le site voisin de Skarkos, des céramiques aux figurines en marbre en passant par des objets en obsidienne, des outils en os et des stèles funéraires. Un aperçu fascinant de la civilisation du cycladique ancien. (☎22860 91246 ; Ios/Hora ; 2 € ; ⏰8h30-16h mer-lun)

Activités

Ios est très réputée pour ses sports nautiques. C'est à la plage de Mylopotas (plan p. 60, B3) que le choix d'activités est le plus étendu, du ski nautique à la planche à voile en passant par le paddle, la plongée et le kayak.

Mylopotas Watersports & New Dive SPORTS NAUTIQUES, PLONGÉE

Une excellente façon d'occuper votre journée sur la plage de Mylopotas : tentez une séance de découverte de la plongée (55 €) ou un stage PADI plus intensif (à partir de 270 €). Également des plongées sur épave ou nocturnes. Participez à une sortie snorkeling en bateau (3 heures, 35 €), faites vous tracter sur une bouée ou louez les équipements utiles pour la planche à voile, le kayak, le paddle, la voile, etc. Personnel

Tombe d'Homère (p. 60)

HYDRAVIRIDIS/STOCK.ADOBE.COM ©

Plages d'Ios

Ios est réputée pour ses plages. Parmi celles desservies par des routes goudronnées se trouvent **Manganari** (plan p. 60, C4), large bande de sable blanc sur la côte sud à 45 minutes de route d'Ios (Hora), desservie par des bus et par des caïques en été, et la tout aussi belle plage de **Mylopotas** (B3), appréciée des amateurs de sports nautiques. Les eaux d'un bleu surréaliste de la plage d'**Agia Theodoti** (C2) ont la faveur des familles grecques, tandis que la plage voisine de **Psathi** (C2), plus calme et dotée d'une taverne, est un spot idéal pour la planche à voile. Une myriade d'autres plages ne sont accessible qu'en caïque.

sympathique. (☎22860 92340 ; mylopotas-watersports.gr ; plage de Mylopotas ; ⏲mai à mi-oct)

Meltemi Watersports & Dive Centre SPORTS NAUTIQUES, PLONGÉE

Installé près de la plage de Mylopotas au **Far Out Beach Club** (☎22860 91468 ; www.faroutclub.com ; empl 12 €/pers, dort 20 €, tente glamping 40 €, d/q 100/190 € ; @📶🏊), ce qui lui vaut un flot régulier de clients enthousiastes, Meltemi propose mille façons de se jeter à l'eau : initiation à la plongée (55 €) et stages PADI, plongées sur épave ou dans des grottes, plongées nocturnes. Apprenez la planche à voile, le ski nautique, le wakeboard ou le paddle, participez à un safari en canoë ou optez pour un Hell Ride (bouée tractée ; 18 €). (☎6980386990 ; www.meltemiwatersports.com ; plage de Mylopotas)

Se restaurer

Hellenic Social CAFÉ €

Chaque matin, ce café de Hora (plan p. 60, B2) se remplit de voyageurs penchés au-dessus de leurs œufs pochés ou engloutissant joyeusement bagels, smoothies et cocktails de fruits. C'est un véritable rendez-vous de hipsters, avec du *kombucha* bio et des plats aux graines de chia et à la purée d'avocats. Fêtes et événements fréquents en soirée. En retrait de la grand-route. (☎22860 92663 ; facebook.com/HellenicSocial ; Hora ; plats 6-12 € ; ⏲11h-minuit)

Katogi MEZZE €

À Hora (plan p. 60, B2), l'ambiance festive de Katogi donne l'impression d'arriver à une soirée chez des amis. Décoration intimiste rehaussée de végétation colorée. Cocktails originaux même si les mezze sont inégaux : si le fromage *talagani* grillé avec figues et pâtes farcies à la poire est savoureux, le *saganaki* de boulettes de viande est tout juste

Panagia Gremiotissa, Ios (Hora)

correct. Mais quelle ambiance ! (☎ 6983440900 ; facebook.com/katogios ; Hora ; plats 5-12 € ; ⌚ dîner)

Salt FUSION €€

Le genre de restaurant qui a tout bon, Salt accueille ses hôtes au bord de la plage de Mylopotas (plan p. 60, B3) sous un auvent de bambou chaulé, dans un espace extérieur baigné de lumière. Service efficace et chaleureux et plats délicieux, du tartare de poisson au risotto de crevettes et poireaux en passant par les travers de porc et la tarte meringuée au caramel salé. Et en plus, c'est bon marché. (☎ 22860 92217 ; facebook.com/SaltRestaurantBar ; Mylopotas ; plats 10-14 € ; ⌚ 9h-2h ; ✆)

Lord Byron MÉDITERRANÉEN €€

Ce restaurant proche de la place principale de Hora (plan p. 60, B3) a des airs de brocante avec ses masques, affiches publicitaires vintage et autres curiosités rapportées de voyages par le propriétaire. Les plats s'inspirent également de contrées lointaines, des saint-jacques enroulées de bacon à la salade César en passant par la soupe de poisson et les *quesadillas* aux arômes marocains. Service cinq étoiles. (☎ 22860 92125 ; plats 7-14 € ; ⌚ dîner)

Le top de la vie nocturne à Ios

Astra (☎ 6976953624 ; facebook.com/astra.ios.greece ; Hora ; ⌚ 22h-3h30). Décor à la scandinave branché et cocktails à base de fruits.

Blue Note Club (☎ 22860 92271 ; facebook.com/bluenoteofficial ; Hora ; ⌚ 23h15-tard mai-oct). Les plus grands tubes dans un club de légende

Coo Bar (☎ 6982063864 ; facebook.com/CooBarIos ; Hora ; ⌚ 23h-5h30). Rythmes R&B, décor aux airs de grotte et cocktails originaux.

Free Beach Bar (☎ 22860 28357 ; freebeachbar.gr ; plage de Mylopotas ; ⌚ 10h-1h mai-sept). DJ et soirées piscine.

Orange Bar (Hora ; ⌚ 20h-4h). Shots originaux et rock alternatif.

Harmony Ios

MEXICAIN **€€**

Ce restaurant avec vue sur la plage de Mylopotas (plan p. 60, B3) a plus d'un tour dans son sac. Idéal pour grignoter le matin (*pancakes*, café, tartine à l'avocat), paresser dans un hamac ou s'allonger le soir sur des coussins géants en sirotant une margarita devant le soleil couchant. Pour le dîner, optez pour les tacos et les *quesadillas* dans une ambiance musicale. (☎22860 91613 ; harmonyios.com ; plats 9-13 € ; ⏲9h-2h ; 📶)

Se loger sur Ios

Hora regroupe quantité d'hébergements dont une auberge de jeunesse réputée, des pensions et des hôtels de charme en périphérie de la ville. Certaines adresses sont proches des bars et clubs du centre. En revanche, Ormos offre peu de possibilité. Des campings, dortoirs et villas privatives bordent la plage de Mylopotas. Réservation indispensable en été.

Sortir

Cine Liostasi

Devant le Liostasi Hotel & Suites entre Ormos et Ios (Hora), ce merveilleux cinéma en plein air programme des classiques et des sorties récentes. On s'installe dans des transats, avec un cocktail et une vue magnifique. (☎22860 92140 ; www.liostasi.gr/cine-liostasi ; ⏲horaires variables)

Plage de Mylopotas (p. 63)

NICHOLAS PITT/STOCK.ADOBE.COM ©

Vaut le détour

Sikinos ΣΙΚΙΝΟΣ

Paisible, isolée et peu peuplée, l'île de Sikinos est l'endroit idéal pour une immersion insulaire authentique. Avec sa charmante vieille ville et des collines en terrasses sillonnées de sentiers de randonnée, elle est l'antithèse de sa voisine Ios. Les habitations sont regroupées dans le port d'Alopronia et dans les villages contigus de Horio et Kastro (englobés sous le nom de Hora).

L'été, 3 ferrys/sem depuis Ios (4,50 €, 25 min) et liaisons vers les principales îles des Cyclades. Bateaux rares en basse saison.

Des bus relient Alopronia à Horio et Kastro (1,80 €) ; 1 bus/jour poursuit jusqu'à Agios Georgios.

Plages

La plage de sable ombragée du port d'**Alopronia** est jolie et possède une aire de jeux pour enfants. Du port, une marche de 20 minutes à travers la campagne (en direction de Dialiskari) permet de rejoindre une baie étroite et magnifique, ourlée d'une modeste langue de sable : la plage d'**Agios Nikolaos**. Un chemin continue jusqu'à **Agios Georgios**, également accessible par une route (7 km). L'été, des caïques desservent les plages (environ 6 €), dont celle de **Maltas** (carte p. 60) au nord, avec ses ruines antiques sur les hauteurs, et celle de **Kara** au sud.

Monastères

Une volée de marches blanches conduit au monastère fortifié de **Moni Zoödohou Pigis** (☎ 6975743928 ; entrée libre ; ⏲ 11h30-13h30 mar-dim), perché au-dessus de Kastro. À l'origine un couvent (1690), c'est ici que religieuses et villageois se réfugiaient lors des attaques de pirates. On peut visiter l'église et la salle des visiteurs. Vue sublime. Les cordes pendues aux falaises à l'arrière étaient le dernier recours des nonnes en cas d'urgence.

Depuis le col entre Kastro et Horio, une route de 5 km part au sud-ouest vers le monastère de **Moni Episkopis**, fermé pour rénovation au moment de nos recherches. Les vestiges du site appartiendraient à un mausolée romain du IIIe siècle, transformé en église au VIIe siècle puis en monastère dix siècles plus tard.

Village de Kastro

Kastro tient son nom de son ancienne forteresse vénitienne (XIIIe siècle). C'est un lieu charmant et animé, avec des rues tortueuses bordées de maisons d'une blancheur éclatante. Le cœur de Kastro est occupé par la grand-place et l'église Pantanassa. Autour du sanctuaire, les riches commerçants avaient fait élever leurs demeures, des édifices de deux étages aux fenêtres sculptées.

★ À savoir

- Les touristes grecs sont nombreux en juillet-août, mais les lieux sont quasi déserts avant la mi-mai.
- Réservez votre logement bien à l'avance pour juillet-août, les hébergements étant rares. Quelques adresses près de la plage d'Alopronia.
- L'île a créé les **sentiers culture**, réseau de 7 itinéraires balisés. Terrain (terrainmaps.gr) édite une excellente carte des randonnées de Sikinos.

Une petite pause ?

Anemelo (☎ 22860 51216 ; Kastro ; plats 5-9 € ; ⏲ 10h-15h et 17h-tard) est le lieu le plus pittoresque de Kastro pour un verre ou un déjeuner. Terrasse au mémorable panorama.

Kapari (☎ 22860 51070 ; rte principale de Kastro ; plats 7,50-11€ ; ⏲ 12h30-15h et 18h-1h) détient le label "cuisine égéenne".

Explorer

Kéa KEA

Avec ses falaises escarpées, son littoral spectaculaire et ses vallées fertiles parsemées de vergers, d'oliveraies et de chênes, Kéa ne manque pas d'atouts naturels, ni de sites historiques intéressants et de beaux sentiers de randonnées.

Les habitants appellent leur île "Tzia". C'est l'île la plus proche de l'Attique, ce qui attire de nombreux Athéniens.

Notre sélection

- ***Ioulida (p. 71)*** *Capitale et joyau de Kéa, Ioulida est un entrelacs de ruelles courant sur deux collines.*
- ***Lion de Kéa (p. 72)*** *Une sculpture antique au doux sourire énigmatique, à la sortie de Ioulida.*
- ***Karthea (p. 74)*** *Les ruines de la cité antique de Karthea comptent des vestiges de l'Antiquité grecque et romaine.*
- ***Plongée (p. 72)*** *Kéa est l'un des meilleurs sites de Grèce pour la plongée.*

Plan de Kéa p. 70

Ioulida (p. 71) DIMITRIS/STOCK.ADOBE.COM ©

Korissia Κορησσία

1 PLAN P. 70, B1

Le petit port de Korissia n'est certes pas aussi joli que le chef-lieu de l'île, mais son front de mer animé recèle bars et tavernes. À environ 15 minutes à pied, vous trouverez la plage de **Gialiskari**, petite et populaire.

Rolando's GREC €€

Cette modeste taverne du front de mer sert une cuisine rustique savoureuse, dont des boulettes de viande, du *katsiki* (chevreau), une excellente moussaka, du poisson frais et du civet de lapin. (22880 29129 ; plats 8-17 € ; 12h-minuit ;)

Magazes MÉDITERRANÉEN €€

Tenu par le Gréco-Californien Stefanos, Magazes est installé dans un entrepôt restauré où est servie une cuisine de qualité riche en saveurs locales. Recommandé pour ses plats à base de produits de la mer, dont des pâtes au

Depuis/vers Kéa

Au départ de Kéa, les seuls bateaux pour le continent desservent Laurion (Lavrio). Les ferrys sont bondés le week-end. Hors saison, les liaisons vers les autres îles sont rares. En haute saison, on peut se rendre à Laurion (12,40 €, 1 heure, 3/jour), Kythnos (6,90 €, 1 heure 15, 1/jour), Syros (11 €, 4 heures, 3/semaine), Tinos (12 €, 3 heures 30, 1/semaine) et Andros (9,30 €, 5 heures 30, 1/semaine) ; plus de détails sur www.ferries.gr.

À Korissia, vous pouvez acheter des billets auprès de l'agence **Stegadi** (22880 21435 ; www.praktoreiokeas.gr).

Comment circuler

Korissia est le principal port de ferrys de l'île.

En juillet-août, des bus réguliers se rendent de Korissia à Vourkari, Otzias, Ioulida et la plage de Pissès ; ils sont moins fréquents hors saison. Un **taxi** (22812 00158) coûte autour de 10 € pour Ioulida, 8 € pour Otzias et 25 € pour Pissès.

Leon Rent A Car (22880 21898 ; www.rentacarkea.gr) loue voitures et scooters ; comptoir situé près de l'embarcadère des ferrys à Korissia.

homard, et ses plats végétariens goûteux comme les beignets de courgettes et l'aubergine farcie. (22880 21104 ; www.kearestaurant.gr ; plats 9-20 € ; 12h-minuit Pâques-sept ;)

Ioulida Ιουλίδα

2 PLAN P. 70, B2

Joyau de Kéa, Ioulida se drape autour de deux collines dans le cœur montagneux de l'île, en un entrelacs de ruelles, d'églises et de maisons chaulées. Jadis l'une des quatre cités-États de Kéa, Ioulida en est la capitale administrative depuis l'époque romaine/byzantine. C'est aujourd'hui un lieu agréable pour une promenade de quelques heures entre sites intéressants, tavernes et cafés.

De mi-juin à septembre, des bus partent toutes les 40 minutes vers Korissia.

Randonnées à Kéa

Douze sentiers de randonnée ont été aménagés sur Kéa, mettant à profit le réseau ancien de chemins qui sillonne l'île. Les itinéraires sont détaillés sur le **site officiel de Kéa** (en anglais ; destinationkea.com/en/adventure-tourism/pathways), qui propose un livret téléchargeable.

Plongée à Kéa

Kéa est l'un des meilleurs sites de Grèce pour la plongée, avec plus d'une dizaine de spots pour différents niveaux d'expérience, comprenant parois rocheuses, épaves d'avions et de bateaux et grottes sous-marines. Basée à Vourkari (voir p. 73), **Kea Divers** (22880 22280, 6973430860 ; www.keadivers.com ; Vourkari ; 1/2 plongées équipement inclus 50/90 €) est une agence de plongée réputée qui propose également des sorties snorkeling.

Lion de Kéa MONUMENT

Sculpté dans le schiste entre les IXe et VIe siècles av. J.-C. et long de 8 m, l'énigmatique lion de Kéa est posé sur la crête derrière les dernières maisons de Ioulida. Une balade de 15 minutes permet de le rejoindre. Depuis le haut de la grand-rue, suivez les pancartes en bois indiquant "Αρχαίος Λέων" jusqu'à ce que le chemin quitte le village. Le sentier contourne un cimetière, puis un portail sur la gauche permet de s'approcher du lion à l'arrière-train érodé et dont le doux sourire rappelle celui des sculptures grecques archaïques.

Musée archéologique MUSÉE

Les objets les plus intéressants présentés dans ce musée sont encore plus anciens que les quatre cités-États antiques de Kéa. Les 13 figurines en terre cuite de femmes découvertes dans un temple d'Agia Irini (baie de Vourkari) datent de 3300 à 1100 av. J.-C. (22880 22079 ; adulte/enfant 2/1 € ; 8h30-15h30 mer-lun)

To Steki TAVERNE €

Une cuisine de taverne est servie dans cet établissement attrayant niché au pied de l'église Saint-Spyridon et doté d'une terrasse avec vue sur la vallée. On y savoure du chevreau ou lapin au citron, des tartes aux légumes, des feuilles de vigne à l'huile d'olive et à l'émulsion citronnée. (22880 22088 ; facebook.com/tostekikea ; plats 8-9,50 € ; 12h30-minuit tlj juin-sept, 19h-minuit ven-sam et 12h30-16h dim oct-mai ;)

O Paparounas TAVERNE €€

Cette petite taverne conviviale sert sur sa terrasse de la place principale des spécialités locales comme de la salade grecque, du taboulé, des sardines grillées, des anchois frits et des poissons pêchés à la ligne et grillés entiers. Les fermiers du coin débarquent vers 10h pour boire un café ou un verre de *raki*, et la cuisine ouvre vers 12h. (22880 22583 ; facebook.com/Paparounas.Kea ; plats à partir de 8,50 € ; 10h-minuit ;)

To Spiti Sti Hora GREC €€€

Installé sur plusieurs terrasses avec vue sur le village et la mer, ce restaurant prépare des plats typiques de Kéa avec des produits locaux tels que pâtes au chevreau, risotto de seiche, ragoût de poulpe... Vous pourrez aussi contempler, cocktail à la main, le coucher du soleil. (☎22880 29101 ; www.tospitistihora.gr ; plats 18-27 € ; ⌚12h-15h et 19h-23h juin-sept ; Wi-Fi)

To Panorama
CAFÉ

Les grandes fenêtres et la petite terrasse de ce café animé et lumineux découvrent un panorama exceptionnel sur la vallée. Excellent café et vaste choix de pâtisseries, gâteaux, gaufres, crêpes et en-cas salés. (☎22880 22341 ; ⌚9h-14h lun et jeu, 17h30-21h ven, 9h-21h sam-dim ; Wi-Fi)

Ailleurs sur Kéa

La route côtière qui part de Korissia passe par la plage de **Gialiskari** (plan p. 70, B1) et mène à la marina de **Vourkari** (plan p. 70, B1), où le front de mer est jalonné de bateaux de plaisance, de restaurants et de cafés.

En poursuivant 4 km vers le nord-est, vous atteindrez la vaste plage de sable d'**Otzias** (plan p. 70, C1), lovée dans une baie souvent venteuse. De là, une route file vers l'intérieur de l'île sur 12 km jusqu'à Ioulida, d'où l'on rejoint la plus belle plage de la côte est, à **Spathi** (plan p. 70, D2). La plage compte un grand bar et quelques maisons de vacances, mais on y trouve très peu d'ombre (n'oubliez pas votre chapeau).

Plage d'Otzias

À 8 km au sud-ouest d'Ioulida se trouve la petite plage de sable de **Pissès** (plan p. 70, A3), dotée d'une taverne et d'un bar de plage et bordée de collines couvertes de vergers et d'oliveraies. De là, longez la côte vers le sud sur 4 km pour rejoindre **Koundouros** (plan p. 70, A3), terrain de jeu des Athéniens aisés, qui compte plusieurs belles criques de sable. Un peu plus au sud, la plage de **Kampi** (plan p. 70, A3), flanquée d'une taverne, invite à la baignade.

Karthea

RUINES

3 PLAN P. 70, B3

Entre le VIIIe siècle av. J.-C. et le VIIe siècle, ce site aux deux criques jumelles abritait la cité antique de Karthea, l'une des quatre villes-États de Kéa. Ses ruines, partiellement mises au jour dans un cadre merveilleusement isolé, ne sont accessibles qu'à pied ou en bateau. Des trois sentiers menant au site, le plus facile est le n°6, qui rejoint les ruines en 40 minutes de descente depuis le parking situé en bas d'une ruelle et indiqué depuis la route principale de Stavroudaki.

La petite acropole recèle les vestiges du **temple d'Apollon Pythios** au niveau inférieur, et le **temple d'Athéna** au niveau supérieur, qui datent de 530 à 500 av. J.-C. Plus bas se trouvent un **théâtre** de 880 places et les vestiges de **thermes romains**.

Ruines de Karthea

KOS29/STOCK.ADOBE.COM ©

Monastère de Kastrianis

MONASTÈRE

4 PLAN P. 70, C1

Depuis Otzias, une spectaculaire route côtière file sur 6,5 km jusqu'à ce monastère du XVIIIe siècle trônant en haut d'une colline, qui offre une vue spectaculaire sur les îles alentour. Une coupole bleu paon coiffe l'église bleu ciel dont l'intérieur est recouvert de fresques de saints. (lever-coucher du soleil, juin-sept)

Seirios

POISSON €€

Le meilleur restaurant du front de mer de Vourkari (plan p. 70, B1) propose un menu limité mais appétissant faisant la part belle aux produits de la mer. Il y a des anchois marinés et des beignets de calamars, mais l'on vient surtout pour les poissons grillés entiers, que l'on choisit à vue. (22880 28280 ; facebook.com/seirios.kea ; Vourkari ; plats 12-20 € ; 11h-tard ;)

I Strofi tou Mimi

POISSON €€

À l'extrémité de la baie de Vourkari (plan p. 70, B1), ce restaurant du front de mer sert des produits de la mer, en particulier du poisson grillé, ainsi que quelques plats de viande. En été, la véranda est ouverte pour laisser entrer la brise marine. (22880 21480 ; facebook.com/istrofitoumimi ; Vourkari ; plats €9-20 ; 12h-minuit tlj juin-août, sam-dim avr-mai et sept-oct ;)

Zeus Faber

BAR

Ce bar, de loin le plus branché de Kéa, est perché au-dessus des tavernes du front de mer à Vourkari (plan p. 70, B1), avec une terrasse dominant la plage et une salle à l'éclairage tamisé décorée de bancs en bois, de bois flotté, de bougies, de vieux vinyles et d'œuvres d'art. (6987410707 ; Vourkari ; 20h-4h ;)

Explorer
Kythnos ΚΥΘΝΟΣ

La paisible Kythnos (ou Kithnos, ou encore Thermia) est une succession de superbes plages, de vallées verdoyantes et de collines ponctuées de refuges en pierre et striées de murs anciens.

Au port de Merihas, dans le beau village de Kythnos (Hora) et à Dryopida, la vie s'écoule tranquillement et les touristes sont rares, même si la marina de Loutra attire son lot de visiteurs en été et si la facilité d'accès depuis Athènes se traduit par une affluence de familles grecques sur les plages les week-ends en été.

Notre sélection

- ***Kythnos (Hora), chef-lieu de l'île (p. 80)*** *Un village agricole au pittoresque dédale de rues.*
- ***Loutra (p. 80)*** *Ce paisible village de pêcheurs s'anime l'été, avec ses sources d'eau chaude, ses restaurants de qualité et sa marina.*
- ***Dryopida (p. 81)*** *Le plus joli village de l'île.*
- ***Plages (p. 81)*** *Kolona, avec sa double baie, et Apoukrasi sont les plus courues.*

Plan de Kythnos p. 78

Plage de Kolona (p. 81)

A
B
C
D
1
2
3
4
5
6
Cap
Kefalos
Syros
(50 km)
Kéa (50 km),
Laurion (Lavrio, 80 km)
Kastro Orias
297 m
3
Loutra
Mer Égée
Kolona
Le Pirée
(145 km)
Apokrousi
2
Kythnos
(Hora)
308 m
Episkopí
1
Merihas
Dryopida
Cap
Tzoulis
302 m
Flambouria
Archipelagos
Kanala
Skylou
Agios Dimitrios
Gaidouromantra
Cap
Berou
N
0
5 km
Sérifos (40 km), Sifnos (65 km),
Kimolos (90 km), Milos (115 km)

Depuis/vers Kythnos

En haute saison, des ferrys relient notamment Kythnos au Pirée (25 €, 3 heures, 4/jour), à Laurion/Lavrio (16 €, 2 heures, 2/jour), Kéa (6,90 €, 1 heure 15, 1/jour), Syros (9 €, 2 heures 15, 3/jour) et Sérifos (8 €, 1 heure 15, 1/jour). Les liaisons inter-îles sont moins nombreuses en hiver ; plus de détails sur www.ferries.gr.

Comment circuler

De début juin à septembre, des bus relient Merihas à Kythnos (Hora) et Loutra (respectivement 15 min et 30 min) 5 fois par jour, et à Dryopida (30 min) et Kanala (45 min) 5 fois par jour également ; les tarifs vont de 1,40 € à 2 €.

Hors saison, le mieux est de louer une voiture ou un scooter. **Nikitos** (☎22810 31419 ; kythnosrentalcar.gr) et **Larentzakis Antonis** (ci-dessous), entre autres, louent des véhicules.

Depuis Merihas, un **taxi** (☎6944271609) coûte environ 10 € pour Kythnos (Hora) et 8 € pour Dryopida. En été, un taxi-bateau depuis/vers les plages coûte 10 €.

Merihas Μέριχας

1 PLAN P. 78, B3

Ce minuscule village concentre la majorité de l'activité de l'île en basse saison. Des cafés et des restaurants bordent le petit port et des chambres à louer sont nichées dans les collines. La plage du village est médiocre mais d'autres, bien plus plaisantes, sont accessibles à pied au nord du débarcadère, à **Martinakia** et **Episkopi**.

Episkopi PLAGE

Cette grande plage de gros sable gris est à 30 minutes de marche du port vers le nord. À une de ses extrémités se trouve un bar de plage populaire, à l'autre une minuscule église.

Martinakia PLAGE

Même si l'on peut se baigner sur la plage du village, mieux vaut rejoindre cette jolie petite crique à 10 minutes de marche vers le nord.

Merihas pratique

Des agences sur le front de mer de Merihas louent scooters, quads et voitures.

Larentzakis Antonis (☎22810 32104 ; www.rentacarkythnos.gr ; 9h-21h). Billets de ferry, réservation d'hébergements et location de quads, de scooters et de voitures.

Anerousa Travel (☎22810 32372 ; Merihas ; 9h-21h). Billets de ferry.

Molos

GRILLADES €

Savoureux souvlakis, kebabs et burgers garnis de fromage, halloumi grillé et salades, servis rapidement dans une modeste échoppe près du port des ferrys. (☎22810 32455 ; plats 2,50-12 € ; 14h-23h)

Ostria

POISSON €€

On vient ici pour les produits de la mer : vivaneau, rascasse et mérou grillés, ou encore spaghettis au homard. Venez plus tôt pour une omelette et un café en terrasse avec vue sur la mer. (☎22810 33017 ; plats 9-20 € ; 10h30-minuit ; wifi)

Kythnos (Hora)
Κύθνος (Χώρα)

2 PLAN P. 78, C3

En arrivant aux abords de la capitale de l'île (appelée Kythnos, Hora ou encore Messaria), dépassez la périphérie quelconque pour rejoindre le dédale de ruelles du centre. Il s'étale autour d'une longue grand-rue flanquée d'églises blanches, de cafés, de tavernes et de boutiques de céramique. La ville a conservé son caractère agricole. Des dames âgées étendent leur linge dans les ruelles chaulées, des fermiers déambulent avec leurs ânes et à Pâques, les gamins du village s'amusent sur une balançoire de bois traditionnelle ornée de fleurs. Kythnos (Hora) est à 7 km de route de Merihas.

Messaria

GREC €€

Installé sur la petite place en lisière de la partie piétonnière, ce restaurant propose des spécialités de l'île comme le coq au vin, les pois chiches au four ou le civet de lapin. (☎22810 31620 ; www.messaria.gr ; plats 8,50-11 € ; 13h-22h ; wifi)

Loutra Λουτρά

3 PLAN P. 78, C2

Ce paisible village de pêcheurs, posé au bord d'une baie venteuse à 3 km au nord de Kythnos (Hora), possède une grande marina appréciée des bateaux de plaisance et un port jalonné de restaurants, cafés et bars chics. L'été, le village voit défiler les bateaux à voile et s'anime jour et nuit.

Une courte marche le long de la côte vers le nord permet de découvrir à **Maroula** des tombes datant du mésolithique.

Aqua Team

PLONGÉE

Avec plus de 30 sites de plongée (épaves, grottes et plongées dérivantes), Kythnos est un paradis pour explorateurs sous-marins. Cette agence propose des plongées en bateau, des excursions snorkeling et des cours, dont des initiations pour débutants. (☎22810 31333 ; www.aquakythnos.gr ; plongée 1/2 bouteilles 50/90 € ; enfants)

Sources chaudes

EAUX THERMALES

Loutra est connue pour ses eaux thermales, qui bouillonnent le long d'un chenal menant à la plage, où elles s'accumulent dans un bassin rocheux avant de filer vers la mer. Les baigneurs en profitent toute l'année. L'accès au site est gratuit.

Plages et villages de Kythnos

Les plages les plus célèbres de l'île se trouvent au nord-ouest. Celle d'**Apokrousi** (plan p. 78, B3) est une large bande de gravillons équipée d'une poignée de tavernes, d'un bar de plage populaire et d'un grand parking. De là, une route difficile mène au-delà de la colline à la sublime double baie de **Kolona** (B3), étroite bande de sable écrasée de soleil reliant un promontoire à l'île principale. La plage est bondée en été, et le café saisonnier est assailli d'estivants. Hors saison, de nombreux bateaux à voile viennent y jeter l'ancre. La route du promontoire est parfois coupée lorsque le café est fermé, mais l'on peut tout de même accéder à la première plage et nager jusqu'à la pointe. Le plus simple est de prendre un bateau-taxi depuis Merihas. Autrement, allez-y en quad ou en 30 minutes de marche au soleil depuis Apokrousi.

Au centre de Kythnos se trouve le plus beau village de l'île, **Dryopida** (C4). Accroché de part et d'autre d'un ravin, ce patchwork de toits en tuile rouge et de ruelles sinueuses compte une poignée de cafés, de tavernes et de petits musées rassemblés autour de son impressionnante église.

Depuis Dryopida, la route principale file vers le sud et **Agios Dimitrios** (A5), une plage de sable gris parsemée de galets et bordée d'eaux calmes. De la demi-douzaine de plages de l'est de l'île, la plus accessible (et la plus belle) est la crique de sable jouxtant le village de **Kanala** (C5). D'une taille honorable, le village est notable pour son église, qui renferme une icône vénérée d'une Vierge à l'Enfant, et pour son excellente trattoria traditionnelle, **Archipelagos** (☎ 22810 32380 ; www.archipelagos-kythnos.gr ; Kanala ; plats 6,80-20 € ; 🕒 13h-22h ; 📶).

Si vous aimez la randonnée, empruntez les routes secondaires descendant de Dryopida vers les plages moins visitées de **Lefkès**, **Kato Livadi** et **Liotrivi**. Vous pourrez aussi marcher 1 heure 30 sur le beau sentier menant de Loutra à **Kastro Orias** (B1), sur le cap de Kéfalos. Ces ruines au cadre enchanteur sont tout ce qui reste d'une ville médiévale qui comptait environ 5 000 habitants.

Sofrano INTERNATIONAL **€€**

Véritable pilier du front de mer, ce restaurant chic sert des mezze traditionnels, du poisson grillé et des plats plus inhabituels comme le filet de bœuf épicé au chocolat. (☎ 22810 31436 ; www.sofrano-yachtingclub.gr ; plats 10-19 € ; 🕒 9h-tard ; 📶)

Explorer

Milos ΜΗΛΟΣ

L'île volcanique de Milos, qui s'élève autour d'une caldeira centrale, est bordée par un impressionnant littoral, tout en singulières formations rocheuses. Si la légendaire Vénus de Milo a de longue date quitté l'île pour le musée du Louvre, Milos ne manque pas d'autres atouts – notamment le plus grand nombre de plages de toutes les Cyclades.

L'île a un passé d'extraction minière remontant au néolithique, époque où l'obsidienne était exportée vers la Crète minoenne. Aujourd'hui, elle reste le premier centre d'extraction de bentonite et de perlite de l'Union européenne.

Une grande partie de l'ouest de Milos (ainsi qu'une portion de la côte est) est interdite aux véhicules de location en raison du mauvais état des routes, cependant les plages de ces régions de l'île demeurent accessibles en bateau.

Notre sélection

- ***Plages de Milos (p. 84)*** *Au programme, formations géologiques étonnantes et eaux cristallines.*
- ***Plaka (p. 91)*** *La quintessence du village cycladique.*
- ***Vestiges antiques (p. 91)*** *Des catacombes et les ruines d'un théâtre témoignent de la Milos antique.*
- ***Pollonia (p. 94)*** *Un village de pêcheurs plein de charme, où déguster une cuisine de qualité.*
- ***Syrmata de Klima (p. 93)*** *Maisons de pêcheur colorées traditionnelles au bord de l'eau.*
- ***Île de Kimolos (p. 95)*** *Pour une excursion au calme.*

Plan de Milos p. 88

Formations rocheuses de Kleftiko (p. 85) EX_FLOW/STOCK.ADOBE.COM ©

Les incontournables

Les plages de Milos

Milos et les îlots qui l'entourent sont ourlés de plus de 70 plages sublimes. Dans cette île d'origine volcanique aux nombreuses curiosités géologiques, galets colorés, falaises de calcaire éblouissantes, étendues de sable et formations rocheuses étonnantes alternent, donnant à chaque plage une personnalité unique. En voici une petite sélection.

Paléohori

Le long croissant de Paléohori (plan p. 88, D4), l'une des plus belles plages de l'île, est cerné de falaises et bordé de tavernes, bars et centres de sports nautiques. La présence de sources chaudes non loin fait chauffer par endroits le sable de la plage. Une bonne route goudronnée y mène, et il y a 7 bus par jour au départ d'Adamas en été.

Sarakiniko

Les formations rocheuses aux allures de meringues et les grottes de Sarakiniko (plan p. 88, D2) attirent les photographes en herbe été comme hiver. La plage de sable est minuscule mais bordée d'un chenal profond invitant à la baignade, et il y a de la place pour s'allonger sur les rochers. On la rejoint par une bonne route goudronnée se terminant par un parking, et des bus s'y rendent depuis Adamas en été (4/jour).

Kyriaki

Cette longue et belle plage de sable de la côte sud (plan p. 88, D4) est adossée à des collines aux teintes ocre, rose et gris. Il y a une taverne au bout de la plage et un bon restaurant sur les hauteurs. La route est praticable en voiture.

Plathiena

Tout au bout d'une vallée au-delà de Plaka, dans le nord de l'île, cette plage de galets (plan p. 88, C2) est d'une beauté exceptionnelle. Ses eaux aigue-marine sont cernées de chaque côté par des formations calcaires, et les seules constructions sont une maison et un bar de plage saisonnier. La route est bonne mais il y a peu de place pour se garer.

★ À savoir

- Certaines plages sont accessibles en bus (Paléohori, Sarakiniko) en haute saison, mais les autres nécessitent de louer un véhicule. Celles de la côte ouest requièrent un 4x4 ou un quad. La plage de Kleftiko, au sud-ouest, n'est accessible qu'en bateau.

Une petite faim ?

Vous trouverez des tavernes à proximité de plusieurs plages, notamment Paléohori et Kyriaki.

Nerodafni et Trachilas

Depuis Firopotamos, une route non goudronnée mais large et bien entretenue (praticable en voiture standard quoique cahoteuse vers la fin) serpente à travers des carrières jusqu'à ces plages de roche et de galets isolées, séparées par un promontoire. Nerodafni est un peu plus facile d'accès, mais Trachilas compte comme curiosités de petits îlots et arches rocheuses juste au large. (plan p. 88, C2)

Mandrakia

Un comité d'accueil composé des chats du village vous attend dans ce petit port de pêche avec hangars à bateaux colorés, jolies petites maisons et une petite église chaulée. De chaque côté se trouvent de petites plages de galets et, plus à l'est, de vastes rochers plats sur lesquels il fait bon lézarder. (plan p. 88, C2)

Firopotamos

Une route goudronnée mène à cette superbe crique (photo ci-contre) cernée de falaises calcaires et bordée de *syrmata* (logements de pêcheurs). Une charmante église ornée de bleu se dresse sur le promontoire, et l'on peut voir non loin les vestiges d'une ancienne carrière, avec parking. (plan p. 88, C2)

A
B
C
D
E
F
1
2
3
4
Zone interdite aux voitures de location en raison du mauvais état des routes et de la présence de vipères
0
5 km
Le Pirée (140 km)
Sifnos (25 km), Paros (110 km), Syros (160 km)
Sifnos (25 km), Paros (110 km), Syros (160 km), Le Pirée (190 km)
Cap Gerahia
Mer Égée
Kimolos
364 m
Prassa
Klima
Hora
Goupa-Kara
Psathi
Agios Andreas
Akradies
Mer de Myrto
Cap Kambanes
Trachilas
Nerodafni
Plathiena
Îlot de Glaronissia
Cap Pelekouda
Bonatsa
Aliki
Détroit de Pollonia
Polyaigos
5
Pollonia
Firopotamos
Cap Vani
Fourkovouni
Plaka
Mandrakia
Filakopi
Voudia
Areti
2
4
Sarakiniko
Baie de Voudia
Théâtre antique et catacombes
3
Triovasalos
Klima
1
Adamas
Trypiti
O! Hamos
Milos
299 m
Langada
Baie de Milos
Papikinou
Ammoudaraki
Sources chaudes
276 m
Ios (80 km)
Zefiria
387 m
Agiou Ioannou
749m
331 m
Kyriaki
Sources chaudes
395 m
Provatas
Paleohori
Kleftiko
Yarakas
Mer de Crète
Cap Firiplaka
Santorin (85 km)
Îlot d'Aspronisi
Cap Psalida

Depuis/vers Milos

✈ L'aéroport de Milos (MLO) est à 4 km d'Adamas au sud-ouest, de l'autre côté de la baie. Liaisons depuis/vers Athènes par Sky Express (www.skyexpress.gr) et Olympic Air (www.olympicair.com).

⛴ Adamas, principal port de l'île, se trouve sur l'itinéraire de la plupart des ferrys dans l'ouest des Cyclades. À la saison haute, des ferrys partent pour Le Pirée (40-58 €, 2 heures 45-6 heures 30, 6/jour), Sérifos (8-18 €, 1 heure-2 heures, 5/jour), Sifnos (7-16 €, 1 heure, 7/jour), Folégandros (29-40 €, 1 heure, 4/jour) et Santorin (39-53 €, 2 heures, 4/jour). Il y a moins de liaisons en hiver ; plus de détails sur www.ferries.gr. Des ferrys relient également Pollonia à Kimolos.

Comment circuler

🚌 Le réseau de bus, géré par **Milos Buses** (milosbuses.com), a pour centre névralgique Adamas. En été, des bus partent vers l'aéroport et le camping d'Achivadolimni (5/jour), Triovasalos/Plaka/catacombes/Trypiti (1/heure), Pollonia (10/jour), Paléohori (7/jour) et Sarakiniko (4/jour). L'hiver, comptez 4 bus quotidiens entre Adamas et Triovasalos/Trypiti et 2 bus quotidiens reliant Pollonia à Adamas et desservant également Triovasalos et Trypiti. Horaires détaillés sur le site Web. Un trajet coûte généralement 1,80 €.

Vous pourrez louer une voiture à l'aéroport, à Adamas et à Pollonia, auprès de **Giourgas Rent a Car** (☎22870 22352 ; www.giourgasrent.com) ou **Milos Rent** (☎22870 41473 ; www.milosrent.gr) entre autres.

🚗 Au départ d'Adamas, les **taxis** (☎22870 22219) facturent 13 € pour l'aéroport, 8 € pour Plaka et 15 € pour Pollonia.

Adamas Αδάμας

1 ◎ PLAN P. 88, C3

En arrivant à Milos, vous serez accueilli par un paysage typique des Cyclades : une cascade de maisons blanches à flanc de colline, dominée par une superbe église à coupole bleue. Adamas (ou Adamantas) est bordée d'une large promenade sur le front de mer où se concentrent boutiques, agences de voyages, cafés, bars, glaciers et restaurants. D'un côté comme de l'autre de la promenade vous attendent de belles plages de sable, et vous pourrez également faire une excursion à bord d'un des bateaux amarrés au bord du quai, vers des criques accessibles uniquement par la mer.

Milos pratique

Office du tourisme (☎ 22870 22445 ; Adamas ; ⏲ 9h-17h et 19h-23h juin-sept). Kiosque en face du quai à Adamas, avec cartes et infos générales.

Milos Travel (☎ 22870 22000 ; www.milostravel.gr ; Adamas ; ⏲ 9h-15h30 et 18h30-21h30 lun-ven, 9h-14h et 18h30-21h30 sam-dim). Billets de ferry, excursions et location de voitures.

Riva Travel (☎ 22870 24024 ; www.rivatravel.gr ; Adamas ; ⏲ 9h-21h). Location de voitures et billets de ferry.

Travel Me to Milos (☎ 22870 41008 ; www.travelmetomilos.com). Réservation d'activités, d'excursions et d'hébergements, vente de billets de ferry et location de voitures.

Musée ecclésiastique — MUSÉE

Cette collection, exposée dans la vénérable église de la Sainte-Trinité (Agia Triada) du IXe siècle, recèle des objets d'art sacré et icônes rares, dont des œuvres du XVIIe siècle, signées d'un duo père-fils célèbre, les Crétois Emmanuel et Antonios Skordilis. (☎ 22870 22252 ; www.ecclesiasticalmuseum.org ; entrée libre ; ⏲ 9h15-13h15 et 18h15-22h15 mai-sept)

Musée des Mines de Milos — MUSÉE

Cet intéressant musée retrace l'histoire minière de Milos depuis l'extraction d'obsidienne sur l'île vers 7000 av. J.-C. Il est situé sur le front de mer, à 650 m à l'est du centre. Renseignez-vous ici sur la série de cartes **Miloterranean Geo Experience** (www.miloterranean.gr ; 3 € la carte), qui, au nombre de 7, proposent des randonnées à thématique géologique à travers Milos. Les cartes détaillent la géologie et les origines volcaniques de l'île, sa tradition minière et son environnement naturel. (☎ 22870 22481 ; www.milosminingmuseum.gr ; adulte/enfant 5/3 € ; ⏲ 10h-14h dim jan-mars et tlj avr-mai, 10h-14h et 17h30-21h juin-sept, 10h-14h mar-dim oct)

Artemis — BOULANGERIE €

Nichée dans une ruelle près du principal parking gratuit, cette boulangerie vend d'appétissantes *spanakopita* (tartes aux épinards), des parts de pizza, des sandwichs et toutes sortes de biscuits et gâteaux. On peut s'installer à l'avant sur les petites tables rondes ornées d'œillets en pots pour siroter tranquillement un café. (En-cas 2-2,50 € ; ⏲ 6h-23h ; 📶)

O! Hamos — TAVERNE €€

Face à la plage de Papikinou (plan p. 88, D3), à 1,2 km au sud-est du centre d'Adamas, cette taverne sert de délicieuses spécialités traditionnelles comme des *pitarakia tis Giagias* ("tartes au fromage de grand-mère"), de l'*agriokatsiko sti hovoli* (chevreau et pommes de terre) ou du *portokaloglyko* (feuilleté orange et chocolat). Accueil chaleureux et bon choix de bières artisanales et vins locaux. (☎22870 21672 ; www.ohamos-milos.gr ; plage de Papikinou ; plats 8,20-14 € ; ⌚12h-23h avr-oct ; wifi)

Akri

COCKTAILS

Niché au-dessus du port, cet élégant petit bar sert cocktails et cafés sur une fantastique terrasse avec vue sur la mer. L'été, les soirées à thème durent jusqu'au petit matin. (☎22870 22064 ; www.akrimilos.gr ; ⌚19h-tard Pâques-oct ; wifi)

Plaka, Trypiti et Triovasalos

Πλάκα, Τρυπητή, Τριοβάσαλος

Ces trois villages au nord de l'île concentrent l'essentiel de la population de Milos. Le site correspond à l'emplacement du village antique, qui s'est développé entre le IXe siècle av. J.-C. et le VIIe siècle, avant d'entamer son déclin.

Le village de **Plaka** (**2** ⊙, plan p. 88, C2) quintessence de l'idéal cycladique, est un lacis de ruelles et de maisons blanches accrochées au bord d'un escarpement. La place de

Une ruelle de Plaka

l'église **Panagia Korfiatissa** (bâtie en 1840) réserve un panorama exceptionnel sur l'ouest : elle est par conséquent envahie de touristes au coucher du soleil en été. Plus bas sur la colline, l'agréable village de **Trypiti** (**3** ⊙ plan p. 88, C3) recèle églises et moulins à vent. **Triovasalos** (**4** ⊙ plan p. 88, C3) est le moins touristique des trois villages, et ses boutiques et tavernes sont surtout fréquentées par les habitants.

Théâtre antique

RUINES

Accroché à flanc de colline en contrebas de Trypiti, ce théâtre romain bien conservé fut utilisé entre les Ier et IVe siècles. Il fut redécouvert en 1735. Seul le dixième de sa structure a été mis au jour et partiellement restauré, notamment une portion de la façade en marbre sculpté de la scène jadis installée devant un public pouvant atteindre 8 000 spectateurs.

Le sentier menant au théâtre, bien balisé, démarre juste au-dessus du parking des catacombes. L'ovale aplati bordant la route était le site d'un stade antique. À droite du sentier, un panneau signale le lieu où fut découverte en 1820 par hasard, par un paysan, la *Vénus de Milo*, magnifique statue – sans bras – de marbre de Paros de 2 m de haut représentant Aphrodite (150-130 av. J.-C.). Mise en vente par le paysan, elle fut rachetée au premier acquéreur – un fonctionnaire grec qui voulait envoyer l'œuvre à Constantinople – par le marquis de Rivière qui l'offrit à Louis XVIII. Celui-ci en fit don au Louvre. (24h/24)

Musée archéologique MUSÉE

Dans ce bâtiment néoclassique sont conservées des pièces remarquables, notamment une copie en plâtre de la *Vénus de Milo*. Bien plus anciens que la célèbre statue, l'énigmatique déesse d'argile et le joyeux petit troupeau de minuscules figurines de taureaux proviennent du site de Filakopi et datent de 1400 à 1100 av. J.-C. (22870 21620 ; Plaka ; adulte/enfant 2 €/1 ; 9h-22h dim, 8h30-16h lun, mer, jeu et sam, 14h-22h ven)

Catacombes MONUMENT

Les seules catacombes chrétiennes de Grèce, creusées à flanc de colline en dessous de Trypiti, datent du Ier siècle et servirent de sépulture à plus de 2 000 des

***Syrmata* (maisons de pêcheurs traditionnelles) du village de Klima**

GATSI/STOCK.ADOBE.COM ©

premiers fidèles du Christ. Elles consistent en un réseau de 183 m de tunnels de 1 à 5 m de large et de 1,6 à 2,5 m de hauteur. Un guide vous les fera visiter en 15 minutes et vous montrera les alcôves éclairées dans les deux salles principales. (☎22870 21625 ; adulte/enfant 4/2 € ; ⏲9h-19h mar-dim avr-sept, 9h-14h oct-mars)

Kastro
FORTERESSE

Des panneaux indiquent le chemin qui grimpe jusqu'à la forteresse dressée sur la colline au sommet de Plaka, érigée par les Vénitiens sur le site de l'ancienne acropole. Il n'en reste pas grand-chose, mais le sommet offre un saisissant panorama de l'ensemble de l'île. En chemin, jetez un coup d'œil à l'intérieur de l'église **Panagia Thalassitra** pour admirer son iconostase. (Plaka ; entrée libre ; ⏲24h/24).

Syrmata
ARCHITECTURE

Les maisons du minuscule et photogénique village de Klima sont accrochées à la falaise, face à la mer et en contrebas de Trypiti. On y trouve des *syrmata*, logements traditionnels de pêcheurs dont le rez-de-chaussée, aux portes peintes en couleurs vives, sert de garage à bateaux, tandis que l'étage sert de logement à la famille. Les maisons sont creusées dans la falaise. Pour un séjour inoubliable, louez une *syrmata* ; quelques-unes sont disponibles sur les sites de location entre particuliers. Un véhicule est indispensable.

Sea Kayak Milos
KAYAK

Le kayak est un excellent moyen d'explorer les côtes de Milos. L'Australien Rod et son équipe organisent des excursions à la journée, sans expérience préalable requise. Les itinéraires sont établis en fonction de la météo. (☎6946477170 ; www.seakayakgreece.com ; Triovasalos ; excursion kayak de mer 75 €/pers ; ⏲9h-17h avr-oct)

Bakalikon Galanis
MEZZE **€**

La salle de ce *mezedhopoleio* (bar de mezze) plein de cachet et très apprécié des habitants a des airs de droguerie à l'ancienne (boîtes de conserves et d'allumettes, bas et collants). Faites votre choix en cochant le menu imprimé – *saganaki* (fromage pané), *soutzouki* (saucisse épicée), *siglino* (porc fumé), *kavourmas* (porc aux épices) – et préparez-vous à une longue soirée : la cuisine ferme à 1h, et le bar bien plus tard. (☎22870 28163 ; Triovasalos ; plats 4-12 € ; ⏲11h-1h lun-sam)

Barriello
GREC **€€**

Tous les soirs, les effluves carnés émanant du gril de Barrielo attirent le chaland sur la petite place en contrebas de l'église de Trypiti. Toutes les viandes sont bio et proviennent de l'élevage du propriétaire. (☎6984218360 ; www.barriello.com ; Trypiti ; plats 12-18 € ; ⏲18h30-00h30 avr-sept, 19h30-1h jeu-sam oct-mars ; 📶)

Les ruines de Filakopi

L'ancienne cité minoenne de **Filakopi** (plan p. 88, D2 ; 22870 41290 ; adulte/enfant 2/1 € ; 8h-15h mar, ven et sam Pâques-oct), au nord-est de l'île sur la route de Pollonia (mais mal indiquée), fut l'un des premiers villages des Cyclades. Il n'en reste que des ruines, mais le cadre en bord de mer est attrayant.

Pollonia Πολλώνια

5 PLAN P. 88, D2

Sur la côte nord, Pollonia (ou Apollonia) est un paisible village de pêcheurs bordé d'une plage de sable aux eaux limpides. L'endroit se transforme l'été venu en une petite station balnéaire chic où se concentrent les meilleurs restaurants et hébergements de l'île.

La bourgade est aussi la porte d'accès à l'île de Kimolos (voir l'encadré p. 95).

Enalion — GREC €€

Le meilleur de la gastronomie grecque vous attend dans ce merveilleux petit restaurant. Installez-vous sur la terrasse du front de mer et laissez les serveurs expérimentés vous guider à travers un choix d'olives, vins et fromages AOP. Des produits de la mer sont également proposés, notamment un délicieux *stifado* (ragoût) de poulpe, tomates, oignons, vin et miel local. (22870 41415 ; www.enalion-milos.gr ; plats 10-17 € ; 12h-minuit ;)

Gialos — POISSON €€

Ce restaurant animé propose un menu moderne et imaginatif pétri de saveurs locales et d'ailleurs, des raviolis à la crevette au *tataki* de thon. Si les produits de la mer ont la vedette, les plats de viande sont tout aussi bons, notamment le *tagliata* de bœuf mariné à l'huile d'olive et au romarin. (22870 41208 ; www.gialos-pollonia.gr ; plats 8,50-26 € ; 12h-23h avr-oct ;)

Armenaki — GREC €€

Les produits de la mer sont préparés ici à la perfection et il n'y a pas grand-chose d'autre au menu. Service irréprochable (on viendra lever les filets de poisson à votre table) et belle carte des vins. (22870 41061 ; www.armenaki.gr ; plats 9-18 € ; 12h-23h avr-oct)

Hanabi — FUSION €€€

Des sushis aux burgers, on trouve de tout dans ce restaurant japonisant à la déco chic, mais on préfère les plats de cuisine fusion inventive tels que les tagliatelles aux petits légumes, oursins et ouzo à l'orange. Terrasse en bord de mer et service affable. (22870 41180 ; facebook.com/hanabicocktailsandsushi ; plats 16-26 € ; 11h-minuit avr-oct ;)

Excursion à Kimolos

Au large de la pointe nord-est de Milos, l'adorable **Kimolos** (plan p. 88, E1) donne au visiteur le sentiment de remonter le temps. Les touristes sont rares à venir explorer sa minuscule vieille ville, ses baies étincelantes et ses pittoresques *syrmata* (maisons de pêcheurs).

Une excursion d'une journée est pourtant facile à organiser depuis Milos. Un petit **car-ferry** (☎6948308758 ; www.kimolos-link.gr ; adulte/enfant/voiture/scooter 2,20/1,10/1,80/8,80 €) relie Pollonia (côte nord de Milos), à Psathi (Kimolos), jusqu'à 8 fois par jour en été et 3 fois par jour en basse saison (30 min).

Le car-ferry accoste à **Psathi**, à proximité d'une plage de gravillons bordée de cafés et de tavernes. La capitale, **Kimolos (Hora)**, est à 800 m sur la colline. Au milieu de ses jolies ruelles se dresse le *kastro*, vestige d'une forteresse (XIVe-XVIe siècles) et sa minuscule **église de la Nativité**. Construite en 1592, c'est la plus ancienne des 16 églises de Kimolos (Hora). On peut également visiter à côté le petit **Musée folklorique et maritime** (☎22870 51118 ; entrée libre ; ⏲horaires variables).

De Psathi, des caïques desservent les plages. La plus belle est celle de **Prassa**, magnifique étendue de sable blanc (aussi accessible par une route en partie goudronnée ; 1 heure à pied depuis Kimolos/Hora).

Comment circuler sur Kimolos

Il est judicieux d'embarquer une voiture, un scooter ou un vélo sur le ferry. Autrement, à la saison haute, des bus font la navette entre Psathi et Kimolos (Hora) ; certaines plages sont également desservies. Enfin, plusieurs agences sur Kimolos louent voitures, scooters et quads. Un **taxi** (☎6945464093) au départ de Psathi coûte 5 € pour Kimolos (Hora) et 10 € pour Prassa.

Sur l'île, **Kimolos Travel** (☎22870 51219 ; Hora ; ⏲9h-13h et 16h-20h) vend des billets de ferry. En haute saison, des ferrys longue distance partent vers Le Pirée et les îles voisines des Cyclades.

Se restaurer

On trouve *domatia*, tavernes, cafés et bars à Kimolos (Hora) et Psathi.

Installée le long d'une rue qui grimpe du *kastro* vers le centre de Kimolos (Hora), la taverne **Kali Kardia Bohoris** (☎22870 51495 ; plats 5-8 € ; ⏲6h-22h), d'allure modeste, sert de bonnes spécialités locales.

Donnant sur la plage de Psathi, la taverne **To Kyma** (☎22870 51001 ; plats 7-20 € ; ⏲12h-23h avr-oct ; 📶) sert des produits de la mer et des spécialités comme la *ladenia* (pizza à la tomate et à l'oignon).

Explorer

Mykonos et Délos

Mykonos, l'île la plus glamour de Grèce, assume avec panache sa réputation festive et son style détonant, à mi-chemin entre Saint-Tropez et Ibiza. Au plus fort de la saison, un mélange de vacanciers en goguette, de croisiéristes, de body-builders gays et de fashionistas au look étudié déambule dans Mykonos (Hora). Ce labyrinthe de maisons cubiques chaulées typique des villes cycladiques a su conserver un charme puissant – les café, bars et boutiques en prime.

L'été, l'île attire nombre de visiteurs fortunés, tandis qu'hôtels branchés, bars de plage et restaurants affichent complet. Pour vraiment apprécier Mykonos, il faut un compte en banque bien fourni et être prêt à se mêler à une foule joyeuse, à jouer des coudes sur les plages surpeuplées, et bien sûr à faire la fête 24h/24. Hors saison, Mykonos (Hora) entre en hibernation.

Mykonos est aussi la porte d'accès à l'île de Délos et son site archéologique (p. 98).

Notre sélection

- ***Quartier de la Petite Venise (p. 106)*** *Un front de mer aux maisons colorées et aux boutiques tendance.*
- ***Nuits festives*** *Dans ce haut lieu de la scène gay, plages, bars et clubs assurent la fête sans relâche.*
- ***Plages de sable de Mykonos (p. 116)*** *L'ambiance va de la frénésie la plus totale au snobisme absolu.*
- ***Excursion à Délos (p. 99)*** *Cette île sacrée au large de Mykonos abrite un site archéologique incontournable.*

Plan de Mykonos p. 102

À Mykonos (Hora), le quartier de la Petite Venise (p. 106)

Les incontournables

Île de Délos ΔΗΛΟΣ

L'île de Délos offre un contraste apaisant avec Mykonos, d'où l'on part pour la visiter. Ce site archéologique est l'un des plus importants de Grèce : la Délos antique était en effet considérée comme le lieu de naissance des jumeaux Apollon et Artémis. Les Cyclades doivent d'ailleurs leur nom au cercle (kyklos) qu'elles forment autour de cette île sacrée. Le port antique de Délos joua de plus un rôle commercial important.

PLAN P. 102

Accès en bateau depuis Mykonos (Hora), mai-oct mar-dim départs à 9h, 10h, 11h30 et 17h, retours 12h, 13h30, 15h et 19h30 ; mai-oct lun et tlj nov-avr, départ 10h et retour 13h30. Traversée : 30 min.

La ville antique qui s'étendait ici était un centre de commerce ainsi qu'un lieu de culte : cet immense ensemble de ruines était jadis une ville prospère. Sur l'île, la **billetterie** (✆22890 22259 ; musée et site tarif plein/réduit 12/6 € ; ⏲8h-20h avr-oct, 8h-14h nov-mars) vend des guides détaillés du site, et des panneaux d'information sont installés parmi les ruines. On vous remettra à l'entrée une carte comportant 3 itinéraires possibles, qui prennent 1 heure 30 à 5 heures.

Sanctuaire d'Apollon

Ne manquez pas le **sanctuaire d'Apollon**, cœur spirituel de l'ensemble, à gauche du ponton des ferrys. Deux grandes *stoas* (portiques à colonnades) marquaient la Voie sacrée menant à des **propylées**, entrée monumentale d'un somptueux ensemble de temples et de trésors (où les cités déposaient leurs offrandes). Trois temples d'Apollon s'y dressaient côte à côte en face d'une colossale statue de 9 m du dieu grec. L'**Artémision** était un sanctuaire dédié à Artémis. Un peu plus loin se trouve la **terrasse des Lions**, toujours appréciée des photographes. Les fauves de marbre furent offerts au VIIe siècle av. J.-C. par les habitants de Naxos afin de monter la garde sur le **Lac sacré** (drainé en 1925 afin de lutter contre les moustiques porteurs de malaria) où, selon la légende, Léto donna naissance à ses jumeaux.

Quartier du théâtre

À droite du débarcadère se trouve le **quartier du théâtre**, où résidaient les habitants les plus fortunés, dans des maisons à péristyle ornées de somptueuses mosaïques polychromes.

Sanctuaires des dieux étrangers et mont Kynthos

Délos était un lieu de pèlerinage pour de nombreux peuples autres que les Grecs, et leurs temples, appelés **sanctuaires des dieux étrangers** (p. 101), occupent les flancs

★ À savoir

- Il est interdit de passer la nuit sur Délos, et on ne peut rester sur l'île qu'aussi longtemps que les horaires des bateaux le permettent.
- Hormis dans le musée, il y a très peu d'ombre sur l'île ; pensez à emporter chapeau, lunettes de soleil et crème solaire. Chaussures de marche conseillées.
- Les panneaux d'information du site sont très bien faits, mais visiter accompagné d'un guide permet de mieux appréhender le contexte, les quartiers et les édifices. De plus, les guides pourront parfois vous éviter de faire la queue à l'entrée. Une excursion guidée avec transport en bateau et accès au site coûte 50 € (68 € pour une personne seule).

✗ Une petite pause ?

Il n'y a aucun service de restauration sur l'île ; prévoyez eau et casse-croûte !

du mont Kynthos. Les vestiges d'une synagogue du Ier siècle av. J.-C. ont été mis au jour près du stade.

Sanctuaire des grands dieux samothraciens On y vénérait les Kabeiroi, un mystérieux ensemble de divinités samothraciennes.

Sanctuaire des dieux syriens Cet ensemble de temples construit vers 150 av. J.-C. était dédié aux dieux syriens Atargatis et Hadad, aux fidèles nombreux dans le monde grec.

Sanctuaire des dieux égyptiens Dédié notamment à Isis et Sérapis.

Depuis les sanctuaires, un sentier gravit le **mont Kynthos** (113 m), d'où l'on contemple les îles voisines.

Musée archéologique

Si bien des objets découverts à Délos sont au Musée national archéologique d'Athènes, le Musée archéologique de l'île reste incontournable avec ses fresques, mosaïques et statues d'origine – dont les magnifiques lions de Délos –, remplacées sur le site par des répliques. Dans la salle de gauche, ne manquez pas les grands phallus en pierre. (8h-20h mi-avr à oct)

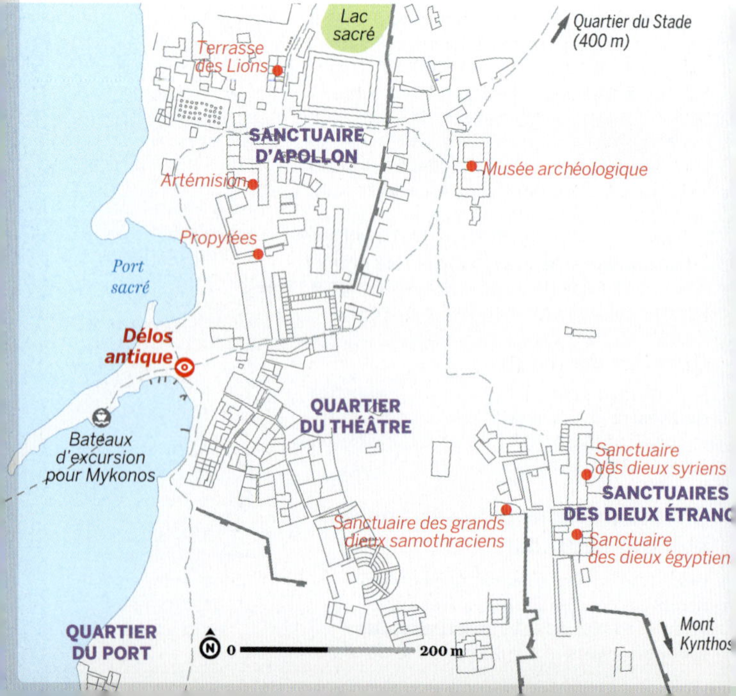

Histoire

Un sanctuaire d'Apollon et un lieu de commerce florissant

Délos occupe une place particulière dans la mythologie grecque. C'est ici que Léto, enceinte d'Apollon et d'Artémis et pourchassée sans relâche par la vindicative Héra, trouva refuge et donna naissance à ses jumeaux divins, fruits de ses amours avec Zeus.

Délos est habitée dès le IIIe millénaire av. J.-C. Au VIIIe siècle av. J.-C., l'île devient un sanctuaire important du culte à Apollon. Ses temples les plus anciens datent de cette époque. Au Ve siècle av. J.-C., les Athéniens affirment leur contrôle sur Délos et sur la mer Égée.

La Ligue de Délos constituée par Athènes en 478 av. J.-C. est à l'origine une alliance défensive contre les Perses dont les membres venaient déposer leur tribut dans le temple d'Apollon. Un décret visant à conserver à l'île son caractère totalement sacré interdit ensuite les naissances et les décès sur Délos, contraignant les îliens à naître et à mourir sur l'île voisine de Rhénée (Rinia).

Délos atteint le faîte de sa puissance pendant la période classique, devenant l'un des trois grands centres religieux de la Grèce et un lieu de commerce florissant. Ses habitants comptent alors de nombreux marchands, capitaines et banquiers fortunés venant de contrées lointaines comme l'Égypte et la Syrie. Ils érigent des temples dédiés aux dieux de leur pays natal, bien qu'Apollon demeure la principale divinité.

Du port franc romain au déclin

Les Romains font de Délos un port franc en 167 av. J.-C. Sa prospérité s'en trouve multipliée grâce à un marché aux esclaves où étaient vendus jusqu'à 10 000 individus par jour. Au siècle suivant, alors que les anciennes religions perdent de leur importance et que de nouvelles voies commerciales se dessinent, Délos entame un long déclin. Au IIIe siècle, l'île ne compte qu'un petit établissement chrétien, et, au cours des siècles suivants, le site antique sert de cachette à des pirates et est abondamment pillé. Les premières recherches archéologiques sur l'île furent entreprises par un membre de l'École française d'Athènes à la fin du XIXe siècle.

De temps à autre, de nouvelles découvertes archéologiques ont lieu, comme cet atelier d'orfèvre récemment mis au jour près de la terrasse des Lions.

Le site est inscrit au patrimoine mondial de l'Unesco.

A
B
C
D
1
2
3
4
5
6
Cap Armenistis
Tinos (15 km), Syros (30 km), Andros (70 km), Rafina (135 km), Le Pirée (175 km)
Kiki's Taverna
Agios Sostis 30
372 m
Houlakia
Kalosta
Panormos 35
Agios Stefanos
Reeza
Agios Stefanos
Tourlos
Nouveau port
Tourlos
Lac de Marathi
de
Marathi
Vieux port
Bateaux d'excursion
Vothonas
Mykonos (Hora) 1
Megali Ammos 2
Vrissi
275 m
Korfos
Ornos
Kapari 36
Agios Ioannis
Ornos
38 Psarou
37 Platys Gialos
Psarou
Platys Gialos
Super Paradise 32
Nea Mykonos
Mykonos Sea Transfer
33 Paraga
Paradise 31
Bateaux
Cap Alogomandra
Delos
Naxos (35 km), Paros (45 km), Ios (80 km), Santorin (120 km)

E
F
G
H
1
2
3
4
5
6
Cap Mavros
Baie de Mersini
Mersini
Fokos Taverna
Fokos
Baie de Merchias
Cap Evros
Baie Panormos
Ftelia
Yummy Pedals
Profitis Ilias Anomeritis (351 m)
Dragonisi
Ano Mera
28
Monastère de Tourliani
Lia
Cap Goni
Kalafatis
GoDive Mykonos
W-Diving Kalafati Dive Center
Cap Kalafatis
Kalo Livadi
29
Elia
Agrari
34
Elia
Cap Mavrokefalas
d'excursion
Mer Égée
0
5 km

Depuis/vers Mykonos

L'**aéroport de Mykonos** (JMK ; 22890 79000 ; www.mykonos-airport.com), à 3 km au sud-est de Mykonos (Hora), est desservi toute l'année depuis/vers Athènes par Aegean et Olympic Air et en saison depuis/vers Thessalonique. Plusieurs compagnies desservent également l'aéroport de mai à septembre, dont Transavia et EasyJet avec notamment des vols pour Paris, Lyon, Nice, Bâle, Genève.

L'île est bien reliée toute l'année aux ports du continent – celui du Pirée (40 €, 5 heures, jusqu'à 3/jour) et celui de Rafina (29-48 €, 2 heures 30-4 heures 30, jusqu'à 9/jour), ce dernier s'avérant généralement plus rapide lorsqu'on arrive directement de l'aéroport d'Athènes. Également des liaisons toute l'année avec l'île voisine de Tinos (8-15 €, 30 min, jusqu'à 9/jour).

En haute saison, Mykonos est bien reliée aux îles voisines, dont Syros (20 €, 40 min, 3/jour), Naxos (29-39 €, 30 min-1 heure 45, jusqu'à 11/jour) et Santorin (52-68 €, 1 heure 45-4 heures, 7/jour) ; plus de détails sur www.ferries.gr. Les agences de voyages sont nombreuses dans la ville de Mykonos.

Mykonos possède deux débarcadères (plan p. 102) : celui du **Vieux port**, à 400 m au nord de Mykonos (Hora), qui accueille certains petits ferrys rapides, et celui du **Nouveau port**, à 2 km au nord de la ville et dévolu aux grands ferrys rapides et à tous les bateaux classiques. Quand vous achetez votre billet pour quitter Mykonos, vérifiez bien de quel débarcadère part votre bateau.

Les bateaux d'excursion pour Délos partent du quai jouxtant le front de mer, à l'extrémité sud du Vieux port de Mykonos. Les billets sont en vente à la **billetterie pour Délos** (22890 28603 ; www.delostours.gr ; aller-retour tarif plein/réduit 20/10 €), au pied de l'embarcadère. Faites-vous préciser quel bateau vous pouvez prendre au retour.

Comment circuler

Des bus (2 €) relient l'aéroport à la **gare routière Fabrika** (Fabrika Sq) de Mykonos (Hora). Certains hôtels et pensions offrent le transport depuis/vers l'aéroport ou le port. Autrement, vous pouvez leur demander de vous réserver une navette (environ 10 €), ou encore prendre un taxi (environ 15 €).

Mykonos Sea Transfer (22890 23995 ; www.mykonosseatransfer.com ; 8h-19h avr-oct). Association de bateaux-taxis desservant les plus belles plages de l'île. Consultez les horaires en ligne.

Le principal point de départ est Platys Gialos, avec possibilité d'embarquer aux arrêts des plages d'Ornos, Paraga, Paradise, Super Paradise, Agrari et Elia. Des croisières et des itinéraires personnalisés peuvent aussi être organisés.

Pour aller du Nouveau port à Mykonos (Hora), les taxis-bateaux **Sea Bus** (☎6978830355 ; www.mykonos-seabus.gr ; aller simple 2 € ; durée 8 min) proposent des départs chaque heure de 7h30 à 22h30 et toutes les 30 min de 10h30 à 18h30.

Les bus de **KTEL Mykonos** (☎22890 26797 ; mykonosbus.com ; 1,80-2,30 € ; horaires sur le site Internet) utilisent les 2 gares routières principales de Mykonos (Hora).

Depuis la **gare routière du Vieux port**, les bus desservent le nord-ouest et l'est de l'île, dont le Nouveau port/Tourlos, Agios Stefanos, Ano Mera, Elia et Kalafatis.

Depuis la **gare routière Fabrika** (plan p. 107, C6), les départs se font vers le sud-ouest, notamment l'aéroport de Mykonos, Ornos, Agios Ioannis, Platys Gialos, Paraga et Paradise. C'est également d'ici que part le bus-navette pour Super Paradise.

En basse saison, le service est considérablement réduit, mais les bus sont fréquents en haute saison. En juillet-août, certains bus circulent jusqu'à 2h ou plus tard au départ des plages.

Une voiture standard suffit pour atteindre la plupart des sites de l'île, mais certaines des plages les plus isolées sont plus faciles d'accès en 4x4 ou en quad.

Les grandes agences de location ont un guichet à l'aéroport et il y a des dizaines de loueurs partout sur l'île, en particulier à proximité des ports et des gares routières, où sont également aménagés de grands parkings publics. Parmi les loueurs locaux, citons **OK Mykonos** (☎22890 23761 ; www.okmykonos.com ; Agios Stefanos), **Apollon** (☎22890 24136 ; www.apollonrentacar.com ; Periferiaki ; 9h-20h) et **Anemos** (☎22890 24607 ; www.mykonosrentcar.com ; Peri), ce dernier disposant d'un grand parking pour ses clients au-dessus du centre piétonnier de Mykonos (Hora).

Des **taxis** (☎22890 22400, 22890 23700) attendent près des gares routières et des ports, mais sont souvent pris d'assaut en haute saison. Tous utilisent des compteurs, mais les courses sont souvent très onéreuses. Tarifs approximatifs au départ de Mykonos (Hora) : Nouveau port (14 €), aéroport (15 €), Ornos (12 €), Platys Gialos (14 €), Paradise (15 €), Kalafatis (22 €) et Elia (22 €).

Mykonos (Hora)

Μύκονος (Χώρα)

1 PLAN P. 102, C3

Port bien préservé, le chef-lieu de l'île est l'archétype du dédale cycladique. Ses étroites ruelles, coiffées par les ailes de ses fameux moulins, s'enchevêtrent entre les maisons cubiques chaulées. Partie intégrante du front de mer, le quartier de la Petite Venise (Venetia) est une merveille au coucher de soleil.

À la haute saison, des groupes de touristes débarquent en continu des bateaux de croisière. Étroitesse des ruelles oblige, ils piétinent derrière les drapeaux de leur guides, et se mêlent à une foule branchée, de l'influenceur Instagram en devenir aux chasseurs de célébrités, en passant par les fêtards gays qui se pressent entre les boutiques chics, les cafés et les bars.

Découvrir

Le centre labyrinthique a beau être de petite taille, il est facile de s'y perdre. On s'en amuse au début mais cela peut devenir agaçant à la longue, surtout lorsqu'on est pris dans le flot des groupes de touristes. Si vous êtes perdu, regagnez le front de mer et longez le secteur des ruelles avant de vous y enfoncer de nouveau, même s'il vous semble qu'un itinéraire plus direct existe. Repérez également la Plateia Manto Mavrogenous (place des taxis) et les trois rues principales, Matogianni, Enoplon Dynameon et Mitropoleos, qui dessinent un fer à cheval en retrait du front de mer.

Megali Ammos

PLAGE

2 PLAN P. 102, C3

Cette belle plage accessible à pied depuis le centre compte deux hôtels haut de gamme et une taverne réputée qui se trouve sur le sable. À 10 minutes de marche au sud des moulins.

Rarity Gallery

GALERIE

3 PLAN CI-CONTRE, C4

Cette modeste galerie vaut le coup d'œil pour ses expositions d'artistes peintres, sculpteurs et photographes. (☎22890 25761 ; www.raritygallery.com ; Kalogera 20-22 ; entrée libre ; 🕐10h-23h)

Moulins

MOULINS À VENT

4 PLAN CI-CONTRE, A5

Érigés au XVIe siècle par les Vénitiens, sept des moulins à blé de Mykonos se dressent fièrement sur la petite colline dominant le port. (près de Plateia Alefkandra)

Musée archéologique

MUSÉE

5 PLAN CI-CONTRE, D1

Le clou de la petite collection de ce musée, très bien présentée, est une statue du IIe siècle av. J.-C. en marbre de Paros, représentant Héraclès (à qui toutefois il manque la tête et une partie

A
B
C
D
1
2
3
4
5
6
Mer Égée
Port
5 Musée archéologique
du Vieux port (150 m),
Vieux port (350 m),
Tourlos (1,5 km),
Nouveau port (2 km),
Agios Stefanos (4 km)
Village de
Péristéronas (3 km),
de Mikonos (4 km)
Ag. Stefanou
Bateaux
d'excursion
pour Délos
Ancien
embarcadère
Polikandrioti
Plateia
Karaoli
Dimitriou
16
21
Paraportianis
6 Panagia
Paraportiani
10
24
22
Akti Kambani
Plateia Manto
Mavrogenous
18
Plateia
Kyriakis
Kambani
Agios
Vlassos
Agias Kyriakis
Sotiros
Inglesi
Agion Anargyron
K Georgouli
PETITE
VENISE
Drakopoulou
Ag Gerasimou
Delou
Mavrogenous
Agias Annis
Apollonos
25
Plateia
Goumenou
Panteleimonos
17
27
Matogianni
Zouganeli
Agion Saranta
23
20
Pateraki
Rarity
Gallery 15
Kalogera
3
14
12
9
Litous
11
Katsoni
Meletopoulou
Cine Manto
Plateia
Alefkandra
Musée maritime
de l'Égée
19
Malamatenias
26
Panahrantou
Tria Pigadia
(Trois puits)
7
Mitropoleos
Eterias
Toulianis
Enoplon Dynameon
4
Moulins
Baou
Legko Steno
Agias Paraskevis
Rohari
Ipirou
8
Basoula
K Milon
Axioti
D Koutsi
Agiou Efthimiou
Mirodiou
13
Soumeli
Artakinou
Joanna's Nikos
Place Taverna (450 m)
et Megali
Ammos (550 m)
Elysium
Sunset Bar
(150 m)
Gare
routière
Fabrika
N
0
100 m
Mykonos
(2 km)

Mykonos pratique

Il n'existe pas d'office du tourisme à Mykonos mais le **site de la mairie de l'île** (mykonos.gr/en) est une source d'informations utile ; on peut également s'adresser aux agences de voyages, à l'instar de **Mykonos Traveller** (69869 93013 ; www.mykonostraveller.com) et **Inmykonos.com**.

Delia Travel (22890 22322 ; facebook.com/delia.travel.mykonos ; Akti Kambani ; 9h-21h). Billets de ferry et tickets pour Délos, réservation d'hébergements et location de voitures.

Sea & Sky (www.seasky.gr ; Akti Kambani ; 8h30-21h30). Renseignement et billets d'avion, de ferry et de bateau pour Délos.

des membres). On y admire aussi des vases à figures rouges ou noires et des stèles funéraires, dont la plupart proviennent de Délos et de l'île-nécropole de Rhénée (ou Rinia). Des expositions temporaires intègrent à ces pièces archéologiques des œuvres et objets design contemporains. (22890 22325 ; Agiou Stefanou ; adulte/enfant 4/2 € ; 9h-16h dim, lun et mer et 9h-21h jeu-sam avr-oct, 9h-16h mar-dim nov-mars)

Panagia Paraportiani — ÉGLISE

6 PLAN P. 107, A3

Construite entre les XVe et XVIIe siècles, cette célèbre église de Mykonos se compose de quatre petites chapelles, auxquelles s'ajoute une cinquième en hauteur accessible par un escalier extérieur. Elle est généralement fermée, mais c'est avant tout sa façade blanchie à la chaux et son profil de rocher qui la rend particulièrement photogénique. (Paraportianis)

Musée maritime de l'Égée — MUSÉE

7 PLAN P. 107, C4

Outre les amphores incrustées de bernacles, les vieilles cartes nautiques et les instruments de navigation, on peut admirer dans ce musée les maquettes de voiliers et bateaux à aubes et apprendre à faire la différence entre trirème athénienne, dromon byzantin et navire ancien égyptien. Dans la cour est exposée une énorme lentille de phare de Fresnel. (22890 22700 ; www.aegean-maritime-museum.gr ; Enoplon Dynameon 10 ; tarif plein/réduit 4/2 € ; 10h30-13h et 18h30-21h avr-oct)

Se restaurer

Le centre-ville propose un vaste choix : les restaurants haut de gamme et adresses fusion y côtoient des tavernes servant des spécialités grecques et des échoppes de souvlakis pour fêtards en manque d'énergie.

Gioras Wood Bakery

BOULANGERIE €

8 PLAN P. 107, B5

Les fours à bois de cette boulangerie tournaient déjà à plein régime quand Constantinople était encore byzantine ! Fondée en 1420 et tenue par la même famille depuis deux siècles, la boulangerie vend de délicieuses tartelettes aux épinards, des baklavas et toutes sortes de biscuits. Le café, en revanche, est sans intérêt. (22890 27784 ; Agiou Efthimiou ; en-cas 1-3 € ; 7h-15h)

Sakis

GRILL €

9 PLAN P. 107, C4

Alternative idéale aux restaurants hors de prix du centre, ce grill est constamment envahi de convives attablés devant de copieux souvlakis de porc ou de poulet, ou des *gyros* pitas débordant de viande grillée. (22890 24848 ; www.sakisgrill.com ; Kalogera 7 ; plats 3,80-13 € ; 12h-2h)

Taste Diaries

CRÊPERIE €

10 PLAN P. 107, B3

Une soudaine envie de crêpe salée ou sucrée, de gaufre ou de yaourt onctueux ? Vous êtes au bon endroit : bons petits-déjeuners, sandwichs et salades également. (22890 29117 ; facebook.com/TheTasteDiaries ; Akti Kambani ; plats 5,80-11 € ; 8h-3h mai-juin et sept-oct, 24h/24 juil-août ;)

Joanna's Nikos Place

TAVERNE €€

Dominant la plage, à quelques minutes de marche au sud

Mykonos (Hora)

PKAZMIERCZAK/STOCK.ADOBE.COM ©

des moulins, cette taverne se spécialise dans les classiques grecs, et c'est une réussite, en particulier les beignets de courgettes, les tartes aux œufs et au fenouil de Mykonos, la moussaka et les grillades. (☎22890 24251 ; Megali Ammos ; plats 9-16 € ; ⏲10h-23h ; 📶)

Nice n Easy — CAFÉ-RESTAURANT €€

11 PLAN P. 107, A4

Avec sa terrasse offrant une vue somptueuse sur les moulins, cet avant-poste athénien sert les meilleurs brunchs de Mykonos (œufs Bénédicte, tartines à l'avocat, omelettes aux blancs d'œufs, salades au quinoa et plats végétaliens). Plus tard dans la journée, burgers, sandwichs et *quesadillas* rivalisent avec des recettes grecques classiques. (☎22890 25421 ; www.niceneasy.gr ; Plateia Alefkandra ; plats 15-23 €, petits-déj 9-15 € ; ⏲10h-0h30 ; 📶 🌱)

Eva's Garden — GREC €€

12 PLAN P. 107, D4

À l'ombre des vignes d'un petit patio, on savoure dans ce petit bout d'éden des spécialités grecques comme les *soutzoukakia* (boulettes de viande hachée à la sauce tomate), des *spanakopita* (feuilleté aux épinards et à la feta), des *moussakas* et un vaste choix de grillades de poisson. (☎22890 22160 ; www.evas-garden.gr ; Plateia Goumenou ; plats 12-25 € ; ⏲18h30-minuit ; 📶)

Funky Kitchen — EUROPÉEN €€€

13 PLAN P. 107, C5

Dans la cuisine ouverte de ce restaurant à la déco contemporaine, on prépare des plats joliment présentés mêlant saveurs méditerranéennes et techniques de cuisine françaises, comme le carpaccio de poulpe au baies roses, le poisson grillé à la sauce au beurre blanc ou encore le thon poêlé avec caviar d'aubergine fumé. Le gâteau au chocolat est divin. (☎22890 27272 ; www.funkykitchen.gr ; Ignatiou Basoula 40 ; plats 21-26 € ; ⏲18h-tard mai-oct ; 📶)

M-Eating — MÉDITERRANÉEN €€€

14 PLAN P. 107, C4

Service attentionné, éclairage tamisé et luxe sans ostentation sont les principales caractéristiques de ce restaurant inventif, spécialisé dans les produits grecs transformés avec brio. Vous pourrez savourer une soupe de poisson des Cyclades, des cakes au thon avec purée de fèves ou de l'agneau cuit à basse température, mais pensez à garder de la place pour la succulente tarte au miel de Mykonos. (☎22890 78550 ; www.m-eating.gr ; Kalogera 10 ; plats 24-42 € ; ⏲19h-1h ; 📶)

To Maereio — GREC €€€

15 PLAN P. 107, C4

Cet agréable restaurant est apprécié des Mykoniens et des gourmets avisés pour son excellent menu de spécialités de l'île, dans lequel

Mykonos gay

Mykonos est l'une des destinations balnéaires les plus prisées au monde par les hommes gays, avec en journée de hauts lieux tels la plage à l'ambiance clinquante de Super Paradise (p. 116) ou la plage d'Élia (p. 115). À Mykonos (Hora), la soirée commence généralement à l'Elysium Sunset Bar avec vue sur le coucher du soleil (cocktails hors de prix et spectacles de drag-queens inégaux), avant de se poursuivre dans les bars de la ville : Lola pour un cocktail entre hommes efféminés ou Porta pour une ambiance tamisée et plus virile. Ensuite, tout le monde se retrouve pour danser chez JackieO' (après 23h), puis au Babylon ou au @54 pour changer d'air.

Pour faire la fête, venez fin août où le gigantesque festival de clubbing gay **XLSIOR** (www.xlsiorfestival.com) attire 30 000 participants.

la viande est à l'honneur (essayez les boulettes de viande, le jambon ou les saucisses épicées). Pas de réservation. (☎ 22890 28825 ; Kalogera 16 ; plats 17-30 € ; ⏱ 19h-1h ; Wi-Fi)

Prendre un verre

Les soirées de Mykonos commencent vers 23h, et ne s'animent véritablement qu'à 1h. Des bars à cocktails chics aux établissements chamarrés de la Petite Venise, il y en a pour tous les goûts. Le quartier de Tria Pigadia ("trois roues"), sur Enoplon Dynameon, est également très festif.

JackieO' — GAY

16 PLAN P. 107, A3

Haut lieu des soirées gays de Mykonos, ce bar en bord de mer est généralement plein à craquer dès 23h30, ce qui n'empêche pas les employés de zigzaguer avec grâce à travers la foule pour servir les clients. La fête y est encore plus folle pendant les spectacles de drag-queens en haute saison. (☎ 22890 77298 ; www.jackieomykonos.com ; Vieux port ; ⏱ crépuscule-aube)

Lola Bar — GAY

17 PLAN P. 107, B4

Divas du 7e art aux murs, abat-jours qui vibrent au rythme des chansons d'amour et un mannequin vêtu en drag-queen posé devant un grand miroir composent le décor du meilleur bar à cocktails de Mykonos. Une atmosphère détendue et conviviale et un personnel plus qu'aimable viennent compléter le

Ciné sous les étoiles

Si vous êtes fatigué des bars et des clubs, optez pour le **Cine Manto** (plan p. 107, B4 ; 22890 26165 ; www.cinemanto.gr ; Meletopoulou ; adulte/enfant 9/7 € ; 21h et 23h juin-sept) un somptueux cinéma en plein air, idéalement aménagé dans un jardin. Également un café. Les films sont projetés en version originale ; consultez le programme en ligne.

tableau. L'endroit idéal pour se réhydrater entre le dîner et la piste de danse, à condition de ne pas s'être perdu dans le labyrinthe du centre. (22890 78391 ; Zanni Pitaraki 4 ; 20h-3h30 ;)

@54

GAY

18 PLAN P. 107, D3

Avec ses boules à facettes tombant en cascade du plafond et son décor chic aux airs de jungle, ce vaste espace situé à l'étage est un endroit idéal pour commencer la soirée avec un cocktail ou la terminer sur la piste. Les fumeurs se retrouvent sur le balcon de l'avant, très prisé, en contemplant la vue sur le front de mer. (22890 28543 ; facebook.com/at54Club ; Plateia Manto Mavrogenous ; 21h-4h ;)

Cosi

BAR

19 PLAN P. 107, C4

Cosy, c'est bien le terme pour cet élégant café doté d'une petite terrasse, qui se mue la nuit venue en un petit bar animé avec sessions DJ. (22890 27727 ; facebook.com/cosi.gr ; Enopion Dynameon ; 10h-6h ;)

Semeli

BAR

20 PLAN P. 107, B4

Ce bar à cocktails très chic attire au cœur de la Petite Venise une clientèle jeune et élégante grâce à d'excellentes concoctions maison et à des sessions DJ. (22890 26505 ; www.semelithebar.gr ; Petite Venise ; 9h-tard)

Babylon

GAY

21 PLAN P. 107, A3

Lorsqu'il n'y a plus un centimètre carré de libre chez JackieO', ceux qui n'ont pas pu y rentrer se retrouvent ici. Spectacles de drag-queens fréquents en été. (22890 25152 ; facebook.com/babylonmyk ; Akti Kambani ; 19h30-6h)

Katerina's Bar

COCKTAILS

22 PLAN P. 107, A3

Ce bar ne fait rien pour paraître glamour ni branché, mais c'est peut-être ce qui explique qu'on s'y amuse bien plus que dans de nombreuses adresses de la Petite Venise. Il y a quand même une chose de très cool : la propriétaire est la toute première femme capitaine de vaisseau de Grèce. En prime : un petit balcon très agréable. (22890 23084 ; www.katerinaslittlevenicemykonos.com ; Agion Anargyron 8 ; 9h-3h ;)

Elysium Sunset Bar

GAY

Le bar de l'Hotel Elysium (établissement "hétéro-friendly") installé au bord de la piscine, est le premier port d'escale de la soirée pour les fêtards gays. Les serveurs flirtent effrontément avec les clients, sans doute pour faire oublier le prix démesuré des consos. Les spectacles de drag-queens programmés tous les soirs de mi-mai à septembre ont du mal à voler la vedette aux splendides couchers de soleil. (22890 23952 ; www.elysiumhotel.com ; quartier de l'école des Beaux-Arts ; 18h-22h avr-oct)

Galleraki

COCKTAILS

23 PLAN P. 107, A4

Asseyez-vous en plein front de mer ou optez pour le balcon de l'étage pour savourer un cocktail aux fruits frais (goûtez le "katerinaki", spécialité maison à base de melon) ou au champagne. (22890 27188 ; www.galleraki.com ; Little Venice ; 10h-5h ;)

Porta

GAY

24 PLAN P. 107, B3

Le décor des petites salles bondées évoque l'univers de Tom of Finland. La soirée s'anime véritablement à partir de minuit. (22890 27807 ; www.portabar-

Pélican à Mykonos (Hora)

mykonos.com ; Ioanni Voinovich 5 ; 🕙22h-5h)

Shopping

La concurrence est rude entre les boutiques de mode et les galeries d'art. Pour l'art, cap sur Mavrogenous ; pour les marques de luxe et d'excellents créateurs grecs, direction Matogianni. Les rues de la Petite Venise abritent quant à elles des boutiques de mode, de bijoux et de bibelots en tout genre. Toutes ces enseignes ferment en basse saison (nov-Pâques).

True Image

MODE

VOIR 9 PLAN P. 107, C4

Cette boutique permet de faire imprimer sur un tee-shirt ou une paire de Converse une image numérique à choisir parmi la vaste sélection proposée sur place, ou à apporter soi-même. Une paire de Converse personnalisée vous coûtera 99 €. (22890 78588 ; www.trueimage.gr ; Kalogera 11 ; 🕙10h-23h)

Art & Soul

ART

25 PLAN P. 107, D3

Cette galerie d'art pour connaisseurs gérée par la famille Rousounelos depuis plus de 30 ans propose sculptures et peintures d'artistes grecs renommés, vendus avec certificats d'authenticité. (22890 27244 ; www.mykonosgallery.com ; Mavrogenous 18 ; 🕙10h-23h)

HEEL Athens Lab

MODE

26 PLAN P. 107, C4

Vêtements en coton ou autres textiles bio pour femmes, et bijoux conçus avec des matériaux recyclés. (22890 77166 ; www.heel.gr ; Panahrantou ; 🕙11h-2h avr-oct)

Muse

CADEAUX ET SOUVENIRS

27 PLAN P. 107, C4

Rapportez dans vos valises un dieu grec fluorescent, une réplique en marbre de figurines cycladiques ou une reproduction des œuvres d'art classique, bijoux et céramiques que vous avez vus au musée. (22890 77370 ; Dilou 8 ; 🕙11h-15h et 17h-23h)

Ailleurs sur Mykonos

Découvrir

Monastère de Tourliani

MONASTÈRE

28 PLAN P. 102, E3

Hormis Mykonos (Hora), le seul autre village sur l'île est Ano Mera (plan p. 102, E3), où se trouve le monastère de Tourliani, fondé en 1537 puis reconstruit en 1767. L'ensemble, aux allures de château, comprend une somptueuse église coiffée d'une coupole et renfermant une icône dorée finement ouvragée ainsi qu'un petit musée où l'on peut voir des habits sacerdotaux, des

Se loger sur Mykonos

À Mykonos (Hora), en juillet-août, une chambre double avec salle de bains dans un hôtel de catégorie moyenne revient à environ 110 € (pour un confort quelconque) à 250 € la nuit. Dans la catégorie supérieure, les prix peuvent atteindre des niveaux défiant l'entendement. Il est prudent d'arriver avec une réservation, car il reste généralement peu de chambres disponibles. Pendant la haute saison, certains établissements exigent des séjours de 2 nuitées minimum.

Dans le reste de l'île, les hôtels, appartements et *domatia* sont éparpillés à travers plusieurs sites prisés comme Platys Gialos ou Ornos. On trouve des auberges de jeunesse festives à Paraga et Paradise.

documents historiques et des icônes. (Ano Mera ; 1 € ; 10h-13h et 15h30-19h)

Elia

PLAGE

29 PLAN P. 102, E4

Cette superbe étendue de sable doré est coincée entre deux falaises et possède un excellent restaurant. La plage est flanquée d'imposants complexes hôteliers et parsemée de chaises longues. À l'extrémité ouest de la plage (à droite lorsque vous êtes face à la mer), un drapeau arc-en-ciel délimite la section gay, la zone nudiste commençant juste un peu plus loin ; la plupart des estivants gays optent pour une minuscule crique un peu plus loin le long du sentier.

La plage est accessible en bus via Ano Mera au départ de la gare routière du Vieux port.

Agios Sostis

PLAGE

30 PLAN P. 102, D2

Cette superbe et vaste étendue de sable doré attire bien moins de visiteurs que la côte sud. Il n'y a pas d'ombre et peu de places pour se garer, mais on y trouve une bonne taverne surplombant une petite crique abritée.

Paradise

PLAGE

31 PLAN P. 102, D5

Avec ses eaux limpides et son sable doré, cette plage est tout naturellement couverte de parasols et bordée de bars de plage bruyants, pour la plupart dotés d'un personnel charmant et efficace (en particulier au Tropicana). On y trouve un camping, un centre de plongée, un excellent restaurant indien et le club le plus apprécié de toute l'île.

Plages de Mykonos

Quand elles étaient encore sauvages, les plages de sable blond de Mykonos faisaient la fierté des Grecs. Désormais, elles sont envahies de parasols, flanquées de bars animés et bondées d'adeptes du bronzage. L'ambiance va de la frénésie la plus totale au snobisme absolu, et le degré de nudité est variable.

Si vous n'êtes pas motorisé, prenez un bus à Mykonos (Hora) ou empruntez les caïques depuis Ornos et Platys Gialos pour atteindre les plages les plus éloignées. Mykonos Sea Transfer (p. 105) donne les horaires sur son site Internet.

De nombreux bus s'y rendent depuis la gare routière Fabrika de Mykonos (Hora).

Super Paradise

PLAGE

32 PLAN P. 102, D4

La plage de Super Paradise est un haut lieu de la communauté gay de Mykonos. Choisissez entre les paillettes du JackieO' Beach Club, sur le promontoire au sud de la plage, et les tables sur le sable du bar de plage.

En saison, un bus privé s'y rend depuis la gare routière Fabrika de Mykonos (Hora).

Paraga

PLAGE

33 PLAN P. 102, D5

Ce magnifique croissant de sable, dont le succès remonte à l'époque des hippies, est connu pour ses fêtes de plage. On y trouve un bon choix de tavernes, une auberge de jeunesse festive, une petite section gay et une zone nudiste.

Des bus s'y rendent depuis la gare routière Fabrika de Mykonos (Hora).

Agrari

PLAGE

34 PLAN P. 102, E4

Vous aurez toute la place d'étendre votre serviette sur cette jolie crique de sable, où un bar de plage permet de s'abriter du soleil. Aucun bus ne dessert la plage, qui n'est qu'à une courte marche de celle d'Elia.

Panormos

PLAGE

35 PLAN P. 102, D2

Une bonne portion de cette magnifique plage de sable a été cédée à un grand bar de plage prétentieux, mais il reste quand même beaucoup de place pour étendre sa serviette. Bonne taverne au bord du sable.

Kapari

PLAGE

36 PLAN P. 102, B4

Cernée par les falaises, cette jolie crique sableuse se rejoint en une courte marche par un sentier partant de l'extrémité ouest d'**Agios Ioannis**.

Platys Gialos

PLAGE

37 PLAN P. 102, C4

Cette vaste étendue de sable blanc, l'une des plages les plus prisées de Mykonos, est flanquée de restaurants et d'un excellent centre de sports nautiques. Des bus s'y rendent depuis la gare routière Fabrika de Mykonos (Hora).

Psarou

PLAGE

38 PLAN P. 102, C4

Les fins connaisseurs de la région se retrouvent sur cette longue plage de sable blanc bordée d'eaux turquoises, à une courte marche de Platys Gialos.

Activités

Le littoral de Mykonos recèle d'intéressants sites de plongée (épaves, grottes et parois sous-marines). Vous trouverez des agences de plongée sur les plages Paradise, Kalafatis (plan p. 102, F4) et Lia (G3). Les plages Kalafatis et Ftelia (plan p. 102, E3) sont idéales pour la planche à voile, et l'on peut s'initier au flyboard ou louer kayaks et paddles à Platys Gialos (ci-contre).

GoDive Mykonos

PLONGÉE

Ce prestataire très professionnel basé à la plage de Lia (plan p. 102 G3) propose une large gamme d'activités sous-marines : safaris de plongée itinérante, plongées nocturnes, cours PADI, excursions en snorkeling et initiations à la

Plage de Kalafatis

GEORGIOS TSICHLIS/SHUTTERSTOCK ©

plongée dès 7 ans. (☎ 6942616102 ; www.godivemykonos.com ; plongée 1/2 bouteilles 80/130 € ; 9h30-18h ; 👪)

Mykonos Diving Centre PLONGÉE

Ce centre réputé propose une gamme de cours PADI, des plongées de nuit, des excursions snorkeling (50 €), des sorties d'initiation à la plongée (120 €) et des cours de plongée pour enfants à partir de 8 ans (120 €). (☎ 22890 24808 ; www.dive.gr ; plage de Paradise ; plongée 1/2 bouteilles 75/120 € ; 👪)

Platis Gialos Watersports SPORTS NAUTIQUES

Basé à la plage de Platys Gialos, cet opérateur se spécialise dans les sports nautiques à haute teneur en adrénaline, avec des sessions flyboard, wakeboard, wakeskate, ski nautique et wakesurf. Loue également des kayaks de mer et des planches de paddle. (☎ 6977279584 ; www.mykonoswatersports.gr ; 9h-21h lun-ven)

Mykonos On Board CROISIÈRES

Sur catamaran ou monocoque, sorties à la journée (de 5 à 8 heures) en groupe privé ou semi-privé. Autour de Mykonos et vers les îles de Délos et Rhénée. (☎ 69324 71055 ; www.mykonosonboard.com)

W-Diving Kalafati Dive Center PLONGÉE

Ayant pour base la plage de Kalafatis (plan p. 102, F4), ce prestataires propose une gamme complète de cours et packs de plongée, en particulier session d'initiation à la plongée (80 €) et pack de 10 plongées avec transport et équipement compris (470 €). (☎ 22890 71677 ; www.mykonos-diving.com ; plongée 1 bouteille 65 € ; 8h-16h)

Yummy Pedals EXCURSIONS EN VTT

À mille lieues des bars de plage, l'agence de Dimitra, guide polyglotte, propose des excursions en VTT pour parcourir l'intérieur de Mykonos. La durée et l'itinéraire sont déterminés en fonction du niveau de chacun, et permettent de découvrir des fermes, des villages et des plages paisibles (avec des pauses pour se baigner et faire un pique-nique). Les circuits commencent et se terminent dans le vignoble de la famille de Dimitra, Mykonos Vioma, près d'Ano Mera (plan p. 102, E3), avec la possibilité de se restaurer autour d'un verre de vin. Consultez l'itinéraire sur le site Web ou faites-vous accompagner depuis l'arrêt de bus d'Ano Mera. (☎ 22890 71883 ; www.yummypedals.gr ; excursion 4 heures à partir de 50 €)

Se restaurer

Indian Palace INDIEN €€

Rejeton du Jaipur Palace, restaurant réputé d'Athènes, cet établissement ouvert aux vents sur la plage de Paradise revisite avec succès les grands classiques de la cuisine indienne. Étant donné l'emplacement, un curry de poisson s'impose. (☎22890 78044 ; www.jaipur-palace.gr ; plage de Paradise ; plats 8,60-16 € ; ⏰13h-23h ; 📶🌶)

Bowl

CAFÉ **€€**

Un large disque tout en sequins roses se détache du décor de ce café diététique d'Ornos très apprécié d'une clientèle en maillot venue prendre des forces avant de danser toute la nuit. On y sert de délicieux petits-déjeuners, des smoothies aux baies d'açaï, des "shots diététiques" et un vaste choix de plats aux "superaliments", crus et végans. Les cafés sont délicieux. (☎22890 77659 ; www.bowlmykonos.co ; Nea Periferiaki, Ornos ; plats 9-25 € ; ⏰9h-18h lun-sam, tlj juil-août ; 🌶)

Kiki's Taverna

TAVERNE **€€**

Tous les jours, sur la plage d'Agios Sostis aux alentours de midi, on fait la queue devant Kiki's (plan p. 102, D2) en sirotant un verre de vin offert pour patienter. La récompense ? Des portions gigantesques de grillades : côtes de porc marinées, poulpe, espadon et fromage. Le tout est accompagné de salade et servi à l'ombre des vignes de la terrasse avec vue sur la mer. (☎69407 59356 ; plats 10-25 € ; ⏰13h-19h ; 📶)

Kalosta

MÉDITERRANÉEN **€€**

Ivres de soleil, les estivants affluent sur la terrasse de Kalosta (plan p. 102, D2), qui donne sur la plage de Panormos. Délassez-vous après une épuisante journée de farniente et savourez des

Plage d'Elia (p. 115)

AETHERIAL/STOCK.ADOBE.COM ©

plats grecs et italiens faisant la part belle aux délices de la mer. (☎22890 78589 ; facebook.com/KalostaRestaurantPanormos ; plage de Panormos ; plats 12-22 € ; ⌚12h-22h ; 📶)

Fokos Taverna TAVERNE €€

De cette taverne (plan p. 102, F2) établie de longue date s'échappent des effluves appétissants de côtes d'agneau, burgers et calamars grillés, au point de faire saliver les estivants lézardant sur la plage de Fokos. Insulaires et visiteurs s'y retrouvent pour déguster des spécialités locales revisitées avec brio, dont des salades et des plats aux saveurs exotiques (ceviches, riz à l'orientale). Il vous faudra un quad pour vous attaquer à la route cahoteuse. (☎6944644343 ; www.fokosmykonos.com ; plage de Fokos ; plats 9-22 € ; ⌚13h-19h ; 📶)

Nikolas Taverna TAVERNE €€

Cette taverne en bord de mer sur la plage d'Agia Anna (près de la plage de Paraga) est tenue par la même famille depuis 3 générations. Nikolas, le propriétaire actuel, pêche lui-même le poisson, qui côtoie sur la carte des viandes d'origine locale et des légumes de la ferme familiale. (☎22890 25264 ; www.nikolas-taverna.com ; plage d'Agia Anna ; plats 8-17 € ; ⌚10h-22h ; 📶)

Reeza MÉDITERRANÉEN €€€

Ce restaurant d'exception sert une cuisine grecque contemporaine sophistiquée, malgré sa simplicité apparente, au bord de la piscine

Panagia Paraportiani (p. 108)

du Rocabella Hotel (plan p. 102, B2). Parmi les classiques revisités, goûtez le "crabe contre dolmas" ou le "*saganaki* au carpaccio de crevettes". Autrement, optez, si vos moyens vous le permettent, pour un menu dégustation (55-125 €). La carte compte un ou deux plats végans également. (☎22890 28930 ; www.rocabella-hotel-mykonos.com ; Agios Stefanos ; plats 18-38 €)

Prendre un verre

JackieO' Beach Club GAY

Installé sur le promontoire bordant la plage de Super Paradise à l'ouest, cet établissement clinquant attire une foule de corps musclés qui prennent la pose autour de la piscine. Les prix sont élevés mais le parking est gratuit. Restaurant et spectacles de drag-queens à la saison haute. (☎22890 77298 ; www.jackieomykonos.com ; Super Paradise)

Super Paradise Beach Club CLUB

Dominant la plage du même nom, ce bar de plage et club est un haut lieu de l'hédonisme à Mykonos. On y voit parfois des célébrités parmi la foule de corps bodybuildés qui se déhanchent au son des sets de DJ, un cocktail à la main. La musique démarre dans l'après-midi et ne s'arrête qu'au petit matin. Navettes gratuites fréquentes depuis/vers Mykonos (Hora). (☎6985919002 ; www.superparadise.com.gr ; ⌚9h-tard ; wifi)

Paradise Beach Club CLUB

En journée, on vient ici pour siroter des cocktails autour de la piscine d'eau de mer, mais dès 16h la fête commence, puis redouble d'intensité à partir de 22h. L'endroit attire de grands DJ internationaux comme Tiësto ou Erick Morillo. (☎6973016311 ; www.paradiseclubmykonos.com ; plage de Paradise ; ⌚16h-5h avr-oct)

Cavo Paradiso CLUB

Seul établissement de Mykonos à intégrer le top 100 des clubs du magazine *DJ Mag*, ce méga-club en plein air (d'une capacité de 3 000 personnes) installé au sommet d'une falaise recrute systématiquement les meilleurs DJ de la planète. Ne manquez pas les fréquentes Full Moon Parties. (☎22890 26124 ; www.cavoparadiso.gr ; plage de Paradise ; ⌚23h30-7h)

Explorer

Naxos ΝΑΞΟΣ

La plus grande île des Cyclades est un concentré de bonheur. La ville principale, Naxos (Hora), possède un superbe front de mer flanqué d'un dédale de ruelles pavées que dominent les demeures vénitiennes et le kastro perché sur la colline. Vous découvrirez sur l'île des plages isolées, de charmants villages de montagne, des sites antiques et des carrières de marbre.

Haut lieu culturel de la Grèce antique et de l'ère byzantine, Naxos connut aussi l'influence des Vénitiens et des Francs. Grâce à son relief élevé, l'île est plus fertile que la plupart des autres Cyclades, et produit des olives, du raisin, des figues, des agrumes, du maïs et des pommes de terre. L'arrière-pays montagneux, dominé par le mont Zeus (ou mont Zas ; 1 004 m), plus haut sommet des Cyclades, recèle des villages admirables comme Halki et Apiranthos.

Notre sélection

- ***Quartier du kastro (p. 128)*** Le quartier vénitien de Naxos (Hora) domine le site depuis le XIIIe siècle.
- ***Temple d'Apollon (p. 128)*** La porte énigmatique de ce temple inachevé se dresse sur un îlot précédant Hora.
- ***Plages (p. 125)*** Des plages de sable blanc à foison.
- ***Halki (p. 136) et Apiranthos (p. 138)*** Au cœur de l'île, des villages au riche passé et à la forte personnalité.
- ***Ascension du mont Zeus (p. 137)*** Le plus haut sommet des Cyclades offre une vue époustouflante.

Plan de l'île p. 126 et de Naxos (Hora) p. 129

Naxos (Hora) (p. 128) GATSII/GETTY IMAGES/ISTOCKPHOTO ©

Les incontournables

Les plages de Naxos

Les plages de sable blanc de Naxos sont l'un des grands attraits de l'île. De Naxos (Hora) à Pyrgaki, la côte sud-ouest en abrite de splendides. La plupart sont accessibles en bus.

PLAN P. 126

Plages de Naxos (Hora)

Commodément située au sud du front de mer, **Agios Georgios** (plan p. 129, B6) est la plage de sable de la ville. Elle est bordée d'hôtels et de tavernes à l'extrémité de Naxos (Hora), où elle est parfois bondée, mais elle s'étend plus loin vers le sud, avec plus d'espace à la clé. Ses eaux peu profondes sont idéales pour les familles.

Au nord de la ville, la plage de galets de **Grotta** (C1), ponctuée de rochers, est battue par les vagues dès qu'un vent de nord se lève (par vent du sud, la mer est calme). C'est ici que s'étendait la ville mycénienne de Naxos, l'une des plus importantes cités antiques de la mer Égée, dont des vestiges demeureraient immergés au large.

Plages de la côte sud-ouest

Au sud d'Agios Georgios, la belle étendue de sable d'**Agios Prokopios** (plan p. 126, A3) est baignée d'eaux peu profondes et lovée à l'abri d'une baie protégée, au sud du cap Mougkri. Elle fusionne avec **Agia Anna** (A3), grande écharpe de sable blanc, assez étroite, mais suffisamment longue pour être exempte de foule dans sa partie sud. Les nombreuses constructions gâtent un peu Prokopios et la partie nord d'Agia Anna.

Les plages de sable se succèdent jusqu'à Pyrgaki, en passant par les eaux turquoise de la magnifique plage de **Plaka** (A4) et de sublimes baies sablonneuses (certaines appréciées des naturistes) ponctuées d'affleurements rocheux. Ce secteur est constellé de restaurants, chambres à louer et arrêts de bus – il est donc idéal pour un séjour décontracté côté plage.

Scindée par des rochers de granite, la plage venteuse de **Mikri Vigla** est réputée pour le kitesurf (voir ci-contre). On pratique également la planche à voile et le kitesurf à **Pyrgaki**, au sud de Mikri Vigla, accessible par une route non goudronnée partant derrière le promontoire d'Aliko. On découvre les eaux azur de la plage de **Hawaii** (B4) juste au nord du promontoire.

★ À savoir

À Mikri Vigla, le **Flisvos Kite Centre** (☎ 6945457407 ; www.flisvos-kitecentre.com ; location équipements 90/350 €/jour/sem) propose des cours de kitesurf et de planche à voile, et loue, ainsi que **Naxos Kitelife**, du matériel aux personnes expérimentées.

Une petite pause ?

Si vous remontez vers le nord après une journée sur les plages de Glyfada, Hawaii ou Alika, faites une halte à la taverne **Axiotissa** (☎ 22850 75107 ; facebook.com/Axiotissa ; plats 7-14 € ; 14h-23h) sur la route Kastraki-Vivlos. Cuisine mémorable !

Au sud d'Agia Anna, vous trouverez supérette et taverne au **Maragas Beach Camping** (plan p. 126, A3 ; ☎ 22850 42552 ; www.maragascamping.gr ; empl. adulte/tente 9/3 €, d/studio à partir de 55/80 €). Un bus régulier arrivant de Naxos (Hora) s'y arrête.

A
B
C
D
1
2
3
4
5
6
0
5 km
Mykonos (30 km),
Tinos (40 km)
Mer Égée
Syros (40 km),
Le Pirée (190 km)
Parikia
(Paros ; 25 km)
Ios (40 km)
Cap
Stavros
Apollonas
Nikos Art
Kouros
Baie
d'Amyti
Myrisis
Mesi
Baie
de Lionas
Koronida
Lionas
Skado
Engares
Koronos
Naxos
(Hora)
1
Naxos Horse
Riding Club
Keramoti
Agios Georgios
Flisvos Sport Club
Melanes
Kinidaros
Agios
Prokopios
Kato
Potamia
Mili
Moni
Kouros
de Flério
Carrières
de marbre
Panagia Drosiani
Moutsouna
Cap Agios
Prokopios
Glinado
Mt Fanari (883 m)
Agia Anna
Galanado
Mesi
Ano
Potamia
23
Halki
24
Apiranthos
Baie de
Moutsouna
Maragas Beach
Camping
Vivlos
Potamia
Metohi
TRAGAEA
Filoti
Plaka
Sangri
Damarionas
Danakos
Orkos
Tour
de Bazeos
Damalas
Mikri Vigla
Mikri Vigla
Kanaki
Kastaraki
Axiotissa
Mt Zeus
(1 004 m)
Glyfada
Hawaii
Aliko
Pyrgaki
Panormos
Baie
d'Agiassou
Ano Koufonissi
Hora (Panagia)
Baie
de Kalandos
Cap
Katomeri
Mer Égée
Kato
Koufonissi
Schinoussa
Agios Georgios
Mersini
Iraklia
Fidoussa

Depuis/vers Naxos

Des vols quotidiens depuis/vers Athènes (81 €, 40 min) sont assurés par Olympic Air et Sky Express.

De nombreux ferrys font escale à Naxos depuis/vers Le Pirée. Des liaisons depuis/vers Rafina sont assurées via le nord des Cyclades.

Bateaux au départ de Naxos :

VERS	DURÉE (HEURES)	TARIF	FRÉQUENCE
Aegiali (Amorgos)	2 ¼ -5	12 €	1-2/jour
Anafi	7 ½	13 €	2/sem
Astypalea	4	20 €	3/sem
Donoussa	1 ¼-3 ¾	7 €	8/sem
Folégandros	2 ¾-3 ¼	11-43 €	2-3/jour
Ios	¾-1 ¾	16-43 €	2-3/jour
Iraklia	1-5	7 €	1-2/jour
Héraklion	4	78 €	1/jour
Katapola (Amorgos)	1 ¼-3 ¼	11-30 €	2-3/jour
Koufonissia	¾-2 ½	8-26 €	2-4/jour
Milos	2 ¼-6	17-42 €	3-4/jour
Mykonos	½-1 ½	28-39 €	6-10/jour
Paros	¾-1 ½	6-23 €	6-8/jour
Le Pirée	4-8 ½	37-57 €	4-8/jour
Rafina	3 ½-5	42-46 €	4-6/jour
Santorin	1 ¼-2 ¼	22-44 €	5-7/jour
Shinoussa	1 ¼-1 ¾	7 €	8/sem
Sikinos	3	7 €	3/sem
Syros	1 ¼-3	9-35 €	2-3/jour
Tinos	1 ¼-2 ½	35-42 €	4-5/jour

Comment circuler

Pour l'**aéroport** (JNX ; www.naxos.net/airport), situé à 3 km au sud de la ville de Naxos, il n'existe pas de navette mais les bus desservant les plages d'Agios Prokopios et d'Agia Anna passent non loin. Un taxi coûte près de 15 € (bagages non inclus).

Depuis Naxos (Hora), des bus fréquents se rendent à la plage d'Agios Prokopios (1,80 €) et à Agia Anna (1,80 €) ; 7/jour desservent Filoti (2,50 €) via Halki (2,20 €), 5 se rendent à Apiranthos (3,30 €) via Filoti et Halki, et au moins 2 vont à Apollonas (6,40 €), Pyrgaki (2,50 €) et Melanes (1,80 €). Liasons moins fréquentes vers les autres villages.

Les bus partent de l'extrémité du quai des ferrys à Naxos (Hora) ; horaires affichés devant le bureau d'information des bus, situé de l'autre côté de la rue (à gauche en diagonale). Achat des tickets au bureau ou à l'automate à l'extérieur.

Naxos est une grande île : la plupart des visiteurs s'y déplacent en bus ou avec leur propre véhicule.

Pour **louer un véhicule** (journée voiture/quad/scooter environ 45-65/30/20 € saison haute), adressez-vous à **Naxos Auto Rent** (22850 41350 ; naxosautorent.com ; 9h-19h), **Rental Center** (22850 23395 ; www.rentalcenter.com.gr ; Aristidi Protopapadaki ; 9h-20h), **Auto Tour** (22850 25480 ; www.naxosrentacar.com ; 9h-19h) ou **Fun Car** (22850 26084 ; www.funcarandrides.com ; 9h-20h). **Moto Art** (22850 23511 ; Kiprou ; 9h-20h) loue des scooters et quads récents (25/30 € par jour) .

Pratiques pour de courts trajets, les **taxis** (22850 22444) se rassemblent au port. Réservation possible par téléphone.

Naxos (Hora)

Νάξος (Χώρα)

1 PLAN P. 126, A3

Le chef-lieu de Naxos possède une atmosphère différente des autres capitales cycladiques. Plus grande et plus animée, la ville est dominée par les vestiges du *kastro* vénitien, dressés au-dessus des constructions du front de mer. La forteresse était le bastion du Vénitien Marco Sanudo, qui fonda la ville au XIIIe siècle. La vieille ville est un entrelacs de venelles escarpées. Deux quartiers historiques coexistent : le Bourgos des Grecs orthodoxes et le *kastro* perché, domaine des catholiques.

Très étendue, Naxos se découvre pourtant agréablement à pied. En revanche, il est presque impossible de ne pas se perdre dans la vieille ville, même avec un plan. Mais c'est aussi ce qui fait le charme de l'exploration !

Découvrir

Kastro

QUARTIER

2 PLAN P. 129, C3

La plus belle partie de Naxos (Hora) est le quartier du *kastro* (XIIIe siècle), que Marco Sanudo nomma capitale de son duché en 1207. En retrait du front de mer, des ruelles étroites grimpent jusqu'au sommet d'une colline où se dressent fièrement les murs d'enceinte. Plusieurs demeures vénitiennes subsistent encore dans le centre du *kastro*, où vous admirerez également les vestiges du château, notamment la **tour de Sanudo** (plan p. 129, D2). Pour découvrir le secteur de Bourgos, enfoncez-vous dans les ruelles sinueuses après avoir rejoint l'extrémité nord de Paralia.

Temple d'Apollon

SITE ARCHÉOLOGIQUE

Du port de Naxos (Hora), une jetée mène à l'îlot de Palatia et au temple d'Apollon (également appelé la Portara, "la Porte"), un monument qui, tout inachevé qu'il soit, n'en est pas moins le plus célèbre de Naxos. Ce portique, dressé sur l'horizon comme au seuil d'un autre monde, offre un spectacle inouï au couchant,

Le mythe de Naxos

Le nom de Naxos est lié à la légende du Minotaure : une fois le monstre crétois tué et Thésée sorti du labyrinthe grâce au fil d'Ariane, le héros enleva la fille du roi Minos qui s'était éprise de lui, mais il l'abandonna sur l'île de Naxos. Dionysos l'y découvrit endormie et l'épousa. Le dieu du Vin est d'ailleurs la divinité du panthéon grec la plus aimée à Naxos, dont le vin passe pour le meilleur antidote au chagrin d'amour (même si on est plus proche du vin de table que du grand cru).

A
B
C
D
1
2
3
4
5
6
Temple d'Apollon (250 m)
Plage de Grotta
Baie d'Amyti
Gare routière
Leof. Naxou
Eggaron
7
Mitropoleos
4
Plateia Mitropolis
Kondyli
Musée de Mitropolis
Apollonas (34 km)
Protopapadaki (Paralia)
10
Agiou
Musée du Folklore
12
17
13
6
14
BOURGOS
Iossif
Plateia Mandilara
Apollonos
15
20
22
16
21
Kastro
2
Tour de Sanoudos
5
Musée archéologique
Kazantzaki
3
Petalouda Art Gallery
Delaroca
11
19
Neofytou
Ferrys pour les Petites Cyclades et Amorgos
18
8
Plateia Pigadakia
Exarhopoulou
Prantouna
Alexinoros
Dionyssou
Papavasiliou
Mer Égée
Protopapadaki (Paralia)
Halki (15 km), Filoti (19 km), Apiranthos (26 km)
Kiprou
Plateia Evripeou (place principale)
Cimetière
9
Paparrigopoulou
Ariadnis
Odos Komiakis
Agiou Arseniou
Flisvos Sport Club (1,2 km)
0
100 m
Plage d'Agios Georgios

Naxos (Hora) pratique

Naxos (Hora) est le cœur du réseau de bus, avec des départs fréquents vers les villages et plages depuis la **gare routière** (☎22850 22291 ; www.naxosdestinations.com) jouxtant le port.

Kiosque d'information (horaires variables). Ouvre l'été sur le quai à l'arrivée des ferrys.

Naxos Tours (☎22850 24000 ; naxostours.net ; Paralia ; 8h-22h). Vente de billets de ferry et réservation d'hébergements, de circuits et de voitures de location.

Zas Travel (☎22850 23330 ; www.zastravel.com ; 9h-21h, horaires réduits en hiver). Billets de ferry, circuits organisés et location de voitures. Sur le port.

moment de grande affluence. (Portara ; 24h/24)

Petalouda Art Gallery — GALERIE D'ART

3 PLAN P. 129, C3

Jouxtant le chemin menant à l'intérieur du *kastro*, cette galerie d'art tenue par deux Français expose de jeunes talents ainsi que des artistes internationaux de renom. Vous y dénicherez peut-être des peintures envoûtantes d'Isabelle Malmezat, ou bien des masques de cérémonie du Gabon et du Congo. (☎6950427064 ; www.petalouda-art.com ; 10h-23h30)

Musée de Mitropolis — MUSÉE

4 PLAN P. 129, C1

En retrait au nord du front de mer se dressent plusieurs églises et chapelles, ainsi que ce musée, qui abrite les vestiges mis au jour d'une cité mycénienne construite entre le XIIIe et le XIe siècle av. J.-C. et abandonnée par peur des inondations. (☎22850 24151 ; Plateia Mitropolis ; entrée libre ; 8h30-15h mer-lun)

Musée archéologique — ANTIQUITÉS

5 PLAN P. 129, D3

Ce musée du *kastro* occupe un ancien collège jésuite où l'écrivain Níkos Kazantzákis fut brièvement élève. Il abrite des objets des périodes ionique et dorique, en particulier des vases mycéniens, ainsi que des figurines en marbre du cycladique ancien. (☎22850 22725 ; kastro ; adulte/enfant 3 €/gratuit ; 8h-15h mer-lun)

Musée du Folklore — PATRIMOINE

6 PLAN P. 129, C2

Bien mise en valeur, cette petite collection privée présente de façon accessible différents éléments qui font la spécificité de l'histoire de Naxos, avec des objets liés au tissage, à l'agriculture, l'apiculture, la fabrication du pain et du fromage ou encore la viticulture. (22850 25561 ; rue de l'Ancien Marché ; 3 € ; 10h-14h et 19h-22h)

Activités

Naxos Bike — CYCLOTOURISME

7 PLAN P. 129, C1

À deux pas du port, un véritable paradis pour cyclistes : vélos électriques (35 €/jour), de route, VTT, sièges pour enfants, et les conseils avisés de Giannis, incollable sur la région et les vélos, et qui vous fournira des cartes pour préparer vos expéditions. Il organise aussi des visites guidées de 3 heures (30 €/pers, 2 personnes minimum). (6932795125, 22850 25887 ; www.naxosbikes.com ; location vélo à partir de 10 €/jour)

Flisvos Sport Club — PLANCHE À VOILE

Ce club situé en bordure de la plage d'Agios Georgios (plan p. 129, B6) propose plusieurs formules pour la pratique de la planche à voile (leçon particulière 1 heure à partir de 50 €, stage de 3 jours 225 €) et loue catamarans (à partir de 48 €/heure) et VTT (à partir de 18 €/jour). Le club possède également un agréable café, des chambres à louer, des filets de beach-volley, une salle de sport et un centre de yoga. (22850 24308 ; www.flisvos-sportclub.com ; plage d'Agios Georgios)

Tour de Sanudo (p. 128)

Naxos Horse Riding Club — À CHEVAL

Balades à cheval, dans les terres ou sur la plage, tous les matins, après-midi et au coucher du soleil. Le personnel peut assurer le transfert aller-retour depuis/vers le centre équestre (plan p. 126, B3). Les différentes formules visent les enfants et les débutants tout comme les cavaliers confirmés. (69488 09142 ; www.naxoshorseriding.com ; balade 2/3 heures 50/60 € ; lun-sam)

Naxos Tours — CIRCUITS ORGANISÉS

8 PLAN P. 129, C4

Cette agence du front de mer organise des circuits en bus autour de l'île, des randonnées guidées vers des villages isolés

Fêtes et festivals

En juin, des événements culturels sont organisés dans l'enceinte de la forteresse vénitienne lors du très suivi **Domus Festival** (☎22850 22387 ; www.naxosfestival.com ; Kastro ; tarifs selon événement ; ⌚juin). Partout en ville, des affiches annoncent ce qui se profile à l'horizon : musique et danse traditionnelles, récitals de piano classique, bouzouki, jazz ou blues. Projections occasionnelles de *Zorba le Grec*. Une salle couverte est prévue au cas où il pleut – mais c'est rare ! En raison de travaux, le festival pourrait se trouver déplacé dans le centre culturel de l'église catholique, près du musée.

comme Melanes, Potamia, Tragaia et Moni (tarifs selon le nombre de participants) ainsi que des croisières. Également de fréquentes sorties en bateau pour Délos et Mykonos, Santorin ou Iraklia et Koufonissia, ainsi que des escapades à la voile au sud de Naxos. (☎22850 24000 ; www.naxostours.net ; tour de l'île en bus adulte/enfant 30/15 € ; ⌚8h-22h)

Se restaurer

L'excellence est ici le maître mot. Les tavernes du front de mer cuisinent directement les prises du jour. Fromages, saucisses et pommes de terre de Naxos comptent parmi les autres spécialités disponibles dans les tavernes comme dans les restaurants branchés.

Maro's Tavern

GREC €

9 PLAN P. 129, C5

N'ayant pas l'atout d'une vue sur la mer ou de l'atmosphère romantique de la vieille ville, cette taverne mise sur des portions gigantesques et bon marché d'une cuisine savoureuse pour fidéliser sa clientèle. Beignets de courgettes, moussaka et *pastitsio* (couches superposées de macaronis et d'émincé d'agneau épicé) permettraient de résister plusieurs jours à un siège. Au sud de Plateia Evripeou. (☎22850 25113 ; plats 7-16 € ; ⌚midi et soir)

Doukato

GREC €€

10 PLAN P. 129, B1

Sans doute l'un des meilleurs restaurants des Cyclades, dans le décor magique d'un édifice qui servit tour à tour de monastère, d'église et d'école. Dimitris, le propriétaire, cultive sur place les légumes ou s'approvisionne chez des producteurs locaux, et le chef primé prépare de succulentes spécialités de l'île comme la *gouna* (maquereau séché), le *kalogeras* (bœuf, aubergine et fromage) et un souvlaki "spécial" Doukato à tomber. (☎22850 27013 ; facebook.com/doukatonaxos ; vieille ville ; plats

9-17 € ; 18h-1h tlj mai-oct, sam-dim nov-avr)

L'Osteria

ITALIEN €€

11 PLAN P. 129, C3

Cet authentique restaurant italien est niché dans une petite ruelle qui monte depuis le port, sous les remparts du *kastro*. Installez-vous dans la jolie petite cour et délectez-vous de gnocchis farcis au fromage de chèvre, de joue de porc ou de poulpe avec purée et lentilles corail. La carte des vins est excellente, de même que les *antipasti* et les bières artisanales. (22850 24080 ; facebook.com/osterialenuovestorie ; plats 11-18 € ; 18h30-1h mar-dim)

Se loger sur Naxos

Naxos (Hora) compte de nombreux hébergements (en majorité ouverts toute l'année), notamment des hôtels de milieu de gamme et des studios. Le choix ne manque pas le long de la plage d'Agios Georgios. Réservez longtemps à l'avance pour juillet-août.

Les meilleurs campings sont situés à proximité des plages au sud de Naxos (Hora), Agia Anna et Plaka. Navettes du camping à l'arrivée des ferrys.

Metaxi Mas

GREC €€

12 PLAN P. 129, C2

Rejoignez les Naxiens attablés sur la minuscule terrasse à l'ombre des vignes ou dans la salle tout en bois et pierre apparente pour un véritable festin à la grecque : pêche du jour, veau braisé au citron, fromages locaux et de copieuses portions de moussaka et de *pastitsio*. Proche de l'entrée nord de la vieille ville. (22850 26425 ; plats 8-14 € ; 12h30-2h)

Lucullus

GREC €€

13 PLAN P. 129, B2

Niché à l'ombre des vignes dans une ruelle partant de la rue de l'Ancien Marché, Lucullus a ouvert ses portes en 1908, et se targue d'être la plus vieille taverne de Naxos. Goûtez ses spécialités comme l'excellent veau *limonata* (au citron, sur lit de purée de pommes de terre), l'agneau *kleftiko* (assorti de fromages) ou le poulpe *stifado* (cuit avec des oignons). (22850 22569 ; Palia Agora ; plats 9-14 € ; 11h-23h)

Labyrinth

GREC €€

14 PLAN P. 129, C2

Difficile de choisir entre l'intérieur au décor chaleureux et la jolie cour privée pour savourer légumes marinés au *manouri* (fromage du nord à pâte molle) grillé, espadon aux herbes et risotto de fruits de mer à l'ouzo. Comme son nom l'indique, le restaurant n'est pas évident à trouver (malgré l'enseigne) ; vous augmenterez vos chances en arrivant par le nord. (☎22850 22253 ; facebook.com/Labyrinth.Naxos ; plats 11-18 € ; ⏲18h-minuit)

Prendre un verre

On trouve une poignée de vastes clubs au sud du front de mer, et des bars agréables et plus tranquilles sur les hauteurs du *kastro*, offrant de superbes panoramas.

La Vigne

BAR À VINS

15 PLAN P. 129, C2

Le seul bar à vins de Naxos se niche dans une ruelle bien cachée juste derrière la Plateia Mandilara. L'endroit est tenu par deux Françaises affables qui ne demandent qu'à vous parler de leurs vins sélectionnés avec soin (essentiellement grecs et français). Excellente cuisine fusion. (☎22850 27199 ; www.lavignenaxos.com ; ⏲19h-1h)

Rum Bar

BAR

16 PLAN P. 129, C2

Perché au sommet d'un escalier partant du front de mer animé, un bar chic idéal pour prendre un verre au soleil couchant. Ouvert toute l'année, il accueille des concerts de rock. Mais l'endroit est surtout connu pour ses cocktails originaux, comme l'Isla Tropical, qui contient une bonne dose de *kitron* (liqueur de feuilles de cédratier). (☎6948592718 ; facebook.com/therumbarnaxos ; ⏲20h-4h)

Échoppes dans la vieille ville, Naxos (Hora)

Naxos Cafe
BAR

17 PLAN P. 129, C2

Très pittoresque, éclairé aux bougies, ce petit bar traditionnel déborde dans la rue pavée. Partagez un pichet de vin avec les habitués et profitez du programme de concerts. (22850 26343 ; rue de l'Ancien Marché ; 20h-2h)

Kitrón
CAFÉ

18 PLAN P. 129, C3

Commencez la journée par un café avec vue sur le port, et terminez-la par l'un des merveilleux cocktails préparés avec du *kitron* de la distillerie de Halki (p. 137), comme le *kitron sour* ou celui au *prosecco* et aux fraises. (22850 27055 ; Protopapadaki ; 8h-tard)

Shopping

Antico Veneziano
ANTIQUITÉS

19 PLAN P. 129, C3

Dans l'enceinte du *kastro*, ce remarquable antiquaire occupe une demeure vénitienne vieille de 800 ans et recèle de véritables trésors. Les antiques colonnes de temple soutenant la boutique valent à elles seules une visite. (22850 22702 ; Dellaroca ; 10h-13h et 17h-21h)

Octopus Naxos
MODE

20 PLAN P. 129, B2

En quête d'un cadeau typique de Naxos ? Pourquoi ne pas vous laisser tenter par un de ces tee-shirts colorés arborant des poulpes aux formes variées. La boutique et le concept ont été créés en 1988. (Palia Agora ; 10h-22h)

Kohili Jewels
CADEAUX ET SOUVENIRS

21 PLAN P. 129, C3

Niché au cœur du dédale de ruelles partant du front de mer, ce magasin vous en mettra plein la vue avec son grand choix de bijoux, dont beaucoup faits en "œil de Naxos", opercule de coquillages dont on dit qu'il porte chance. (22850 22557 ; 10h-23h)

Papyrus
LIBRAIRIE

22 PLAN P. 129, C2

Tout a commencé par une caisse de livres laissée par un voyageur. Désormais, la librairie compte plus de 10 000 ouvrages d'occasion parfaitement organisés. En hauteur par rapport au port, derrière le Meze 2. (22850 23039 ; 10h-14h et 18h-22h)

Nord de Naxos

Une route sinueuse longe le littoral vers le nord, passant d'abord par la **tour d'Ayia** (plan p. 126, B3), ruines majestueuses d'un ancien château avec la mer pour toile de fond, puis par Engares, où une halte s'impose pour voir le **pressoir à olives** (22850 62021 ; www.olivemuseum.com ; 10h-18h mai-sept). Plus au nord vous attend le village de pêcheurs d'**Apollonas** (plan p. 126, D2). Sur place, des panneaux vous mèneront dans une carrière antique sur les hauteurs où vous découvrirez un colossal **kouros** (24h/24), statue de jeune homme, du VIIe siècle av. J.-C., bien plus imposant et facile à repérer que le **kouros de Flerio** (plan p. 126, B3).

Apollonas possède une plage de galets et de sable correcte, et les tavernes du front de mer servent des assiettes de poisson. Passez chez **Nikos Art** (22850 67202 ; 10h-18h mai-sept) pour des céramiques de style *raku* japonais aux prix raisonnables.

Prenez ensuite la route partant d'Apollonas vers Apiranthos, au sud, et faites un crochet par **Lionas** (plan p. 126, D2) : la route panoramique de 8 km passe par d'anciennes mines d'émeri puis vous mène à une belle plage rocailleuse et quelques tavernes. Celle, très accueillante, de **Delfinaki** (22850 51290 ; www.delfinaki.gr ; plats 8-14 €) sert une excellente cuisine maison à base de produits frais de la ferme et de la mer.

De Lionas, revenez sur vos pas et regagnez la route d'Apiranthos. Au sud, la route fait une fourche au niveau de l'église Stavros Keramotis ; prenez à droite pour rejoindre **Moni** (plan p. 126, C3) et admirer ses ateliers de sculpture sur bois, son panorama sur le mont Zeus et la **Panagia Drosiani** (plan p. 126, C3 ; route Halki-Moni ; don suggéré ; 10h-19h), église et lieu de pèlerinage datant du VIIe siècle.

Depuis Moni, vous pourrez retourner à Naxos (Hora) par la route reliant Kinidaros et Melanes, et admirer au passage des **carrières de marbre** et le **kouros de Flerio** (plan p. 126, B3), constitué de deux statues de marbre datant des VIIe et VIe siècle av. J.-C. – suivez les panneaux jusqu'à une ancienne carrière de marbre près de Mili.

Halki Χάλκη

23 PLAN P. 126, C3

Ce village ressuscite la Naxos d'autrefois. Son patrimoine architectural aux jolies façades et aux maisons-tours reflète son passé florissant d'ancien chef-lieu de l'île. Aujourd'hui, Halki abrite des boutiques et des galeries. Le village se situe au cœur de la région montagneuse de Tragéa, à environ 20 minutes de voiture (15 km) de Naxos (Hora).

Des bus se rendent à Halki (2 €), mais mieux vaut louer une voiture pour explorer l'arrière-pays montagneux de Naxos. La route principale longe Halki, et il y a des parkings à l'entrée de la ville (en arrivant de Naxos/Hora) et à sa sortie (à côté de la cour de l'école). De la route, des allées piétonnes mènent à la pittoresque place centrale de Halki.

Des sentiers et des routes partent de Halki et traversent des champs d'oliviers et des prairies. La très belle **église Agios Giorgios Diasorites** du XIe siècle, au nord du village, abrite des fresques splendides.

Tragéa et le mont Zeus

Dans les terres de Naxos, l'agréable région de Tragéa est une vaste plaine plantée d'oliviers, dont les villages préservés abritent maintes petites églises byzantines. Un paysage que domine le mont Zeus (1 004 m ; ou mont Zas), plus haut sommet des Cyclades. Sur ses contreforts, **Filoti** (plan p. 126, C3) est le village le plus important de la région.

Pour faire l'ascension du mont Zeus depuis Filoti, marchez 40 minutes pour atteindre la **source d'Aria**, une fontaine entourée de verdure doublée d'une aire de pique-nique, puis poursuivez 20 minutes jusqu'à la **grotte de Zeus** avant de rejoindre le sommet en une heure pour admirer le panorama à 360°.

Si vous êtes motorisé et que vous souhaitez raccourcir l'ascension, empruntez en voiture la route indiquée sur la route principale à environ 800 m de Filoti et menant à la source d'Aria et de la grotte de Zeus. Elle s'achève 1,3 km plus loin par un parking situé tout près de la source d'Aria. Continuez à pied.

Si vous montez au sommet en passant par la grotte, vous pouvez prendre pour la descente le sentier n°2, bien balisé, qui passe par la petite **chapelle d'Agia Marina** (C3) et continue jusqu'à Filoti. Le trajet dure environ 1 heure 30.

Prévoyez de bonnes chaussures, des lunettes de soleil, un chapeau, de la crème solaire et de l'eau.

Fish & Olive — CÉRAMIQUE D'ART

La céramiste naxienne Katharina Bolesch et son compagnon, l'artiste et bijoutier Alexander Reichardt, exposent ici leurs merveilleuses créations. Chaque pièce est une variation sur les poissons ou les olives, symboles éternels du monde méditerranéen. Ces motifs ornent les élégantes assiettes bleues et blanches, carafes, bols et plats de Katharina, ainsi que les sérigraphies, épingles de cravate, pendentifs et boucles d'oreilles d'Alex. Ces œuvres, régulièrement exposées en Grèce et à l'étranger, sont également en vente dans une boutique située à quelques mètres de la galerie. (☎ 22850 31771 ; www.fish-olive-creations.com ; ⏲ mai à mi-oct)

Distillerie Vallindras — DISTILLERIE

Cette distillerie installée sur la place principale de Halki produit du *kitron* en suivant les mêmes techniques, transmises de génération en génération, depuis 1896. La liqueur est faite à base du cédrat, qui ressemble à un gros citron difforme. Trois variétés sont produites qui diffèrent en matière de couleur et de teneur en alcool, ainsi qu'une liqueur infusée aux épices. La recette exacte est un secret de famille, mais vous pourrez visiter le site aux airs de musée, goûter la production et faire des emplettes.

Le café-bar de la distillerie, spécialisé dans les cocktails à base de *kitron*, est à 2 minutes de marche. (☎ 22850 31220 ; facebook.com/vallindras.kitrondistillery ; ⏲ 10h-22h juil-août, 10h-17h avr-juin et sept-oct)

Phos Gallery PHOTOGRAPHIE D'ART

Découvrez l'île à travers l'objectif du talentueux photographe Dimitris Gavalas. Des paysages en noir et blanc étonnants, de Naxos principalement, et des compositions conceptuelles habillent les murs de cette galerie. (☎ 22850 31118 ; www.phosgallery.gr ; ⏲ 11h-16h mai-oct)

Dolce Vita BOULANGERIE €

Cadre branché et accueillant, avec du bois sombre et un vieux gramophone, pour déguster un excellent gâteau à l'orange, un café ou une glace. (☎ 6981467240 ; en-cas 3-7 € ; ⏲ 9h-10h)

Giannis Taverna TAVERNE €

Avec ses tables ombragées installées sur la jolie place de Halki, cette taverne est réputée pour sa cuisine traditionnelle. Goûtez la moussaka, les souvlakis de porc ou le *pasticcio*. (☎ 22850 32294 ; www.yannistavern.gr ; plats 7-14 € ; ⏲ 12h30-22h)

Penelope TISSAGE

Penelope est l'héritière d'un savoir-faire transmis de mère en fille depuis quatre générations – l'une de deux familles de tisserands encore en activité à Halki. On la regarde avec fascination incorporer des motifs traditionnels aux chapeaux, écharpes, sacs et nappes – autant de souvenirs à rapporter dans ses valises. Vous remarquerez la prédominance du rouge et du bleu, les couleurs de Naxos. (☎ 22850 31754)

Apiranthos
Απείρανθος

24 ◎ PLAN P. 126, YC3

Accroché aux pentes du mont Fanari (883 m), à environ 25 km à l'est de Naxos (Hora), Apiranthos est un village enchanteur aux maisons de pierre brute et aux rues pavées de marbre. Ses habitants descendent de réfugiés crétois ayant fui la répression turque. Fiers de leur particularisme et de leur riche dialecte, ils sont aussi réputés pour leur promptitude à embrasser les luttes politiques et populaires. Le village, d'où sont issus maints universitaires, compte trois musées remarquables, et se distingue depuis peu par son artisanat de qualité et ses excellentes tavernes.

Des bus permettent de se rendre à Apiranthos depuis Naxos/Hora (5/jour ; 3,30 €), mais mieux vaut louer une voiture pour explorer l'arrière-pays montagneux de l'île.

Muséum d'histoire naturelle d'Apiranthos MUSÉE

Ce musée spécialisé dans la faune et la flore locales possède une superbe collection de coquillages. Une partie est consacrée à la mer, une autre à l'arrière-pays. Indiqué depuis la rue piétonne. (22850 61725 ; entrée 2,50 € ; horaires variables)

Musée archéologique d'Apiranthos MUSÉE

Au centre de la rue principale, ce musée possède une merveilleuse collection d'antiquités des Cyclades, assemblée par le professeur de mathématiques Michael Bardani, qui en a fait don à l'institution. On peut notemment y voir de superbes plaques de marbre gravées de scènes de la vie quotidienne, datant du IIIe millénaire av. J.-C. (22850 61725 ; entrée libre ; horaires variables)

Musée de Géologie d'Apiranthos MUSÉE

Proche de l'entrée du village, ce musée expose plus de 2 500 roches rares provenant des villages de Naxos, des Cyclades et d'ailleurs. (22850 61725 ; 2 € ; horaires variables)

Taverna O Platanos GREC €

À l'ombre du platane qui lui a donné son nom, ce restaurant familial animé mérite amplement son label "cuisine égéenne". Les excellents burgers sont garnis de fromage de Naxos, les frites de pommes de terre naxiennes sont à tomber, et le *platanos* (porc grillé) est parfumé

Road trip

L'île de Naxos est vaste. Si vous manquez de temps et que vous voulez tout voir, mieux vaut louer un véhicule. Il est possible de visiter Halki, Filoti, Apiranthos et Melanes en un long circuit d'une journée, voire d'ajouter à la liste Apollonas ou Lionas.

au thym et à l'origan. Le tout avec vue sur la vallée. (22850 61192 ; plats 8-15 € ; 11h30-22h)

Lefteris GREC €€

Dotée d'une belle terrasse, cette taverne familiale charmante et réputée a des airs de vieille cuisine de campagne, et n'a pas son pareil dans le village. On y savoure des viandes grillées (goûtez le cheeseburger à l'agneau ou les saucisses maison), de succulentes tartes au fromage et des légumes de saison cuits au citron. (22850 61333 ; plats 10-22 € ; 12h-22h mai-oct)

Apiranthos Art CÉRAMIQUES

Des amphores gris acier avec une pointe de mica ornent la devanture de cette boutique de céramiques installée sur la principale rue piétonne. Toutes sont fabriquées sur l'île, de même que la vaisselle en vente dans le magasin. Sont aussi exposés quelques masques et autres œuvres de Giannis Nanouris, artiste réputé qui habite le village. (10h-20h mai-oct)

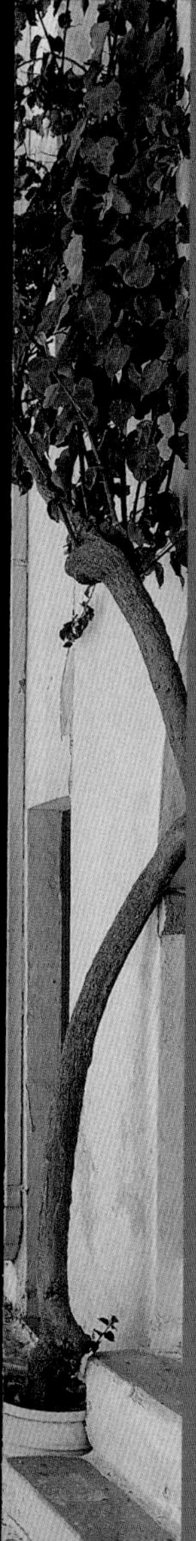

Explorer

Paros ΠΑΡΟΣ

Successivement occupée par les Crétois, les Minoens, les Ioniens, les Arcadiens, les Macédoniens, les Romains, les Byzantins et d'autres, qui ont tous laissé leur empreinte sur cette île fertile, Paros est souvent vue aujourd'hui avant tout comme une plaque tournante des ferrys. Pourtant sa capitale animée et ponctuée de vestiges, la station balnéaire de Naoussa et les jolis petits villages de l'arrière-pays sont autant d'atouts méconnus. L'île abrite de plus d'excellents sites de planche à voile, de kitesurf et de plongée.

Le marbre blanc extrait des collines de l'intérieur est à l'origine du renom de Paros depuis le cycladique ancien : les plus grands chefs-d'œuvre antiques, telle la Vénus de Milo, *sont nés de ce marbre au grain et à la transparence incomparables. On en fit même extraire à nouveau pour le tombeau de Napoléon Ier.*

Plus petite et plus propice à la détente, l'île d'Antiparos (p. 152), 1 km au sud-ouest de Paros, est facilement accessible en car-ferry ou en bateau d'excursion.

Notre sélection

- **Parikia (p. 144)** *Une vieille ville labyrinthique, une église remarquable et un excellent musée archéologique.*
- **Naoussa (p. 147)** *Ce village de pêcheurs d'un blanc étincelant est devenu une élégante station balnéaire.*
- **Lefkès (p. 146)** *Un village traditionnel au cœur des collines de l'intérieur de l'île.*
- **Île d'Antiparos (p. 152)** *Cette île aux paysages champêtres se prête idéalement à une excursion.*

Plan de Paros p. 142 et de Parikia p. 145

Parikia (p. 144) MOOFUSHI/STOCK.ADOBE.COM ©

A
B
C
D
E
F
1
2
3
4
Syros (35 km),
Le Pirée (160 km)
Mykonos (45 km),
Rafina (140 km)
Naxos (10 km), Ios (50 km),
Petites Cyclades (50 km),
Amorgos (75 km),
Santorin (90 km),
Astypalée (130 km)
Sérifos (45 km),
Sifnos (45 km),
Milos (80 km)
Mer Égée
Cap Korakas
Paros Park
Monastiri
Lageri
Cap
Agias Marias
Santa
Maria
Kolimbythres
Baie
de Plastira
12 Naoussa
Tao's Center
Kamares
Kokou Riding
Centre
Ambelas
Ambelas
Cap Agios
Fokas
Krios
Livadia
Agios Fokas
Marathi
1 Parikia
Carrières
de marbre
Kostos
Parasporos
Bateaux d'excursion
Cap
Antikefalos
Lefkes
Marmara
Paros
Prodromos
Molos
Sunset
Glysidia
Marpissa
Antiparos
Pounta
Mt Profitis Ilias
(770 m)
Piso Livadi
Panaghia
Aéroport
de Paros
Logaras
Antiparos
Pounda
Glyfa
Kamari
Hrysi Akti
Dryos
Hrysi Akti
Grotte
d'Antiparos
Restaurant
Anna
(Golden Beach)
Angeria
Agios
Georgios
Apandima
Aliki
Glypha
Scros
Cap
Fanos
Despotiko
Cap Skilos
0
5 km

Depuis/vers Paros

L'aéroport de Paros (22840 44070), à quelques kilomètres au sud de Parikia, dessert plusieurs fois par jour Athènes (75 €, 40 min) via les compagnies Olympic Air (www.olympicair.com) et Sky Express (www.skyexpress.gr). Un taxi de l'aéroport à Parikia/Naoussa coûte environ 20/35 €.

Bateaux au départ de Paros :

VERS	DURÉE (HEURES)	TARIF	FRÉQUENCE
Aegiali (Amorgos)	3 ¼-5 ½	13-21,50 €	5/sem
Anafi	7	16 €	2/sem
Astypalée	5	37 €	4/sem
Donoussa	2 ¼-2 ½	11-17,50 €	5/sem
Folégandros	3 ½-6 ¼	9-60 €	1-2/jour
Ios	¾	11-27 €	3-5/jour
Iraklia	1 ¼-6	11-17 €	4/sem
Héraklion	4-6 ½	55-75 €	2-4/jour
Katapola (Amorgos)	2-6	13-32 €	1-3/jour
Koufonissi	1 ¼-3 ¼	19-35 €	2-3/jour
Mykonos	¾-1 ¼	18-32 €	6-8/jour
Naxos	½-1 ½	6-24 €	5-7/jour
Le Pirée	3 ¼-5 ¼	33-40 €	3-6/jour
Rafina	3 ¼-6 ¼	31-46 €	3/jour
Santorin	2 -3 ½	20-46 €	4-5/jour
Shinoussa	2 ¾	7-35 €	1-2/jour
Syros	1 ½-2 ¼	7-35 €	1-2/jour
Tinos	1 ½-2 ½	34-39 €	4-5/jour

Comment circuler

Naoussa et Parikia sont distantes de 8 km.

Des caïques partent du quai de Parikia vers les plages de Paros et d'Antiparos. Le billet (8-15 €) s'achète à bord.

Des **bus** (22840 21395 ; ktelparou.gr) fréquents relient Parikia à Naoussa (2 €), d'où l'on peut rejoindre la plage de Hrysi Akti, Prodromos ou Marmara. Des bus relient également Parikia à Pounta (départ des ferrys pour Antiparos) et à l'aéroport.

Les billets s'achètent aux distributeurs aux gares routières, auprès des kiosques et des supérettes dans toute l'île ou, à bord, au chauffeur, à un prix légèrement supérieur.

De nombreux loueurs sont installés sur les fronts de mer de Parikia et Naoussa et dans l'île. En haute saison, comptez au moins 45 € par jour pour une voiture, 30 € pour un quad et 20 € pour un scooter. **Acropolis** (22840 21830 ; www.acropolisparos.com ; front de mer de Parikia) est un prestataire fiable.

Les **taxis** (22840 21500), à Parikia, stationnent à côté du rond-point. Comptez 20 € pour l'aéroport, 15 € pour Naoussa, 13 € pour Pounta, 15 € pour Lefkès et 24 € pour Piso Livadi. Ajoutez 1 € au départ du port. Prévoyez un supplément pour les bagages et les réservations.

Parikia Παροικιά

1 PLAN P. 142, C2

Si petite soit-elle, Parikia présente plus d'un attrait. Très préservé, son centre historique labyrinthique compte de nombreux cafés, restaurants et boutiques. Vous découvrirez aussi d'impressionnants sites archéologiques, un front de mer jalonné de tavernes et de bars, d'excellents hébergements de catégorie moyenne et de belles plages de sable – celle de Livadia, accessible à pied, au nord de la ville, est recherchée.

Sur le front de mer, en face de la gare routière, **Travel to Paros** (plan p. 145, A2 ; 22840 24245 ; traveltoparos.gr) propose billetterie pour les ferrys, renseignements sur les hébergements et la location de voitures, service de consigne à bagages et réservation d'excursions.

Voir

Panagia Ekatontapyliani ÉGLISE

2 PLAN P. 145, C2

C'est l'une des plus belles églises des Cyclades, dont l'existence remonte à 326. Le bâtiment actuel date du VIe siècle. Cette basilique paléochrétienne regroupe en fait trois églises distinctes : Agios Nikolaos (chapelle saint-Nicolas), la plus grande, dotée de colonnes en marbre de Paros et d'une iconostase sculptée, à l'est ; Notre-Dame, au riche décor ; et enfin, l'ancien baptistère. Ekatontapyliani signifie "la Vierge aux cent portes". (www.ekatontapyliani.gr ; Ekatondapylianis ; 8h-21h)

Le **Musée byzantin** (Ekantondapylianis ; 2 € ; 9h-22h avr-oct) situé dans l'enceinte de l'église expose des objets d'art sacré, dont des icônes.

Musée archéologique MUSÉE

3 PLAN P. 145, C2

Ce musée renferme une Nikè (Victoire ailée) du Ve siècle av. J.-C., une gorgone du VIe siècle av. J.-C. et la première représentation grecque connue d'un personnage assis (VIIIe siècle av. J.-C.). Une des pièces maîtresses de la collection est un fragment de la *Chronique de Paros* (264 av. J.-C.), qui présente les personnalités et événements majeurs de la Grèce antique. (22840 21231 ; 2 € ; 8h-15h mer-lun)

Kastro RUINES

4 PLAN P. 145, A2

Édifié en 1260 par le duc vénitien de Naxos, de lignée Sanudo, sur les vestiges d'un temple d'Athéna, le fort franc a été construit avec des matériaux de réemploi d'origine antique. Ses murs découvrent par strates entablements de temples et tambours de colonnes du Ve siècle av. J.-C.

Activités

Paros Hikes

RANDONNÉE

Christoforos et Lambos organisent des circuits pour explorer les secteurs les moins connus de Paros et d'Antiparos : balades dans la campagne ou randonnées aventureuses sur les hauteurs. Vous pourrez aussi établir un itinéraire sur mesure. Les événements à venir sont annoncés sur le site Internet, avec les détails du parcours, des renseignements sur le départ et le prix. Également excursions vélo/rando et voile/rando. (☎ 6972288821 ; www.paroshikes.com)

Se restaurer

Cafe Distrato

CAFÉ €

5 PLAN CI-DESSUS, B2

Dînez sur la terrasse à l'ombre d'une verdoyante canopée dans ce café à l'ambiance chaleureuse et attachante. Ouvert toute la journée à côté d'une boutique de produits locaux, il propose une cuisine saine qui plaira à tous : crêpes, sandwichs, burgers, pâtes et salades, à accompagner de café, cocktails ou vins régionaux. On le repère facilement à l'arbre immense dominant la rue.

Lefkès

Le charmant village de **Lefkès** (plan p. 142, D2) est posé dans un amphithéâtre naturel entouré de collines aux sommets parsemés de vieux moulins. Le bourg respire la sérénité, et la sieste y est d'ailleurs une affaire sérieuse. Ancien chef-lieu de Paros au Moyen Âge, Lefkès, situé à 9 km au sud-ouest de Parikia par la route qui traverse l'île, invite à une délicieuse balade au fil de ses ruelles. Vous pouvez faire une randonnée sur le sentier byzantin, qui part à l'est vers Marpissa.

La **cathédrale Agia Triada** est un édifice impressionnant, doté de clochers uniques en leur genre. Sur la place, en face de la cathédrale, **Kafeneio tis Marigos** (22840 44014 ; Lefkès ; en-cas à partir de 4 € ; 9h-tard) est un ravissant café traditionnel où Kostas sert des boulettes de viande et des gâteaux maison. Pour des spécialités des Cyclades plus substantielles et inventives, préparées avec des herbes aromatiques et des légumes cultivés sur place, faites une halte chez **Aranto** (22840 44070 ; Lefkès ; plats 10-15 € ; 13h-minuit ;), près de l'entrée du village.

Sur la route principale, l'**atelier de céramique de Lefkès** (22840 43255 ; 11h30-22h) expose les céramiques primées de Kostas Fifas. Kostas travaille avec des techniques uniques apprises de son père ; vous pouvez l'observer à l'œuvre dans son atelier, puis acheter une pièce si le cœur vous en dit.

(22840 25175 ; G Gravari ; plats 5-12 € ; 8h-tard)

Symposium — CAFÉ €

6 PLAN P. 145, B2

Pour un repas délicieux et léger (les salades sont savoureuses) dans un cadre enchanteur et sophistiqué, sous un immense bougainvillée, sur fond de jazz ou de classique. L'une des meilleures adresses de Parikia, loin de la foule à l'arrière de la ville. (22840 24147 ; cafesymposium.gr ; plats à partir de 8 € ; 9h-15h30 et 18h-minuit)

Trata Fish Taverna — POISSON €€

7 PLAN P. 145, D1

Cette taverne tenue en famille depuis vingt ans, à 5 minutes de marche du port, ne sert que des produits de la mer, les meilleurs de tout Paros. Vous pourrez savourer un ragoût de poulpe, une friture de crevettes, un calamar grillé ou la pêche du jour. (22840 24651 ; plats 12-20 € ; 12h-3h)

Ephessus — GREC €€

Installé à l'orée de la plage de Livadia (plan p. 142, C2), dans le jardin éclairé de lanternes, on savoure un plat grec ou anatolien tout juste sorti du four à bois de ce restaurant, dont on comprend aussitôt pourquoi il remporte, à longueur d'année, un tel succès. Goûtez les *manti* (raviolis d'Anatolie), la *peinirli* (pizza traditionnelle) ou tentez les plats du jour mitonnés par le chef. (☎22840 22520 ; www.parosweb.com/ephessus ; plage de Livadia ; plats 8-15 € ; ⏲10h-tard)

Levantis — GREC €€

8 PLAN P. 145, A2

Entre cour ombragée d'une treille et intérieur sobre, chaulé, avec des touches d'art moderne, voilà un cadre raffiné pour l'une des meilleures tables de cuisine grecque contemporaine dans les Cyclades. Savourez d'audacieuses combinaisons de saveurs, comme le poulet avec feuilles de vigne aux pistaches, l'agneau braisé au miel épicé et fenouil ou le risotto à l'orange et aux crevettes à l'ail. Réservation recommandée. (☎22840 23613 ; www.levantisrestaurant.com ; accès depuis la rue commerçante principale ; plats 13-22 € ; ⏲19h-23h mai-oct)

Prendre un verre

Sativa Music Bar — COCKTAILS

9 PLAN P. 145, A2

Installé dans la rue piétonne de la vieille ville, ce café animé sert des brunchs en journée puis se mue en bar à cocktails dès la nuit tombée. Le décor marocain se prête à merveille à la dégustation de cocktails originaux, le tout sur fond de musique live. (☎22840 28307 ; facebook.com/sativaparos ; G Gravari ; ⏲10h-3h)

Bebop — BAR

10 PLAN P. 145, A2

Grimpez quelques marches derrière le *kastro* pour atteindre ce bar du front de mer fort de plusieurs espaces extérieurs, dont un toit-terrasse parfait pour contempler le couchant. Goûtez l'un des cocktails originaux comme le Spicy Clown (liqueur de bergamote, jus de concombre, baies roses) ou venez pour le brunch. Bonne musique live, souvent du jazz. (☎22840 28075 ; ⏲9h-4h)

Koukoutsi — BAR

11 PLAN P. 145, A2

Sur la place principale côté intérieur des terres, ce bar est un véritable joyau, petit, animé, avec affiches aux murs et bancs en bois avec coussins. On y rejoint les locaux pour grignoter des mezze et siroter jus de fruits, café, bière et ouzo. (☎6933020592 ; Plateia Mavrogenous ; ⏲8h-tard)

Naoussa Νάουσα

12 PLAN P. 142, D1

L'ancien petit village de pêcheurs de Naoussa s'est progressivement mué en une station balnéaire chic et fréquentée. Perchée

ADRIENNE PITTS/LONELY PLANET ©

Port de Naoussa

en bordure de la vaste baie de Plastira, la bourgade se targue de quelques belles plages, d'excellents restaurants et d'hôtels, cafés et bars raffinés les pieds dans le sable. Derrière le front de mer se trouve un dédale de ruelles chaulées ponctué de bars, de cafés et de boutique de mode intimidantes et d'un blanc aveuglant.

Pour découvrir Naoussa, le mieux est de flâner au hasard des rues de la vieille ville, en admirant au passage les ruines du *kastro* vénitien du XVe siècle, dressées sur le port.

Alentour, les plus belles plages sont **Kolimbythres** et **Monastiri** ; la seconde a l'attrait de beaux sites de snorkeling. **Lageri** mérite aussi le détour pour son ambiance décontractée. **Santa Maria**, de l'autre côté du promontoire à l'est, se prête idéalement à la pratique de la planche à voile. Accessibles par la route, ces plages sont toutes desservies par des caïques au départ de Naoussa en juillet-août.

Activités

Vignoble Moraitis VIGNOBLE

Les Moraitis sont vignerons depuis 1910 et leur savoir-faire est reconnu. Accoudez-vous au bar pour déguster entre 6 et 15 vins, dont le plus demandé est le blanc de Paros, produit avec un cépage endémique de l'île, le *monemvasia*. Le vignoble est facilement accessible à pied depuis le centre-ville, en direction du sud-est. (22840 51350 ; www.moraitiswines.gr ; dégustations 6-8 € ; 10h-15h, oct-mai et 10h-22h juin-sept)

Michael Zeppos CIRCUITS EN BATEAU

Au départ principalement de Naoussa (mais aussi d'Aliki), ce prestataire organise des circuits en voilier de trois jours, lesquels permettent de découvrir les plages de Paros, Antiparos et éventuellement Naxos. Également des options "pêche". Consultez le site Internet pour plus de détails ; les prix sont établis selon le nombre de participants. (69478 17125 ; www.mzeppos.gr)

Centre équestre de Kokou À CHEVAL

Établi de longue date, Kokou propose des balades de

2 heures 30 le matin (60 €), avec baignade à cheval dans la mer, ou bien de 1 heure 30 en soirée (40 €). Pour 5 € supplémentaires, on viendra vous chercher sur la place principale de Naoussa. (plan p. 142, D1 ; 22840 51818 ; www.horseridingparos.com)

Se restaurer

De nombreux restaurants jalonnent le front de mer, le tout dans une atmosphère on ne peut plus conviviale à deux pas des bateaux amarrés et de la plage. On trouve dans les rues de la vieille ville des adresses plus inventives que les traditionnelles tavernes, ainsi que des échoppes de *gyros*.

Sousouro — CAFÉ €

Occupant un petit coin de rue dans la vieille ville, ce café est expert en matière de saveurs. L'un des meilleurs petits-déjeuners de l'île vous y attend : smoothies et milk-shakes revigorants, muesli maison au lait de brebis et miel de thym, plus des toasts à l'avocat ou au beurre cacao-noisette et à la banane. Le soir, les délicieux cocktails prennent le relais. (22840 53113 ; facebook.com/SousouroCafeBar ; petit-déj 4-6 € ; 9h-3h)

Souvlakia Kargas — KEBABS €

Cette échoppe de souvlakis est un modèle du genre : les *gyros* de porc et de poulet tournant lentement sur leurs broches respectives mettent l'eau à la bouche. La viande délicieusement assaisonnée vient garnir des pitas, accompagnée de frites. Bonnes salades grecques également. Installez-vous dans l'étroite ruelle ou commandez à emporter. (22840 53503 ; facebook.com/KargasParos ; plats à partir de 3 € ; 12h-1h)

To Paradosiako — CONFISERIE €

Une escale incontournable pour ses légendaires *loukoumadhès* (beignets grecs), que chacun est libre d'agrémenter selon ses goûts : miel, chocolat et/ou glace. (loukoumadhès 4-5 € ; 18h-minuit)

Naoussa pratique

Le bus en provenance de Parikia a son terminus juste en retrait du front de mer, à l'emplacement d'un vaste parking public (le centre historique, à l'est, est majoritairement piétonnier).

Si vous êtes en voiture, garez-vous au parking gratuit à l'entrée de la ville.

L'agence **Erkyna Travel** (22840 53180 ; www.erkynatravel.com) vend des billets de ferry et peut organiser hébergement, location de voitures, excursions, sports aquatiques et sorties en bateau vers d'autres îles. Le long de la route principale à l'entrée de la ville.

Tao's Center

THAÏ €€

Ce centre de méditation et de bien-être possède un excellent restaurant ouvert à tous, tenu par un chef thaï qui mitonne des currys et des plats panasiatiques comme des gyozas. Pour rejoindre le centre, prenez la direction d'Ambelas depuis la route principale puis suivez les panneaux. La route est presque entièrement goudronnée. (plan p. 142, E1; 22840 28882 ; taos-greece.com ; Ambelas ; plats 10-14 € ; avr-déc ;)

Taverna Glafkos

MÉDITERRANÉEN €€

Avec ses tables posées à même le sable de la plage d'Agios Dimitrios, ce restaurant à l'écart des foules mise sur les produits de la mer agrémentés d'influences internationales. Goûtez les moules à la vapeur et les calamars grillés, ou dégustez un *saganaki* de crevettes ou un risotto à l'encre de seiche – le tout se marie parfaitement avec le vin blanc local. (22840 52100 ; plats 9-18 € ; 13h-minuit)

Prendre un verre

Santé

COCKTAILS

À quelques rues au sud du front de mer, à l'ombre d'un immense eucalyptus, Santé est une bonne adresse pour un café en journée, mais ne s'anime véritablement que le soir venu. Cocktails à base d'ingrédients haut de gamme (essayez l'Aegean Mist of Caramel Passion, la spécialité maison) et bonne musique d'ambiance. (22840 51747 ; www.santecocktailbar.com ; 10h-3h30)

Sommaripa Consolato

BAR

Le propriétaire a aménagé ce café-bar surélevé dans l'ancienne maison de ses grands-parents, au beau milieu du petit port de Naoussa (au-dessus du restaurant Mario's). Boissons, en-cas et service : tout est parfait. (22840 55233 ; facebook.com/SommaripaConsolato ; 9h30-3h)

To Takimi

BAR

On se retrouve ici, au sud de la grand-place, pour boire une bière ou de l'ouzo sur fond de musique. Les instruments à cordes sont décrochés du mur pour jouer du rébétiko, à moins que l'on ne fasse place au rock. (café-concert ; 22840 55095 ; facebook.com/takimiparos ; 17h-tard)

Ailleurs sur Paros

Autour de **Pounta** (plan p. 142, C3), la côte ouest de Paros est le domaine des sports aquatiques : le long rivage aux eaux peu profondes, ainsi que le vent dominant, offrent des conditions idéales pour la pratique de la planche à voile et du kitesurf, quel que soit votre niveau.

La plus belle plage de Paros, **Hrysi Akti** (ou Golden Beach, la "plage dorée"), sur la côte sud (plan p. 142, D3), est idéale pour la baignade et la planche à voile. Bonnes agences de plongée.

Se restaurer hors des sentiers battus

Parikia et Naoussa n'ont pas le monopole de la gastronomie à Paros. Faites un détour dans les petits villages de **Prodromos** (plan p. 142, D3) et **Dryos** (D3) pour savourer le meilleur de la cuisine traditionnelle locale, préparée avec des produits cultivés dans les fermes familiales et accompagnée de vin bon marché servi en carafe.

La **Taverna Tsitsanis** (22840 41375 ; facebook.com/tavernatsitsanis ; Prodromos ; plats 8-14 € ; 12h-15h et 18h30-22h), est la plus ancienne de l'île : au menu, délicieuses boulettes de viande et seiche cuisinée au vin.

Le **Restaurant Anna** (22840 41015 ; restaurant-anna.com ; Dryos ; plats 8-13 € ; 12h-15h et 18h30-23h ;) propose entre autres chevreau au citron, civet de lapin, ragoût d'artichaut et autres.

Au nord de Naoussa, l'aire protégée de 80 ha de **Paros Park** (plan p. 142, D1 ; 22840 53573 ; www.parospark.com ; péninsule d'Agios Ioannis Detis), comprend formations rocheuses, grottes, criques et plages remarquables. On y trouve aussi trois sentiers de randonnée, un musée, un monastère et un théâtre antique accueillant des festivals et le cinéma en plein air **Cine Enastron** (22840 53573 ; www.parospark.com/cine-enastron ; Paros Park ; 21h30 juil-sept). Le parc est à 10 minutes de route de Naoussa, direction ouest puis nord, sur la péninsule d'Agios Ioannis Detis.

Paros Kite KITESURF

Géré avec professionnalisme, ce complexe de Pounta est entièrement dévolu au vent. On peut y prendre des cours de kitesurf et de planche à voile (forfait 4 heures débutant 250 €). Également location de matériel, boutique de surf, bar-café, massages et cours de yoga. (22840 93018 ; www.paroskite.gr ; initiation 1 heure 30 90 €)

Aegean Diving College PLONGÉE

Sur Hrysi Akti, un centre bien établi depuis les années 1990 avec toute une gamme de plongées ainsi que des cours. (22840 43347 ; plongée depuis le rivage 80 € ; 9h30-19h)

Force7 Surf Centre PLANCHE À VOILE

Ce centre situé sur la plage de Hrysi Akti propose des cours de planche à voile (40 €/heure ; cours pour enfants disponibles). Location de planche à voile (16 €/heure), kayak (15 €/heure), de paddle (20 €/heure) et des catamarans (50 €/heure). (22840 41789 ; force7paros.gr)

Vaut le détour

Antiparos ΑΝΤΙΠΑΡΟΣ

À peine débarqué sur l'idyllique Antiparos, au large de Paros, vous serez gagné par sa douceur de vivre. L'île est d'ailleurs depuis peu devenue un "coin secret" pour personnalités souhaitant passer leurs vacances loin des regards : familles royales, stars du show-biz...

PLAN P. 142

En été, fréquents caïques Parikia-Antiparos (5 €) et ferrys depuis/vers Pounta, à l'ouest de Paros (aller 1,20 €, scooter/ voiture 1,60/6 €, 1-2/ heure 7h-minuit, 10 min). Les voitures louées à Paros peuvent être embarquées sur ce ferry.

Le village principal, Antiparos (Hora), se prolonge à l'intérieur des terres au gré de places tranquilles et de ruelles qui débouchent sur les champs. Le reste de l'île, au sud du village, compose un paisible paysage champêtre. On y trouve plusieurs plages agréables (notamment à Psaralyki, près du village, et au sud à Glyfa et Soros – voir la photo), ainsi que l'une des plus célèbres grottes de Grèce.

Village d'Antiparos (Hora)

Suivez jusqu'au bout la longue rue piétonne, jalonnée d'élégants bars, restaurants et boutiques, pour atteindre l'immanquable platane géant de la Plateia Agios Nikolaou. De là, une étroite ruelle franchit un passage voûté et mène aux vestiges du *kastro* vénitien (XVe siècle) qui protégeait l'île des attaques de pirates. Du haut du donjon, beau panorama, particulièrement au coucher de soleil.

Grotte d'Antiparos

Indiquée depuis la principale route côtière à 10 km au sud du port, cette gigantesque cavité demeure impressionnante malgré la disparition de nombreuses stalactites et stalagmites, détruites ou volées. En décembre 1673, le marquis de Nointel, ambassadeur de Louis XIV à Constantinople, y célébra une messe de Noël. Lui et d'autres sommités ont laissé au fil des siècles plusieurs inscriptions gravées dans les formations rocheuses. La descente des plus de 400 marches vous fera des cuisses en béton ! Accessible en bus (1,80 €) depuis le port. (antiparos.gr ; adulte/enfant 6/3 € ; ⏲10h-17h juil-août, 10h-15h avr-juin et sept)

Anti Art Gallery

Cette **galerie** (☎22840 61544 ; antiartgallery.gr ; ⏲19h-0h30 juin-sept) proche de l'entrée du *kastro* présente des expositions de peintres et de photographes. Une originale touche culturelle sur la petite île. Chaque année en juillet, la galerie investit le *kastro* pour une exposition de photographie en plein air.

★ À savoir

- Maints prestataires organisent des croisières d'une journée pour profiter des plages des deux îles (départs depuis Parikia, Pounta, Aliki et Naoussa).
- Les bus **Oliaris Tours** (☎22840 61231 ; www.antiparostravel.gr) relient le port à la grotte et desservent les plages de la côte est d'Antiparos jusqu'à Agios Georgios (aller 3 € ; ⏲avr-sept).
- Il est possible de louer vélo, voiture, scooter et quad sur l'île.

✕ Une petite faim ?

Dans la rue principale, **5F Taverna** (☎22840 61347 ; souvlaki pita à partir de 3 € ; ⏲12h-2h30) sert des souvlakis particulièrement savoureux ; **Kalokeri** (☎22840 63037 ; plats 14-20 € ; ⏲18h30-23h30) propose une cuisine grecque moderne et inventive à base de produits de saison.

Explorer

Petites Cyclades

ΜΙΚΡΕΣ ΚΥΚΛΑΔΕΣ

Les six minuscules îlots qui s'égrènent entre Naxos et Amorgos ont traversé des millénaires d'une histoire mouvementée. Lieux d'échanges peuplés dès l'Antiquité, ils furent transformés en avant-postes fortifiés par les Vénitiens avant de se muer en repaires de pirates, puis en villages de pêcheurs à partir de la seconde moitié du XXe siècle. Les Petites Cyclades sont dorénavant des destinations touristiques en vogue. Seules quatre îles sont habitées à l'année : Iraklia, Shinoussa, Ano Koufonissi (Koufonissia) et Donoussa. Chacune a sa propre ambiance : Koufonissia attire les amateurs de bronzette, Shinoussa et l'île escarpée de Donoussa les randonneurs, Iraklia les pèlerins qui viennent visiter sa grotte sacrée.

Les Petites Cyclades sont sous l'administration de Naxos. Donoussa est la plus septentrionale et la plus éloignée de cette île ; les autres sont regroupées près de la côte sud-est de Naxos.

Notre sélection

- ***Randonnée sur Iraklia (p. 157)*** *Découverte des paysages de l'île en route vers la grotte de l'icône sacrée d'Agios Iannis.*
- ***Plages de Shinoussa (p. 159), Koufonissia (p. 163) et Donoussa (p. 164)*** *Paisibles plages de sable, criques isolées et piscines naturelles à explorer.*

Plan des Petites Cyclades p. 156

Agios Athanasios, Iraklia (p. 185) GREAT_PHOTOS/STOCK.ADOBE.COM ©

A
B
C
D
E
F
1
2
3
4
Panormos
Naxos
Ano Koufonissi
Donoussa (20 km)
Koufonissia
3
Pori
Fanos
Italihda
Hora (Panagia)
Finikas
Porta
Naxos/Hora (30 km), Paros (50 km), Le Pirée (220 km)
Glaronissia
Amorgos (20 km)
Mer Égée
Kato Koufonissi
Kéros
Psili Ammos
Hotel Harama
Messaria
Mersini
Hora (Panagia)
2
Schinoussa
Agios Georgios
Tsigouri
Almyros
Spelia
Livadi
Venetiko
Aligaria
Livadi
Ano Antikeri
Iraklia
1
Fidoussa
Grotte de l'icône sacrée d'Agios Giannis
Hora (Panagia)
Tourkopigado
Kato Antikeri
Alimnia
0
5 km

Depuis/vers les Petites Cyclades

Plusieurs ferrys relient chaque semaine Le Pirée aux Petites Cyclades via Naxos, et il y a plusieurs liaisons quotidiennes entre Naxos et Koufonissia (départs moins fréquents pour les autres îles). Consultez ferrys.gr pour les horaires.

Les ferrys **Blue Star** (www.bluestarferries.com) desservent les Petites Cyclades toute l'année. Deux itinéraires, depuis Le Pirée, passent par Paros et Naxos. De Naxos, le ferry s'arrête 3 fois par semaine à Donoussa, puis Amorgos (Aegiali), avec pour terminus Astypalée (dans le Dodécanèse). Par ailleurs 3 autres jours de la semaine, le ferry fait escale à Iraklia, Shinoussa et Koufonissia, avec pour terminus Amorgos (Katapola).

La **Small Cyclades Line** (www.smallcycladeslines.gr) assure les liaisons au sein du petit archipel, hiver compris lorsque la météo le permet. Son solide petit ferry, l'*Express Skopelitis*, part de Naxos tous les après-midi du lundi au samedi et dessert les Petites Cyclades ainsi qu'Amorgos, où il s'arrête souvent aux deux ports, Aegiali et Katapola, avant de rentrer à Naxos tôt le lendemain.

Iraklia Ηρακλειά

1 ◎ PLAN P. 156, B4

Petit bijou resplendissant sous le soleil de l'Égée, Iraklia ne dépasse pas 19 km^2. Faiblement peuplée, l'île n'émerge de sa somnolence qu'en été, lorsque les bateaux de plaisance jettent l'ancre dans la baie abritée de **Livadi** (plan p. 156, B3), apportant de l'animation dans le village. Parmi les oliveraies, les ruines de temples de la période hellénistique et de fortifications vénitiennes, de même que de mystérieux *speires* (pétroglyphes en spirale qui indiqueraient l'emplacement de trésors de pirates) témoignent de la longue et vénérable histoire de l'île.

Les randonneurs à l'assaut des collines nues d'Iraklia où flottent des senteurs de thym découvriront des baies isolées et une ou deux superbes plages.

Niché dans une délicieuse crique avec sa plage de sable, le port d'**Agios Georgios** (plan p. 156, B3) est aussi le principal village d'Iraklia.

Découvrir

Depuis le débarcadère, une route goudronnée part à gauche et mène environ 1 km plus loin à **Livadi** (plan p. 156, C3), la plus belle plage

Depuis/vers Iraklia

Bateaux au départ d'Iraklia en haute saison :

VERS	DURÉE (HEURES)	TARIFS	FRÉQUENCE
Aegiali (Amorgos)	2 ¼-3 ¾	9 €	4/sem
Katapola (Amorgos)	1 ¾-4 ¾	8 €	1-2/jour
Donoussa	2 ¼	8 €	4/sem
Koufonissia	¾	5 €	1-2/jour
Naxos	1-5	7 €	1-2/jour
Paros	1 ¼-6	11-17,50 €	4/sem
Le Pirée	8	20 €	3/sem
Shinousa	(10 min)	4 €	9/sem

Comment circuler

En juillet-août, des bus relient Agios Georgios, la plage de Livadi et Hora. Il est possible de louer des **scooters** (☎6972755850, 6977168139 ; scooter/quad à partir de 20/30 €/jour ; ⏰horaires variables) l'été.

de l'île. De là, une montée abrupte de 2,5 km conduit au village de **Hora**, également appelé Panagia (C3). Depuis Hora, une route goudronnée continue jusqu'à la plage de **Tourkopigado** (B4).

L'île est sillonnée de 7 sentiers de randonnée balisés. Procurez-vous une carte, mettez de bonnes chaussures de marche et emportez de l'eau.

Au départ d'Agios Georgios, prenez l'un après l'autre les sentiers 7, 4 et 3 pour rejoindre en moins de 2 heures la **grotte de l'icône sacrée d'Agios Giannis** (plan p. 156, A4), aux nombreuses stalactites et stalagmites. Selon la légende, une icône y aurait été découverte par un berger. L'itinéraire serpente entre les oliveraies jusqu'au hameau abandonné d'**Agios Athanasios**, avant de grimper en pente raide jusqu'au sommet de la colline, d'où un sentier rocailleux descend jusqu'à la grotte. Vous pourrez aussi rejoindre la grotte en une heure depuis Hora en prenant le sentier 3, qui grimpe en pente raide jusqu'au sentier 4.

Au-delà de la grotte, les sentiers 5 et 6 font une boucle menant à la plage d'**Alimina** (plan p. 156, A4), également desservie en été par bateau depuis Agios Georgios (qui offre ainsi un raccourci vers la grotte), l'occasion d'une belle randonnée le long de la côte pour revenir au hameau d'Agios Athanasios.

Au départ d'Agios Georgios, une balade plus courte (30 min) est possible en prenant le sentier 8 pour piquer une tête dans la splendide crique de **Vorini Spilla**.

Surfin Bird — COCKTAILS

Très apprécié au soleil couchant, ce bar décontracté en plein air situé sur la plage de Livadi ravira les amateurs de cocktails avec des concoctions à base de sirops de thym et d'herbes en tous genres, de jus de fruits et d'alcools grecs.

Randonnées dans les Petites Cyclades

Terrain (terrainmaps.gr) vend une excellente carte, *Minor Cyclades*, qui couvre l'archipel et mentionne les sentiers de randonnée.

(☎6936000295 ; facebook.com/surfinbird.irakleia ; plage de Livadi ; ⏲16h-2h)

En Lefko CAFÉ

Perché sur le toit du supermarché Perigiali, ce bar en plein air est tenu dans la bonne humeur par un couple, Nikos et Anna. On peut bruncher, boire un cocktail ou une bière et grignoter des en-cas jusqu'à tard dans la nuit. L'un des rares endroits d'Iraklia accueillant les couche-tard. (☎22850 77027 ; facebook.com/en.leuko.iraklia ; ⏲8h-2h mai-sept)

Shinoussa

Σχοινούσα

2 ◉ PLAN P. 156, C3

Paisible et vallonnée, la petite île de Shinoussa (8,5 km^2) est un patchwork de champs, de criques isolées, de chapelles byzantines et de vestiges de fortifications vénitiennes. Pendant les trois siècles qu'a duré l'occupation turque, l'île constituait un refuge pour les pirates du Magne. Aujourd'hui, ce sont les estivants en quête de calme qui viennent profiter de ses plages réputées, et pourtant rarement aussi fréquentées que celles de ses voisines. La campagne y est légèrement vallonnée et la ville principale, **Panagia ou Hora** (plan p. 156, C3), se déploie le long d'une rue étroite, juchée sur la crête venteuse de l'île. Les ferrys accostent au port de pêche de **Mersini**, proche de Panagia (1 km en montée).

Découvrir

Depuis Panagia, des pistes de terre mènent à la petite vingtaine de plages de l'île. Les plus proches sont celles de **Tsigouri** (plan p. 156, C3 ; 7 min à pied) et **Livadi** (YY ; 15 minutes à pied), deux étendues de sable au sud du village et quasi désertes, sauf en août. À 20 minutes de marche vers le sud vous attendent les eaux peu profondes de deux

Se loger sur Shinoussa

On trouve quelques chambres à Mersini (le port), plusieurs hôtels et *domatia* à Panagia et quelques excellentes adresses dans des lieux plus reculés (près des plages d'Almyros, Livadi, Tsigouri et Psili Ammos). Les propriétaires de *domatia* viennent à la rencontre des ferrys à partir de mai pour chercher les clients ayant réservé. Réservation indispensable en juillet-août.

Depuis/vers Shinoussa

Bateaux au départ de Shinoussa en haute saison :

VERS	DURÉE (HEURES)	TARIFS	FRÉQUENCE
Aegiali (Amorgos)	3 ½	8,50 €	6/jour
Donoussa	2	8 €	3/sem
Iraklia	10 min	4 €	9/sem
Katapola (Amorgos)	1 ½-4 ½	8 €	1 à 2/jour
Koufonissia	½	4 €	1 à 3/jour
Naxos	1 ¼-1 ¾	14,50 €	8/sem
Paros	2 ¾	14,50 €	4/sem
Le Pirée	6 ½	37,50 €	3/sem

Les billets peuvent être achetés auprès de **Paralos Travel** (☎ 22850 71160 ; ⏰ horaires variables), dans la rue principale de Panagia.

Comment circuler

En juillet-août, des bus relient le port, Panagia et les principales plages. Il est possible de louer un scooter ou un quad auprès de **Faros Bikes** (☎ 6977366853, 22850 71920 ; Hora ; scooter/quad 20/30 €/jour ; ⏰ horaires variables) en été.

petites baies de sable et de galets, **Aligaria** (C3) et **Almyros** (C3). Au nord, la crique abritée de **Psili Ammos** (C3) est à 30 minutes de marche, juste à l'est de Messaria.

Vous trouverez des tavernes et/ou bars de plage à Tsigouri, Livadi et Almyros ; l'**Hotel Harama** (☎ 22850 76015 ; ch 65 € ; ❄ 🏊) nourrit ceux qui optent pour la plage de Psili Ammos.

Aeolia CIRCUIT EN BATEAU

Le capitaine Manolis organise des excursions quotidiennes à bord de l'*Aeolia*, notamment autour des plages (20 €), vers Iraklia (20 €) ou encore Kéros et Koufonissia (40 €). Circuits privés possibles. Demandez le programme à votre hébergement. (☎ 6979618233, 6982002327 ; croisière 20-40 € ; ⏰ juin-sept)

Se restaurer

Deli Bistro-Bar GREC **€€**

Ce restaurant gastronomique jouissant d'une belle vue sur Ios et Iraklia abrite également un agréable café-bar au rez-de-chaussée. Le chef et propriétaire, un Crétois, concocte le menu le plus inventif de Shinoussa : feuilleté de fromage à la tomate, crevettes grillées à l'ouzo ou encore carpaccio de poisson à la grecque. Excellente carte de vins grecs et belle sélection de bières artisanales. (☎ 22850 74278 ; plats 13-25 € ; ⏰ 12h-23h mars-oct)

Taverne Mersini POISSON **€€**

Sur le port, ce restaurant de "cuisine égéenne" possède un beau jardin avec vue sur le front de mer, où l'on savoure des classiques à base de poisson et fruits de mer (notamment des pâtes au homard et du poulpe) agrémentés de touches contemporaines. Les légumes proviennent du potager.

En arrière de la taverne, cinq chambres chics, parmi les meilleures de l'île (d 85-110 €). (☎ 22850 71159 ; www.mersini.gr ; plats 9-20 € ; ⏲ mai-sept ; ❄ 📶)

Koufonissia

Κουφονήσια

3 ◎ PLAN P. 156, D1

Au cœur de la grande civilisation cycladique pendant des millénaires, la plus petite île habitée des Cyclades s'est muée en une destination touristique à la mode, un endroit où se détendre après un séjour frénétique à Mykonos ou Santorin. L'île n'en conserve pas moins son charme discret, et son importante flotte de pêche assure encore la prospérité des habitants en dehors de la saison touristique.

Koufonissia compte 3 îles principales, dont deux, Kato Koufonissi et Kéros, sont inhabitées. C'est donc à **Ano (ou Pano) Koufonissi** (plan p. 156, D2) que vous arriverez. Chaque été, l'île voit affluer des touristes séduits par ses superbes plages, ses hôtels et restaurants chics. C'est un bonheur de se promener au milieu des bougainvillées dans l'étroite rue principale.

Koufonissia

AETHERIAL/GETTY IMAGES ©

Depuis/vers Koufonissia

Un nombre croissant de bateaux rapides relient Koufonissia aux îles des Cyclades en juillet-août.

Bateaux depuis Koufonissia :

VERS	DURÉE (HEURES)	TARIFS	FRÉQUENCE
Amorgos	⅓-3 ½	7-14 €	2-4/jour
Donoussa	1 ¼	6 €	3/sem
Folégandros	2 ½	70 €	6/sem
Iraklia	¾	5 €	1-2/jour
Milos	3-4	69 €	1-2/jour
Mykonos	2 ¼	56 €	1/jour
Naxos	¾-2 ½	9-26 €	2-4/jour
Paros	1 ¼-8 ½	19-35 €	1-3/jour
Le Pirée	4 ¼-8 ½	38-70 €	2-4/jour
Santorin	2	47 €	1/jour
Shinoussa	½	4 €	1-3/jour
Sérifos	5 ½	65 €	1/jour
Sifnos	4-5	65 €	2/jour

Les billets de ferry peuvent être achetés auprès de **Prasinos** (ci-contre) à Hora.

Comment circuler

À l'est de la plage, une boutique loue des **vélos** (☎6973354991 ; www.thoosa.gr ; 5-10 €/jour ; ⏲9h-21h juin-août), moyen idéal d'explorer cette île sans dénivelé.

En juillet-août, un bus par heure part de Hora vers les plages de Finikas et Pori (2 €, 10h-20h).

Découvrir

L'unique bourgade de Koufonissia s'étend derrière l'embarcadère des ferrys. La partie ancienne, **Hora** (plan p. 156, D1), parallèle au littoral, borde une petite colline au-dessus du port, et consiste en un modeste ensemble de rues ponctuées de restaurants, d'hébergements et de cafés.

En prenant la grand-rue vers l'ouest, vous atteindrez **Loutro**, avec sa belle crique de galets, son petit chantier naval, son moulin et son église blanche.

Activités

Prasinos Boat Tours — CROISIÈRES

Montez à bord du bateau de Captain Kostas pour partir à la découverte des plages de l'île (aller-retour 3-5 € selon la plage) et de Kato Koufonissi (aller-retour 5 €). Plus d'une dizaine de départs par jour en haute saison. Billets en vente à l'agence ou au kiosque sur le port. (☎22850 71438, 6945042548 ; www.roussetoshotel.gr ; ⏲mai-sept)

Koufonissia Tours — CROISIÈRES

Installée sur la rue principale, ainsi qu'à l'hôtel Villa Ostria (www.ostriavilla.gr), cette agence propose des excursions (bateau, plongée, kayak de mer) autour de Koufonissia et des Petites Cyclades. (☎22850 74435 ; www.koufonissiatours.gr)

Prasinos — CIRCUITS ORGANISÉS

Cette agence située dans la rue principale de Hora propose des circuits organisés. Vente de billets

Les plages de Koufonissia

Le village est flanqué du sable blanc d'**Ammos**, mais des plages plus belles vous attendent à l'est et au sud. En marchant 1,2 km (15 minutes) sur la route côtière vers l'est, on atteint la plage de **Finikas** (plan p. 156, E1) et sa taverne. Continuez 5 minutes vers l'est, passez le promontoire pour rejoindre la plage de **Fanos** (E1), avec de l'ombre et un bar de plage. Marchez encore 5 minutes le long de la côte pour atteindre la plage d'**Italihda** (E1), appréciée des naturistes (plus nombreux à mesure qu'on marche vers l'est).

Au-delà d'Italihda, le chemin franchit un nouveau promontoire et passe par plusieurs bassins rocheux reliés à la mer, propices à la baignade, dont les eaux claires et profondes de la **Piscina** (10 minutes de marche). De là, marchez encore 10 minutes pour atteindre la baie de **Pori** (E1), appréciée des bateaux, avec son long croissant de sable, ses eaux claires, une taverne et un café. Pori est également accessible par la route intérieure partant de Panagia (Hora).

de ferry également. (☎ 22850 71438 ; ⏲ 7h-23h juin-août)

Se restaurer

Kalamia — CAFÉ €

À la fois café décontracté et bar animé, cet établissement réussit tout à merveille. Installez-vous à l'ombre de l'auvent pour savourer les œufs du brunch ou des burgers et *quesadillas* savoureux le reste de la journée, le tout accompagné de bières artisanales grecques primées (stout Voria, pils 56 Isles, porter fumée Chios...). Près de la plage, dans la rue principale. (☎ 22850 74444 ; facebook.com/kalamiabar ; plats 7-12 € ; ⏲ 9h-4h ; Wi-Fi)

Mikres Cyclades — GREC €€

Aussi bref que savoureux, le menu de Mikres met les produits des Cyclades à l'honneur avec des mezze et des plats de viande et de poisson servis sous un élégant auvent en bambou dans la rue principale. Goûtez l'excellente *fava* de Shinoussa, les fromages de Naxos, Syros et Sifnos, sans oublier des produits de la mer ultra frais. (☎ 22850 74500 ; mikrescyclades.com ; plats 10-15 € ; ⏲ 17h-1h ; Wi-Fi ; ✎)

Capetan Nikolas — POISSON €€

Véritable institution locale, ce restaurant de fruits de mer chaleureux surplombe le port de Loutro. Vous serez peut-être accueillis à l'entrée par le capitaine Nikolas en personne (reconnaissable à sa barbe), s'il n'est pas en train de pêcher au harpon quelque part. La salade de homard est fameuse et les pâtes aux fruits de mer délicieuses. Les poissons pêchés localement comme le rouget ou la daurade sont facturés au kilo. (22850 71690 ; Loutro ; plats 7-25 € ; dîner mai-oct)

Donoussa Δονούσα

Dans ce petit bout du monde, le temps semble suspendu. À l'exception de la fin juillet et du mois d'août, lorsque les vacanciers grecs et étrangers l'envahissent, cette île invite à ralentir le pas, et à savourer ses bienfaits. **Stavros**, principal port et village de l'île, est un petit ensemble de maisons chaulées regroupées autour d'une belle église, face au quai des ferrys et à une plage de sable.

Hors de la haute saison, les amateurs de grand air auront pour eux seuls les criques de sable isolées et les sentiers de randonnée sillonnant les collines arides de l'arrière-pays.

Découvrir

À 1,25 km au sud-est de Stavros et accessible par une piste pentue, **Kedros** est une splendide plage de sable avec une taverne ouverte en saison, un camping gratuit et des eaux calmes et limpides. **Limenari**, accessible en 40 minutes de marche le long de la côte depuis Kedros, est une crique plus isolée ; les deux plages sont appréciées des naturistes. La plage de sable blanc de **Livadi**, que l'on rejoint à pied en 25 minutes depuis le hameau de **Messaria** (Charavgi) ou par une descente abrupte de 25 minutes depuis le village plus

Plage de Kalotaritissa, Donoussa

JOHN/STOCK.ADOBE.COM ©

Depuis/vers Donoussa

Bateaux au départ de Donoussa en haute saison :

VERS	DURÉE (HEURES)	TARIFS	FRÉQUENCE
Aegiali (Amorgos)	¾-1 ¼	7 €	7/sem
Katapola (Amorgos)	2 ¼-4 ¾	7 €	3/sem
Astypalée	2 ¾	15 €	4/sem
Iraklia	2 ¼	8 €	4/sem
Koufonissia	1 ¼	6 €	3/sem
Naxos	1 ¼-3 ¼	7 €	8/sem
Paros	2 ¼-2 ½	11-18 €	5/sem
Le Pirée	8 ¼	30 €	4/sem
Shinoussa	2	8 €	3/sem

Les billets peuvent être achetés auprès de **Sigalas Travel** (☎22850 51570 ; ⏰horaires variables lun-sam), ouvert le matin et le soir les jours de ferry, et 40 minutes avant l'arrivée des ferrys.

Comment circuler

Il n'y a pas de loueur de véhicules sur l'île. Un minibus emprunte la seule route de Donoussa entre Stavros et le hameau de Kalotaritissa, à l'extrémité opposée de l'île (2 €, début juin à fin-août).

Le seul **taxi** (☎6971774696) de l'île peut vous emmener à Kalotaritissa (13 €) ou ailleurs.

Le petit bateau *Margissa* embarque les visiteurs sur les plages de l'île (5 €) de juin à septembre ; horaires selon la météo.

grand de **Mersini**, voit encore moins passer de visiteurs.

Le long de la côte nord-est, la route se termine au petit village de **Kalotaritissa**, qui compte 3 petites plages (2 plages de galets à proximité du village et une crique de sable à 10 minutes de marche). On peut s'y rendre en minibus, à pied, ou à bord du bateau *Margissa* en été.

Se restaurer

Avli — GREC €€

Ce restaurant installé au-dessus du quai ne manque pas d'atouts : vue sur la mer, excellente carte des vins et cuisine égéenne haut de gamme (sardines farcies au persil et à l'ail, calamars farcis au fromage *graviera*). (☎22850 51557 ; facebook.com/avlidonoussa ; plats 10-15 € ; ⏰12h-tard)

I Kori tou Mihali — TAVERNE €€

Cette taverne chaleureuse située à Mersini, à 6 km de route de Stavros, sert une excellente cuisine grecque revisitée : chevreau de l'île, porc au miel et yaourt, ou tartare d'aubergines fumé. Panorama à couper le souffle. (☎6984618807 ; Mersini ; plats 9-18 €)

Explorer
Santorin
ΣΑΝΤΟΡΙΝΗ

À qui arrive par la mer, Santorin offre une vision spectaculaire. Des falaises multicolores hautes de plus de 300 m se dressent au-dessus des eaux indigo de la caldeira immergée. Ce vaste cratère a été formé par l'une des plus grandes éruptions volcaniques de l'histoire. Si des îles plus petites s'enroulent autour de son extrémité ouest, c'est Santorin, l'île principale, qui envoûte avec ses villages cycladiques perchés sur les falaises, aux maisons semblant tomber en cascade.

Santorin, aussi appelée Thira, s'est ouverte au tourisme dans les années 1970. Désormais destination incontournable, elle a du mal à gérer cet afflux, surtout l'arrivée des touristes depuis les bateaux de croisières. Vous partagerez ainsi votre expérience de Santorin avec une foule de vacanciers, mais l'île, grâce à ses sites antiques et ses sentiers de randonnées, offre aussi des moments d'intimité au visiteur qui suivra un itinéraire un peu à l'écart.

Notre sélection

- ***Fira (p. 176) et Oia (p. 186)*** *Deux villages cycladiques éblouissants au bord de la caldeira.*
- ***Plages de sable volcanique (p. 169)*** *Noires ou rouges, elles comptent parmi les curiosités de l'île.*
- ***Musée de la Thira préhistorique (p. 176)*** *Fresques, céramiques et autres objets minoens découverts sur le site archéologique d'Akrotiri.*
- ***Site archéologique de la Thira antique (p. 191)*** *Ruines greques, romaines, byzantines (et site superbe).*

Plan de Santorin p. 172 et plan de Fira p. 177

Oia et la caldeira (p. 186) AETHERIAL IMAGES/SHUTTERSTOCK©

Les incontournables

Paysages volcaniques de Santorin

La nature volcanique de l'île de Santorin a créé des paysages étonnants – plages de sable noir, falaises rouges bordant les eaux de la caldeira, ... – soumis au fil de son histoire géologique à de spectaculaires bouleversements.

La caldeira immergée

Le croissant que dessine l'île de Santorin embrasse une large caldeira immergée, cratère formé par une éruption volcanique il y a plus de 3 600 ans (voir l'encadré p. 171). De spectaculaires falaises multicolores bordent les eaux de la caldeira. Les villages cycladiques de **Fira** (p. 176) et d'**Oia** (p. 186), accrochés à la falaise abrupte, offrent des points de vue à couper le souffle sur ce paysage. À Oia, de nombreuses habitations troglodytiques ont été creusées dans la roche volcanique.

Une randonnée entre Fira et Oia est une excellente occasion d'apprécier ce paysage. En longeant la caldeira au nord de Fira, on rejoint en 30 minutes Firostefani et Imerovigli, où le panorama est sensationnel. En continuant, on finit par atteindre Oia, mais la randonnée de 9 km (3 heures environ), est loin d'être évidente, surtout en plein soleil.

D'autres sites offrent un point de vue privilégié, tel le **rocher de Skaros** (p. 176), promontoire rocheux qui s'avance dans la caldeira près d'Imerovigli, ou encore les ports d'**Ammoudi** (p. 187), au pied d'Oia, ou au **Vieux port** (Fira Skala, p. 178), au pied de Fira, qui offrent une vue en contre-plongée sur les falaises.

Sable noir, sable rouge : les plages

Sable noir ou rouge, falaises couleurs sang : les plages de Santorin portent l'empreinte inimitable de l'histoire volcanique de l'île. Les plus belles sont situées à l'est et au sud de l'île. Certaines sont dépourvues d'installations, d'autres accueillent des bars (location de transat) et parfois des agences de sports nautiques.

Les longues plages de sable noir, de galets et de pierres ponce de **Perissa** (plan p. 172, F5), **Perivolos** et **Agios Georgios** (F6) sont bordées de bars, de tavernes, d'hôtels et de boutiques, dans une ambiance assez décontractée.

★ À savoir

- La **plongée** est une autre manière de découvrir les curiosités géologiques de l'île, telles les grottes de lave sous-marine. Voir p. 187 les recommandations de prestataires.
- Les **croisières** sont précieuses pour appréhender la géographie de Santorin ; elles permettent également de visiter les îlots volcaniques inhabités de Palia Kameni et Néa Kameni, au cœur de la caldeira, ou encore l'île voisine de Thirassia, qui fut séparée de Santorin par une éruption volcanique en 236 av. J.-C. (p. 196).

✕ Une petite pause ?

De nombreux restaurants et bars, perchés sur la falaise, offrent une vue époustouflante sur la caldeira. Parmi nos préférés, **Idol** (p. 181) et **Koukoumavlos** (p. 182) à Fira.

Les métamorphoses de l'île

Dans le passé, les éruptions volcaniques et tremblements de terre à Santorin ont été d'une telle violence que la morphologie de l'île s'en est trouvée modifiée à plusieurs reprises.

L'île, de forme arrondie à cette époque, s'appelait Strongili (la Ronde). Une explosion volcanique provoqua l'effondrement du centre de l'île, formant une caldeira bordée de falaises vertigineuses sur son côté est – l'un des sites géologiques les plus impressionnants du monde. La théorie la plus récente, reposant sur la datation au carbone 14 d'échantillons d'huile d'olive provenant d'Akrotiri, situe ce cataclysme en 1613 av. J.-C., avec une marge d'erreur d'une dizaine d'années.

Santorin fut à nouveau colonisée au IIIe siècle av. J.-C. mais, au cours des deux mille ans qui suivirent, une activité volcanique sporadique créa d'autres bouleversements géophysiques, dont la formation des îlots volcaniques de Palia Kameni et de Néa Kameni, au centre de la caldeira.

En 1956, un important séisme ravagea Oia et Fira, détruisant des centaines d'habitations et provoquant une cinquantaine de morts.

Perissa a un bar ouvert 24h/24 avec DJ les soirs d'été.

Au sud de l'île, près de l'Akrotiki antique, la plage de **Kokkini** (D6) est cernée d'impressionnantes falaises rouges (photo p. 168). On peut s'y rendre en caïque depuis la plage d'**Akrotiri**. Les caïques peuvent également vous emmener jusqu'à la plage d'**Aspri** (D6) et sur le sable noir parsemé de transats de la plage de **Mesa Pigadia** (C5) ; comptez 5 € l'aller-retour. La plage de Mesa Pigadia a une taverne, et plusieurs restaurants vous attendent près de la plage de Kokkini.

Toujours sur la côte sud, **Vlihada** (E6) abrite une plage bordée de falaises érodées et de tavernes, ainsi qu'un joli port de pêche avec un excellent restaurant. Plus l'on s'éloigne le long de la plage, plus les corps sont dévêtus ; c'est un lieu apprécié des naturistes.

Kamari (G5), station balnéaire la plus développée de Santorin, possède une longue plage de sable noir. La route qui borde la plage ne manque ni de restaurants ni de bars, bondés en haute saison. En été, des bateaux font la navette avec Perissa.

Sur la côte nord, à quelques minutes de route d'Oia, l'étroite bande de sable de la plage de **Baxedes** (D1) rejoint la plage de **Paradisos** (D1). Ces plages n'ont pas d'installations, et la mer y est plus agitée qu'au bord des plages protégées du sud, mais en contrepartie elles sont peu fréquentées.

A
B
C
D
1
2
3
4
5
6
Ios (30 km), Naxos (80 km), Paros (105 km),
Syros (115 km), Mykonos (120 km),
Le Pirée (240 km)
Sifnos (95 km),
Milos (110 km),
Sérifos (110 km)
Baxedes
Paradisos
Baxedes
Sunset
Oia
Oia
31
32
Ammoudi
Armeni
Finikia
Cap Riva
Potamos
Potamos
Manolas
Agrilia
Thirassia
Cap
Trypiti
Néa
Kameni
Sources
chaudes
Palia
Kameni
Aspronisi
Phare d'Akrotiri
35
Cap Akrotiri
Akrotiri
Akrotiri antique
38
Mesa Pigadia
Aspri
Kokkini
Akrotiri
Crète
(120 km)
Anafi (40 km)
A
B
C
D

E
F
G
H
0
4 km
1
Mer Égée
Pori
Pori
Randonnée
Fira-Oia
Ovac
2
Imerovigli
Vourvoulos
3 Rocher de Skaros
Gialos
Firostefani
Volkan on the Rocks
Aktaion
Fira
4 1
Santorini
Camping
Vieux port
(Fira Skala)
Karterados
3
Monolithos
Monolithos
Santorin
(Thira)
Karterados
Karpathos (190 km),
Rhodes (260 km)
Messaria
37
Musée du Vin
Vothonas
4
Exo Gonia
Aroma Avlis
Art Space
Santorini Brewing Company
Athinios
34
Pyrgos
Megalohori
Kamari
Kamari
Mt Profitis
Ilias (567 m)
Thira antique
5
33
Cap
Mesa Vouno
567 m
Emporio
Perissa
Santorini Dive Center
Perissa
Apollon Taverna
Musée industriel
de la Tomate
Perivolos
36
Vlihada
6
Agios Georgios
Santorini MTB Adventures
Cap Exomythis
E
F
G
H

Depuis/vers Santorin

✈ L'**aéroport de Santorin** (JTR ; ☎22860 28400 ; www.santoriniairport.com) assure des vols toute l'année depuis/vers Athènes (à partir de 60 €, 45 min) avec **Olympic Air** (www.olympicair.com), **Ryanair** (www.ryanair.com) et **Sky Express** (www.skyexpress.gr). En saison, liaisons depuis/vers Paris et Zurich notamment.

Le jour du départ, prévoyez de la marge, car les infrastructures de l'île ont du mal à suivre l'essor touristique et un certain chaos règne parfois au terminal de l'aéroport.

⛴ Beaucoup de ferrys circulent chaque jour depuis/vers Le Pirée et depuis/vers de nombreuses îles des Cyclades.

Le port principal de Santorin, Athinios, occupe un bout de terre coincé entre les falaises. Il y règne un chaos merveilleux qui n'empêche pas le port de fonctionner – les choses se compliquent lorsqu'un ferry est annulé et que les passagers débarquant et embarquant en même temps se mêlent. Si cela vous arrive, soyez patient : la situation finira par se décanter. Des bus (et des taxis) attendent à l'arrivée de chaque ferry et conduisent les passagers en haut des vertigineuses falaises au terme d'une succession de lacets menant à Fira. Les hébergements peuvent généralement organiser le transfert (pour Fira, comptez environ 10-25 €/pers).

Comment circuler

Des **bus** (1,80 €, 20 min, 5h30-22h15) font la navette entre la gare routière de Fira et l'**aéroport**, situé à 5 km. La plupart des hébergements organisent le transfert (payant).

🚌 Les bus **KTEL Santorini** (☎22860 25404 ; ktel-santorini.gr ; Mitropoleos) indiquent en ligne horaires et tarifs. Les billets doivent être achetés à bord des bus. Fira est au centre du réseau, avec des départs vers la plupart des villages, l'aéroport et le port des ferrys.

En été, 2 bus par heure partent de Fira pour Oia (1,80 €), la plage d'Akrotiri (2 €) et Kamari (1,80 €), ainsi que vers les plages de Perissa, Perivolos (2,40 €) et Kamari via Messaria (1,80 €). Des bus relient Fira et le port d'Athinios (2,30 €, 30 min, 7/j).

🚗 La voiture est le meilleur moyen d'explorer l'île en haute saison, quand il est difficile de trouver une place dans les bus archibondés. Soyez prudent et patient au volant : les rues étroites et la circulation intense, en particulier à Fira et dans ses environs, peuvent être cauchemardesques.

Les grandes agences de location de véhicule et des dizaines de prestataires locaux sont présents dans les zones touristiques. **Damigos Rent a Car** (☎6979968192, 22860 22048 ; santorini-carhire.com ; 25 Martiou,

Bateaux au départ de Santorin :

VERS	DURÉE (HEURES)	TARIF	FRÉQUENCE
Amorgos	1 ½-4	50 €	1-2/jour
Anafi	1 ½	8 €	4/sem
Folégandros	¾-3 ¼	7-45 €	3-4/jour
Ios	½-1 ½	7-39 €	4-8/jour
Héraklion	1 ¾	60 €	2/jour
Kimolos	4 ¼	15 €	3/sem
Kos	4 ½	37 €	4/sem
Koufonissia	2	47 €	1/jour
Milos	2-4	18-59 €	3-4/jour
Mykonos	2-3 ½	45-69 €	5-7/jour
Naxos	1 ¼-2 ¾	22-43 €	5-6/jour
Paros	2-3 ½	20-46 €	4-5/jour
Le Pirée	4 ¾-9	38-80 €	6-8/jour
Rafina	5 ¾-9 ½	35-45 €	2/jour
Rhodes	8 ½-17 ¾	39 €	5/sem
Sérifos	3 ½-¼	19-60 €	2-3/jour
Sifnos	3-7	14-68 €	2-3/jour
Sikinos	2	7,50 €	3/sem
Tinos	3 ½-5	42-58 €	7/sem

Fira) et **Tony's Rent a Car** (☎ 22860 22863 ; Firostefani ; location scooter/quad à partir de 20/30 €/jour ; ⌚8h-20h) sont des professionnels reconnus. En haute saison, comptez environ 50 €/jour pour une voiture et 25/30 € pour un scooter/quad, mais n'hésitez pas à comparer les prix. Il faut un permis moto pour louer un scooter, tandis qu'un permis de conduire voiture suffit pour un quad. Pour en savoir plus, voir le site www.santorini.com/rentals/motorbikes.

La station de **taxis** (☎ 22860 22555, 22860 23951) de Fira se trouve dans Dekigala, à l'angle de la gare routière. La course du port d'Athinios à Fira coûte 10-15 € ; de Fira à Oia, environ 15 €. Comptez un supplément de 2 € en cas de réservation ou si vous avez des bagages. L'aller en taxi revient à environ 15/18/25 € pour Kamari/Perissa/la Thira antique.

Santorini Transport (☎ 69846 37383 ; www.santorinitransport.com) est une bonne option pour un transfert à prix fixe depuis/vers l'aéroport ou le port d'Athinios.

Fira Φήρα

1 PLAN P. 172, E3

Fira (ou Thira), chef-lieu de Santorin, est un endroit bouillonnant d'activité. Au bord de la caldeira s'étagent hôtels chics, maisons troglodytiques et piscines à débordement, tandis qu'en retrait de la crête, le lacis de ruelles est peuplé de boutiques, de bars et de restaurants.

Certes, il y a foule, mais cela ne diminuera en rien l'effet que produiront sur vous les paysages splendides de Fira. La vue sur les falaises multicolores est époustouflante, et l'on se masse au bord de la caldeira pour contempler le coucher du soleil, un spectacle qui brille de mille feux. En revanche, au-delà des falaises se révèle la rançon de la gloire : circulation automobile démente, piétons sur les routes (les trottoirs sont quasi inexistants), et toujours plus d'urbanisation.

Fira s'étend progressivement vers le nord et rejoint les villages de **Firostefani** (15 min à pied) et **Imerovigli** (30 min à pied), plus huppé.

Fira pratique

Kiosque d'information (9h-20h lun-ven mai-sept). Kiosque ouvert pendant la saison touristique.

Dakoutros Travel (22860 22958 ; www.dakoutrostravel.gr ; 8h30-minuit juil-août, 9h-21h sept-juin). Cette agence de voyages (et office du tourisme de facto) est située dans la grand-rue juste avant Plateia Theotokopoulou. Vente de billets de ferry et d'avion et aide à la réservation d'excursions, hébergements et transports.

Découvrir

Musée de la Thira préhistorique MUSÉE

2 PLAN P. 177, D5

En face de la gare routière, ce musée bien agencé présente des vestiges mis au jour à Akrotiri, site occupé depuis le néolithique. On y admire les célèbres fresques d'Akrotiri (notamment celle des singes bleus), de superbes céramiques de style géométrique, et une figurine de bouquetin en or, du XVIIe siècle av. J.-C. et parfaitement conservée. Repérez aussi les feuilles d'oliviers fossilisées, provenant de la caldeira et datant de 60 000 av. J.-C. (22860 22217 ; www.santorini.com/museums ; Mitropoleos ; adulte/-18 ans 6/3 € ; 8h30-15h mer-lun)

Il est intéressant de visiter le musée avant d'explorer le site antique d'Akrotiri (p. 192).

Rocher de Skaros SITE REMARQUABLE

3 PLAN P. 173, E3

D'Imerovigli, un panneau invite à suivre à l'ouest un sentier vers Skaros, un promontoire rocheux

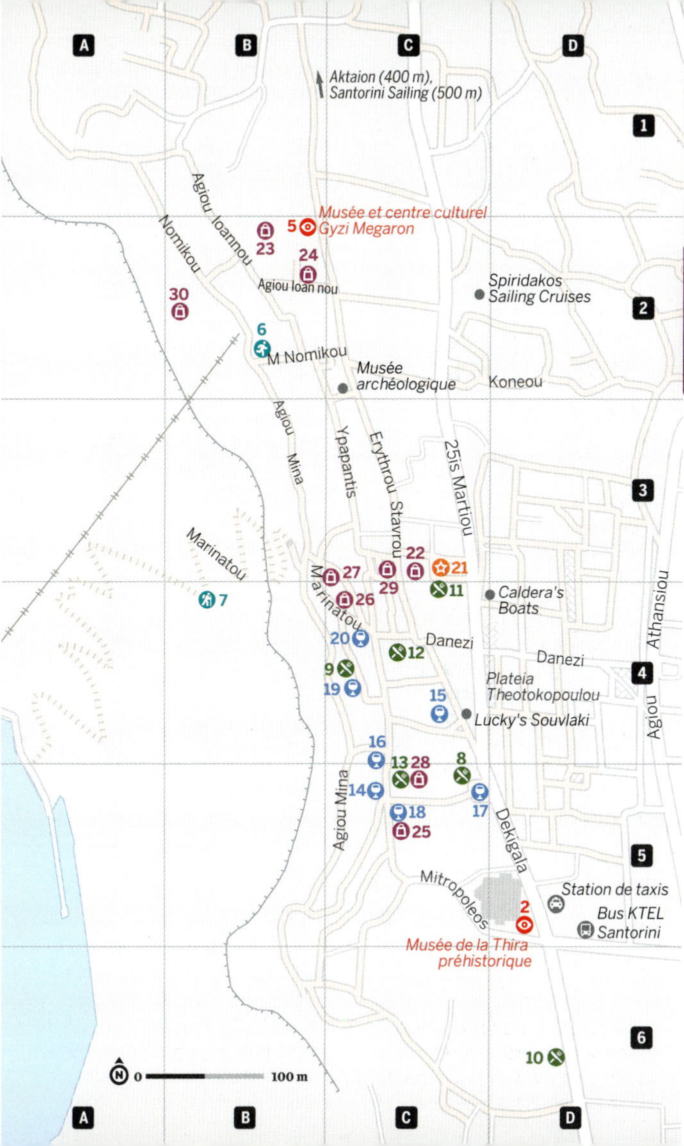
A
B
C
D
1
2
3
4
5
6
Aktaion (400 m),
Santorini Sailing (500 m)
Musée et centre culturel
Gyzi Megaron
5
23
24
30
6
7
Agiou Ioannou
Nomikou
Agiou Ioan nou
Spiridakos
Sailing Cruises
M Nomikou
Musée
archéologique
Koneou
Agiou
Mina
Ypapantis
Erythrou Stavrou
25is Martiou
Marinatou
22
21
27
29
11
26
Caldera's
Boats
20
12
Danezi
Danezi
9
19
Plateia
Theotokopoulou
15
Lucky's Souvlaki
Athansiou
Agiou
16
13
28
8
14
17
18
25
Agiou Mina
Dekigala
Mitropoleos
2
Station de taxis
Bus KTEL
Santorini
Musée de la Thira
préhistorique
10
0
100 m

Se loger à Fira

Fira compte de nombreux hôtels de catégories moyenne et supérieure ; attendez-vous à payer plus pour une vue sur la caldeira. On trouve des hébergements économiques, sans vue sur la caldeira, à l'est de la ville ; certains proposent des tarifs très attractifs hors saison. Réservation obligatoire, notamment en juillet-août.

qui s'avance dans la caldeira. Intéressant d'un point de vue géologique, il a également une signification historique, car c'est ici que se dressait jadis l'un des cinq *kasteli* (citadelles) érigés sur l'île au XVe siècle pour la défendre des attaques de pirates. Un poste avancé que finirent par fuir, à cause de l'instabilité du terrain, les insulaires, se réfugiant à Fira. Le chemin est ardu et jalonné de nombreux escaliers, mais la vue est superbe et le site recèle une église accrochée à la roche.

Vieux port (Fira Skala) — PORT

4 PLAN P. 172, E3

À 220 m en contrebas de Fira (3 min en téléphérique – voir ci-contre – ou 587 marches à pied), le Vieux port, ou Fira Skala, sert essentiellement aux bateaux de croisière qui déposent les touristes le matin et les récupèrent l'après-midi. Ponctué de restaurants, tavernes et boutiques, le petit port offre une magnifique vue de la caldeira en contre-plongée.

Musée et centre culturel Gyzi Megaron — MUSÉE

5 PLAN P. 177, B2

Ce musée expose de remarquables photographies d'avant et après le tremblement de terre de 1956, des cartes anciennes des Cyclades, des peintures, de superbes photographies de Christos Simatos ainsi que des manuscrits du XVe siècle. Le centre culturel abrite une salle de spectacles et de concerts. (☎22860 23077 ; gyzimegaron.gr/en/museum ; Erythrou Stavrou ; adulte/enfant 3 €/gratuit ; 10h-21h lun-sam et 10h30-16h30 dim mai-oct)

Téléphérique de Santorin — TÉLÉPHÉRIQUE

6 PLAN P. 177, B2

Le confortable téléphérique de Fira relie le sommet de la caldeira au Vieux port, 220 m plus bas, en 3 minutes. Il est souvent assailli par les croisiéristes arrivant le matin pour repartir l'après-midi. Envisagez dans ce cas de descendre les 587 marches menant au port avant de remonter en téléphérique. (scc.gr/cablecar.htm ; aller 6 € ; 7h-21h20 mai-sept, horaires réduits oct-avr)

Escalier du Vieux port

RANDONNÉE

7 PLAN P. 177, B3

Fira et le Vieux port sont reliés par 587 marches à flanc de falaise ; une balade agréable... en descente ! Vous pourrez heureusement remonter en téléphérique. (Marinatou)

Se restaurer

Vous trouverez à Fira nombre d'adresses de cuisine traditionnelle grecque et d'excellents restaurants fusion, mais également des attrape-touristes hors de prix et médiocres.

La vue sur la caldeira fait grimper les prix ; pour se restaurer à moindres frais, cap sur la place centrale. Réservez bien à l'avance pour une bonne table en juillet-août.

Aktaion

TAVERNE €€

Installée depuis 1922 près de la minuscule place de Firostefani (plan p. 177, C1), cette taverne s'est spécialisée dans la cuisine traditionnelle de Santorin : poulpe avec *fava* et câpres, *skordomakarona* (pâtes maison à l'ail), légumes de saison cuits et moussaka. Choisissez entre la belle salle aux airs de grotte et la terrasse. (22860 22336 ; www.aktaionsantorini.com ; Firostefani ; plats 13-23 €; 13h-minuit ;)

Volkan on the Rocks

CAFÉ €€

Avec son agréable terrasse perchée sur la falaise donnant sur

Fira

Santorin sans se ruiner

Santorin est une destination onéreuse, mais visiter l'île sans exploser son budget est possible. Voici quelques conseils pour s'en sortir.

- Si vous pouvez vous passer d'une chambre avec vue sur la caldeira, envisagez de loger à Perissa, sur la côte sud-est de Santorin, ou de profiter des logements bon marché de Fira, comme **Santorini Camping** (☎22860 22944 ; www.santorinicamping.gr ; Fira ; dort/d 25/80 €, empl tente 15 €/pers ; ⌚mars-nov) ou **Fira Backpackers Place** (☎22860 31626 ; www.firabackpackers.com ; dort/d 49/218 €).

- Déplacez-vous en bus (p. 174). Ceux-ci desservent la plupart des sites d'intérêt. Un trajet coûte entre 1,80 € et 2,40 €. Pour rejoindre les sites plus reculés, louer une voiture pour une journée (40-50 €) peut valoir la dépense si vous êtes trois ou quatre.

- Pour visiter les sites antiques de Thira (p. 191) et Akrotiri (p. 192), le **Musée archéologique** (plan p. 177, C2 ; musée d'Akrotiri ; ☎22860 22217 ; M Nomikou ; tarif plein/réduit 6/3 € ; ⌚8h30-16h mer-lun), le musée de la Thira préhistorique (p. 176) et la collection d'icônes et d'objets ecclésiastiques de Pyrgos, profitez du billet 5 en 1, vendu 14 € dans chacun de ces sites.

- On peut faire une croisière de 3 heures dans la caldeira à partir de 20 €, et les excursions snorkeling débutent à 30 € ; il serait donc dommage de vous priver de ces plaisirs aquatiques !

- On trouve des tavernes et échoppes de *gyros* pas chers presque partout, comme la Fratzeskos Fish Tavern (p. 196) de Perissa, Lucky's Souvlaki (plan p 177, C4 ; ☎22860 22003 ; gyros à partir de 3 € ; ⌚11h-23h) à Fira et PitoGyros (p. 188) à Oia.

- Profitez des *happy hours* (souvent 1 verre offert pour 1 acheté) dans les nombreux bars et pubs.

la caldeira, ce café (plan p. 172, E3) est dédié aux bières artisanales Volkan, qui se marient à merveille avec les ciels enflammés du couchant. Venez au petit-déjeuner, en journée pour des mezze chauds ou froids inventifs ou le soir pour les séances de cinéma en plein air. (☎22860 28360 ; ergonfoods.com ; plats 10-13 € ; ⌚9h-minuit mai-oct ; 📶)

Parea Traditional Greek Restaurant GREC €€

8 PLAN P. 177, C5

Ce restaurant sans prétention sert une cuisine grecque maison bon marché sur son toit-terrasse avec vue sur la côte de Santorin. Le poulpe poêlé est ferme sans être caoutchouteux, et l'agneau *kleftiko* cuit en papillote, est tendre à souhait. (☎22860 25444 ; parearestaurant.gr ; plats 9-15 €; 🕒12h30-23h)

Fanari
GREC **€€**

9 PLAN P. 177, C4

Au bord des marches descendant au Vieux port, Fanari propose un menu de classiques à déguster avec une vue exceptionnelle sur la caldeira. Le plateau de fruits de mer est un bon choix, et vous pourrez goûtez des desserts comme le pudding de Santorin et les *meletinia*, à base de fromage frais aromatisé à la vanille. (☎22860 25107 ; www.fanari-restaurant.gr ; plats 8-40 €)

Theoni's Kitchen
GREC **€€**

10 PLAN P. 177, D6

Pas de déco chic ni de vue sur la caldeira chez Theoni, mais une cuisine maison servie avec bonne humeur et en toute convivialité. On y savoure de belles portions de classiques grecs comme de la moussaka, du maquereau grillé ou de l'aubergine blanche à la feta. Superbe salade grecque. (☎22860 25680 ; facebook.com/theoniskitchen17 ; Dekigala ; plats 10-24 € ; 🕒12h-minuit)

Camille Stefani
GREC **€€**

11 PLAN P. 177, C4

Ce restaurant installé sur un toit-terrasse à l'ancienne, avec une vue qui s'étend jusqu'à la côte orientale, perfectionne son art depuis les années 1970 dans une atmosphère traditionnelle et authentique. Goûtez une ribambelle de mezze comme le *saganaki* et les feuilles de vignes, ou optez pour une moussaka, un souvlaki de poulet ou un filet d'espadon. L'endroit est apprécié des habitants comme des touristes. (☎22860 22762 ; www.camillestefani.com ; Erythrou Stavrou ; plats 10-20 € ; 🕒12h-23h)

Ovac
FUSION **€€€**

Tenu par l'un des plus célèbres chefs de Grèce, ce restaurant (plan p. 172, E2) propose une cuisine gréco-asiatique dans un cadre tout en gris ardoise avec vue sur la caldeira. Les plats magnifiquement présentés mêlent les saveurs avec audace ; essayez le tartare de saumon à la betterave avec fenouil rôti ou les petits pain *bao* à la confiture de piment. Les cocktails sont aussi bons qu'originaux, et la carte des vins vous fera dépenser des fortunes. (☎22860 27900 ; ovac.gr ; Imerovigli ; plats 35-52 € ; 🕒13h-minuit)

Idol
FUSION **€€€**

12 PLAN P. 177, C4

Perché au bord de la caldeira, ce bar-restaurant sur 3 niveaux offre une vue vertigineuse et sert une cuisine pleine d'inventivité. Le chef ose des mélanges audacieux comme le poulpe au *kimchi*, raisins secs et pois chiches, ainsi que des plats plus classiques comme la poitrine de porc braisée avec sa purée de patates douces. En dessert, on ne fait pas plus grec que la glace à la *mastika* (liqueur de mastic).

Excellente carte des vins ; idéal pour un dîner romantique au soleil couchant. (☎ 22860 23292 ; idolsantorini.gr ; Ypapantis ; plats 22-35 € ; ⏲ 11h-23h)

Koukoumavlos GREC €€€

13 PLAN P. 177, C5

Une cuisine égéenne moderne primée servie sur une terrasse avec vue sur la caldeira. Des mariages de saveurs audacieux, comme le bar aux fruits de la passion et topinambours ou le tiramisu à l'aubergine blanche de Santorin. Excellente sélection de vins locaux. À 30 m au nord de la cathédrale. (☎ 22860 23807 ; www.koukoumavlos.com ; plats 28-36 €, menu dégustation 82 € ; ⏲ 19h-tard avr-oct)

Prendre un verre

Après minuit, les clubbeurs se retrouvent à Erythrou Stavrou, tandis que les bars à cocktails chics et les bars à bières s'animent à Marinatou. Les clubs ne se remplissent que tard dans la nuit, et certains ne ferment qu'au petit matin.

MoMix Bar Santorini BAR

14 PLAN P. 177, C5

MoMix est l'abréviation de "Molecular Mixology" ("mixologie moléculaire"). On s'y presse pour déguster des cocktails inventifs dans un intérieur aux airs de grotte colorée, d'où l'on peut sortir pour admirer l'impressionnant panorama de la caldeira. (☎ 6974350179 ; www.momixbar.com ; Agiou Mina ; ⏲ 20h-3h)

Kira Thira BAR

15 PLAN P. 177, C4

Le plus ancien bar de Fira et l'un des meilleurs. Le bois sombre et les plafonds voûtés, auxquels sont suspendus statuettes et instruments, créent une ambiance intimiste. Bière, jazz et concerts occasionnels. L'endroit est très populaire et souvent bondé, surtout les soirs de concerts. (☎ 22860 22770 ; Erythrou Stavrou ; ⏲ 20h-3h tlj)

Crystal Cocktail Bar BAR

16 PLAN P. 177, C4

Au Crystal, qui fait partie du Loucas Hotel, on déguste, selon l'heure, un café ou des cocktails, devant une vue si spectaculaire qu'il est difficile ensuite de s'arracher à ce lieu. Idéal pour une soirée devant un coucher de soleil magique. (☎ 22860 22480 ; www.crystal-santorini.gr ; Marinatou, Loucas Hotel ; ⏲ 10h-1h)

Two Brothers Bar

BAR

17 PLAN P. 177, C5

Ouvert en 1983 par deux frères, Dimitris et Giannis, ce bar troglodytique est aujourd'hui tenu par leurs fils. L'ambiance est festive et il faut jouer des coudes à mesure que la nuit avance. Un cocktail offert pour un acheté de 16h à 19h et de 21h à minuit. (22860 23061 ; www.2brothersbarsantorini.com ; Dekigala ; 10h-6h)

PK Cocktail Bar

COCKTAILS

18 PLAN P. 177, C5

Ouvert toute l'année et depuis plus de 40 ans, le PK Cocktail Bar dispose de plusieurs terrasses où l'on sirote des cocktails en regardant le soleil plonger derrière la caldeira. Les cocktails à base de fruits frais sont la spécialité. En face de la cathédrale. (22860 22430 ; paliakameni.com ; 10h-tard)

Tango

BAR

19 PLAN P. 177, C4

On vient chez Tango, au bord de la caldeira, pour la vue superbe, les délicieux cocktails (ceux au champagne sont la spécialité), la clientèle branchée et l'excellente musique dont le volume augmente et le rythme accélère à mesure qu'avance la nuit. Les clients arrivent généralement au coucher du soleil et s'attardent des heures – ou jusqu'à ce qu'ils soient à sec ! (6947453999 ; www.tangosantorini.gr ; Marinatou ; 20h-5h)

Les îlots volcaniques Néa Kameni et Palia Kameni (p. 194) et la caldeira vus depuis Fira

Tropical

BAR

20 PLAN P. 177, C4

Perché tout au bord de la caldeira, ce bar attire une foule animée avec son vaste choix de cocktails classiques (plus quelques créations) se distinguant par leur teneur en fruits frais. Goûtez le daïquiri fraise ou le Jean Genie sur fond de musique rock et profitez de la vue depuis le balcon. Au bord des marches descendant au Vieux port. (22860 23089 ; Marinatou ; 11h-4h mai-oct)

Sortir

White Door Theatro

SPECTACLE

21 PLAN P. 177, C3

Populaire auprès des touristes, le spectacle *Greek Wedding Show* conjugue musique traditionnelle, danse et participation du public. Des amuse-bouche et du vin local sont compris dans le prix du billet (réservation en ligne conseillée). Le spectacle se déroule dans une belle cour extérieure entourée d'édifices chaulés. (22860 21770 ; www.whitedoorsantorini.com ; 55 € ; 21h30 juin-août, 21h mai et sept-oct)

Shopping

Ergon Deli

ALIMENTATION

22 PLAN P. 177, C3

Non seulement ce traiteur produit la meilleure bière artisanale de Santorin (la Volkan, servie au café de la brasserie au bord de la caldeira, p. 179), mais c'est aussi l'endroit idéal pour se procurer

En route vers le Vieux port de Fira

délices (huile d'olive, confitures, feuilles de câpres marinées) et boissons (vin doux Vinsanto) de l'île. (☎22860 28360 ; www.ergonfoods.com ; Erythrou Stavrou ; ⌚9h30-21h)

Ceramic Art Studio

CÉRAMIQUES

23 PLAN P. 177, B2

Le céramiste Andreas Alefragkis perfectionne son art depuis plus de 30 ans, et le résultat est saisissant : amphores aigue-marine ou ornées de superbes glaçures crème, vases uniques, beaux récipients et plateaux. (☎22860 24750 ; à côté du centre de conférences ; ⌚9h-21h)

Eduart Gjopalaj Gallery

ART

24 PLAN P. 177, B2

Cette galerie expose les sculptures sur bois surréalistes d'Eduart Gjopalaj, artiste originaire d'Albanie, notamment des plateaux finement ouvragés aux délicats motifs et des visages sereins semblant émerger de vagues de bois ondulées. Avec un peu de chance, vous pourrez voir le sculpteur à l'œuvre. (☎69424 39225 ; facebook.com/gjopalajeduart ; Agiou Ioannou ; ⌚10h-21h)

Mati Art Gallery

ART

25 PLAN P. 177, C5

La tête de requin à l'entrée ne manquera pas d'attirer votre attention sur cette galerie, principal espace d'exposition de Yorgos Kypris, artiste de renommée internationale dont l'œuvre trouve son inspiration dans l'île de Santorin et la mer. Un travail aussi saisissant qu'unique, des créatures de verre et de métal des profondeurs aux imposantes œuvres ornées de centaines de sardines semblables à des flèches d'argent. (☎22860 23814 ; www.matiartgallery.com ; face à la cathédrale ; ⌚10h-21h30)

Tzamia-Krystalla Art Gallery Santorini

ART

26 PLAN P. 177, C4

Proche du sommet de l'escalier descendant vers le Vieux port, cette galerie se spécialise dans l'art grec contemporain à travers des talents confirmés ou émergents. Toutes les sculptures en céramique – notamment celles évoquant les origines volcaniques de Santorin, créées spécialement pour la galerie – sont l'œuvre de Manousos Chalkiadakis, l'un des céramistes les plus réputés de Grèce. (☎22860 21226 ; www.tzamia-krystallagallery.gr ; Marinatou ; ⌚10h-22h)

Theta 8

MODE

27 PLAN P. 177, C3

Cette élégante boutique troglodytique toute blanche, au bord des marches descendant au Vieux port, vend des sacs à

CGE2010/SHUTTERSTOCK©

Oia, la nuit

main en cuir fabriqués à la main en Grèce. Certains imitent la peau de serpent. La créatrice et son compagnon tiennent la boutique avec affabilité et bonne humeur. (☎ 22866 72935 ; Marinatou ; 9h-minuit)

AK — ART

28 PLAN P. 177, C5

Au nord de la cathédrale orthodoxe, la plus ancienne galerie de Santorin, installée dans un ancien moulin à farine, a été fondée en 1980 par le peintre local Christoforos Asimis et son épouse, la sculpteuse Eleni Kolaiti. On y découvre des paysages de l'île de Christoforos et des peintures plus abstraites de son fils Katonas, ainsi que des bijoux et sculptures d'Eleni. (☎ 22860 23041 ; www.ak-galleries.com)

the White, Santorini — MODE

29 PLAN P. 177, C3

Cette petite boutique de mode, tenue par la créatrice Sophia Hatzigeorgiou, propose des vêtements inspirés des paysages, couleurs et mode de vie uniques de Santorin. Tout est fabriqué en Grèce, et comme le nom l'indique, le blanc est bien représenté. Autre boutique sur la plage de Kamari. (☎ 22860 36217 ; facebook.com/whitestoresantorini ; Ypapantis ; 9h-22h)

Art of the Loom — ART ET ARTISANAT

30 PLAN P. 177, B2

À une rue au nord du téléphérique, cette galerie expose les œuvres en verre colorées de sa propriétaire Mary, ainsi que des bijoux en argent, des peintures et des céramiques des meilleurs artistes de Santorin. (☎ 22860 21190 ; www.artoftheloom.gr ; Nomikou ; 9h-22h)

Oia Οία

31 PLAN P. 172, D1

Perchée à la pointe nord de l'île, Oia illustre la renaissance de Santorin après le séisme dévastateur de 1956. Les travaux de restauration ont sublimé sa beauté et en ont fait l'un des plus beaux villages des Cyclades, d'autant qu'Oia est habitée à l'année. Accrochées à la falaise abrupte de la caldeira, nombre de ses habitations se nichent dans des cavités creusées dans la roche volcanique.

Il n'est donc pas surprenant d'y retrouver des hordes de touristes venus profiter de la beauté du cadre. Essayez de venir le matin ou passez une nuit sur place ; l'après-midi et le soir, des bus de touristes débarquent des navires de croisière amarrés dans la baie. Au coucher du soleil, le village semble attirer tous les visiteurs de l'île.

À noter, une agréable randonnée de 3 heures (p. 169) au bord de la caldeira permet de rejoindre Oia depuis Fira.

Découvrir

En été, des bus mènent toutes les 30 minutes de Fira à Oia (1,80 €). À votre arrivée à la gare routière, prenez à gauche pour monter jusqu'à la place centrale, assez austère, et à la rue Nikolaou Nomikou, bordée de marbre, qui longe le bord de la caldeira.

Ammoudi — PORT

32 PLAN P. 172, C2

De ce minuscule port aux bateaux de pêche colorés, il faut grimper 300 marches pour atteindre Oia. Une épreuve en pleine chaleur, en descente comme en montée – largement récompensée par la vue sur les falaises rouge sang, le port et Oia. Une fois en bas, déjeunez au bord de l'eau dans l'une des excellentes tavernes (attention, à l'addition salée). L'été, des bateaux d'excursion et des circuits organisés assurent chaque jour la traversée d'Ammoudi à Thirassia ; renseignez-vous sur les horaires auprès des agences de voyages de Fira.

Oia pratique

À Oia, des agences de voyages comme **NS Travel** (22860 71199 ; www.nst-santorinitravel.com ; 9h-21h) sont regroupées autour de la gare routière et vendent notamment des billets de ferry.

Musée maritime — MUSÉE

Niché dans une ruelle étroite partant vers le nord depuis Nikolaou Nomikou, ce musée occupe une demeure rénovée du XIXe siècle. On y découvre des expositions retraçant l'histoire maritime de Santorin. La prospérité d'Oia reposait sur sa flotte commerciale, qui desservait tout l'est de la Méditerranée, reliant notamment Alexandrie à la Russie. (22860 71156 ; 3 € ; 10h-14h et 17h-20h mer-lun)

Activités

Atlantis Oia — PLONGÉE

Géré par Apostolos, un instructeur reconnu, cette agence de plongée cinq étoiles établie depuis des années est la première en son

Se loger à Oia

Oia est connue pour les splendides villas et suites de luxe bordant la caldeira. Réservez longtemps à l'avance. On trouve également quelques hébergements de catégorie moyenne, mais mieux vaut loger ailleurs si votre budget est serré.

genre (membre de Cousteau Divers) de toute la Grèce. Son engagement pour la préservation de la vie marine et l'enthousiasme de ses moniteurs de plongée en font le meilleur choix pour toutes sortes de plongées. En retrait de la route principale.

Apostolos collabore avec Pierre-Yves Cousteau, pour convaincre l'État grec de créer une réserve marine autour de Santorin. (22860 71158 ; atlantisoia.com ; plongée 70 €, cours PADI à partir de 230 €, excursion à partir de 45 € ; 8h-22h)

Se restaurer

PitoGyros KEBABS €

"Pas cher" et "Oia" sont des mots qui sont rarement associés, et pourtant cette échoppe de souvlakis, un modèle du genre, parvient à conjuguer les deux. Optez pour une pita garnie de viande grillée croustillante agrémentée de tzatziki acidulé et d'oignons croquants, ou faites le plein d'énergie avec des grillades mixtes, le tout arrosé de bière artisanale Donkey (voir p. 193). Près de la gare routière. (22860 71119 ; pitogyros.com ; plats 3-11 € ; 11h-23h)

Armeni POISSON €€

Sur la baie d'Armeni (plan p. 172, D2), cette taverne mérite amplement l'effort pour la rejoindre (il est toutefois possible de prendre un bateau au départ de la baie d'Ammoudi). Véritable temple à la gloire des délices de la mer, l'établissement propose un menu restreint mais délicieux composé le plus souvent de sardines et de poisson du jour grillés et de calamars farcis au fromage. (22860 71053 ; armenisantorinirestaurant.gr ; plats 13-27 € ; 10h-23h)

Karma GREC €€

Avec ses fontaines, ses chandelles, ses murs dorés et ses gros coussins bordeaux, ce restaurant avec cour a une allure royale. On y sert de copieux plats traditionnels (fèves aux oignons caramélisés et bar grillé aux câpres) à des prix rendus raisonnables par la distance avec la caldeira. (22860 71404 ; www.karma.bz ; plats 13-18 € ; dîner)

To Krinaki TAVERNE €€€

Dans le minuscule village de Finikia (plan p. 172, D2), à l'est d'Oia, cette taverne accueillante sert des plats savoureux à base de produits frais et locaux : herbes sauvages, aubergine blanche, *fava* écrasée à la main, feuilles de câpres, asperges sauvages... Le tout accompagné de bières locales et de vin cultivés à Santorin depuis l'Antiquité. Belle vue sur la mer (mais pas sur la caldeira) et Ios. (☎22860 71993 ; Finikia ; plats 17-27 € ; ⏰12h-tard)

Catch
FUSION **€€€**

Ce restaurant fusion ouvert récemment se distingue de ses concurrents sur tous les points : service impeccable et plats succulents (tartare de bar et asperges grillées, risotto de champignons...) magnifiquement présentés. Cocktails originaux à siroter sur la terrasse au coucher de soleil. Près de la gare routière. (☎22860 72063 ; catchrestaurant.gr ; plats 26-39 € ; ⏰18h30-2h)

1800
GREC **€€€**

Installé dans la demeure d'un ancien capitaine de navire, ce restaurant s'est forgé une belle réputation, année après année, grâce à sa cuisine grecque moderne superbement présentée. Bar au quinoa, purée artichaut-fenouil ou grillades d'agneau en sauce aigre-douce à la pomme verte sont des exemples tirés de l'inventif menu. Dînez en salle ou sur le toit avec vue sur la caldeira. (☎22860 71485 ; www.oia-1800.com ; Nikolaou Nomikou ; plats 15-38 € ; ⏰12h-minuit)

Lauda
GREC MODERNE **€€€€**

Le plus ancien restaurant d'Oia, jadis modeste, est aujourd'hui l'une des meilleures tables de

Oia

Santorin, voire de Grèce. Le chef Emmanuel Renaut conjugue produits locaux et techniques de cuisine internationales, et le résultat est exceptionnel. Faites des folies avec un menu dégustation ou optez pour du poisson mariné avec feuilles de câpres, ou encore de l'agneau braisé avec gnocchis. (☎22860 72182 ; www.laudarestaurant.com ; plats 48-135 € ; ⏰13h-16h30 et 18h30-22h)

Shopping

B.Loose MODE

Ouverte il y a presque 10 ans, cette boutique de la marque athénienne de mode *casual* vend des vêtements urbains confortables et amples en coton ou lin. (☎22860 27309 ; b-loose.gr ; Pliarchon ; ⏰10h-21h)

Ailleurs sur Santorin

Santorin ne se résume pas aux falaises de sa caldeira. Sur les côtes est et sud, l'île descend en pente douce vers des plages de sable volcanique noir (au sujet des plages, voir p. 169) et des stations balnéaires telles que **Kamari** (plan p. 172, C5) et **Perissa** (F6).

L'intérieur de l'île recèle de charmants villages traditionnels comme **Vourvoulos** (E3), au nord de Fira, et au sud **Megalohori** (E5), **Pyrgos** (F4) et le "village fantôme" d'**Exo Gonia** (F4). Pyrgos, en particulier, mérite une visite et constitue une bonne alternative à Oia grâce à de fabuleux restaurants et des

Oia (p. 186)

panoramas à couper le souffle (voir www.santorinipyrgos.com). Ne manquez pas non plus **Emporio** (E5), plus gros village du sud de l'île, qui compte une belle église du XVIe siècle ainsi qu'une tour ottomane bien conservée. Quelques sites antiques viennent compléter ce magnifique tableau.

Pour se loger, en dehors des principaux villages, les plus grandes concentrations d'hôtels de milieu de gamme et de chambres bon marché se trouvent autour de Kamari, Perissa et Messaria.

Découvrir

Thira antique
SITE ARCHÉOLOGIQUE

33 PLAN P. 172, G5

Fondée par les Doriens au IXe siècle av. J.-C., la Thira antique regroupe des vestiges des époques hellénistique, romaine et byzantine. Son attrait tient pour beaucoup à son atmosphère. Ici, vous découvrirez des temples, des maisons ornées de mosaïques, une agora (place publique et marché), un théâtre et un gymnase. La vue alentour est splendide. Si vous êtes au volant, prenez l'étroite route goudronnée qui revient de Kamari sur 3 km. Depuis Perissa, un chemin en terre rejoint le site ; comptez un peu plus d'une heure. (☎ 22860 25405 ; odysseus.culture.gr/h/3/eh351.jsp?obj_id=2454 ; adulte/enfant 4 €/gratuit ; 🕓 8h-15h mar-dim)

Art Space
GALERIE

34 PLAN P. 172, F4

À la sortie de Kamari, cette galerie d'art a élu domicile dans la *canava* (domaine viticole), d'Argyros, l'un des plus anciens domaines viticoles de Santorin. Des peintures et sculptures d'une trentaine d'artistes grecs contemporains, dont l'un originaire de Santorin, ont pris la place des bouteilles dans les caves. Le propriétaire n'a pas pour autant perdu le goût du vin, et le domaine produit encore des crus d'exception sous le label Art Space Wines (en vente seulement ici), dont la dégustation (à partir de 10 €) vient parfaire l'expérience. (☎ 22860 32774 ; www.artspace-santorini.com ; Exo Gonia ; accès libre ; 🕓 11h-coucher du soleil avr-oct)

Phare d'Akrotiri
POINT DE VUE

35 PLAN P. 172, C5

Si vous souhaitiez admirer le soleil couchant en solitaire, c'est raté ! L'endroit est bien connu, et des dizaines de spectateurs viennent chaque soir au bout du promontoire assister à ce magnifique spectacle gratuit. Mais il y a tout de même de la place pour tout le monde autour du phare, et l'on est loin des foules se pressant à Oia.

Musée industriel de la Tomate
MUSÉE

36 PLAN P. 172, E6

La transformation des tomates en sauce était une industrie

Avis de disparition

Plus que les Doriens, les Vénitiens et les Turcs qui leur succédèrent sur l'île, ce sont les Minoens qui, arrivés de Crète entre 2000 et 1600 av. J.-C., ont profondément marqué cette terre. Leur civilisation était à son apogée lorsqu'ils s'établirent à Akrotiri.

Personne ne sait toutefois ce qu'il est advenu du peuple minoen d'Akrotiri. Aucun reste humain n'a été découvert sur le site. Certains pensent que les Akrotiriens auraient abandonné leur ville après un séisme survenu 2 ou 3 semaines en amont de la grande éruption volcanique, et qu'ils seraient enfouis ailleurs sur l'île, sous les cendres. Pour d'autres, ils auraient pressenti le sort funeste qui les attendait et pris la mer à destination de la Crète.

majeure sur l'île jusqu'au séisme de 1952, et ce musée offre l'occasion d'une incursion unique dans l'ancienne usine de Vlihada. Les entretiens filmés d'anciens ouvriers aujourd'hui âgés sont particulièrement instructifs. (22860 85141 ; www.tomatomuseum.gr ; Vlihada ; 5 € ; 10h-18h mar-dim)

Le musée fait partie de la **Santorini Arts Factory** (www.santoriniartsfactory.gr), qui organise expositions, concerts et représentations théâtrales ; programmation sur le site Internet.

Musée du Vin DOMAINE VITICOLE

37 PLAN P. 172, F4

Dans le domaine viticole de Koutsoyannopoulos, sur la route de Kamari, ce musée un peu kitsch mais amusant, installé dans une *canava* (domaine viticole), décrit les techniques traditionnelles de fabrication du vin à travers une succession de dioramas un peu ringards. L'entrée comprend la dégustation de 4 vins ; aucun n'est exceptionnel, cependant le domaine Koutsoyannopoulos est le seul de l'île à produire un bon Kamaritis doux à base de raisin noir. (22860 31322 ; www.winemuseum.gr ; 10 € ; 10h-17h tlj avr-oct, 9h-16h30 lun-sam nov-mars)

Akrotiri antique SITE ARCHÉOLOGIQUE

38 PLAN P. 172, D6

En 1967, des fouilles dans le sud-ouest de Santorin ont permis de mettre au jour une cité minoenne enfouie sous les cendres volcaniques de l'éruption dévastatrice de 1613 av. J.-C. Protégé par un vaste auvent, le visiteur parcourt le site au fil des passerelles en bois aménagées d'un bout à l'autre de la cité. On y admire des édifices de 3 étages encore debout, des rues, des systèmes de drainage et quantité de poteries. (☎22860 81366 ; odysseus.culture.gr/h/3/eh351.jsp?obj_id=2410 ; tarif plein/réduit 12/6 € ; ⌚8h-20h mai-sept, 8h-15h oct-avr)

Activités

Il y a bien sûr la caldeira et ses couchers de soleil… Mais en explorant Santorin, on découvre également d'impressionnants sites antiques, des plages de sable noir ou des vignobles (et une brasserie), et en prenant le bateau on peut visiter une île volcanique active au cœur de la caldeira ou plonger à la découverte de la géographie sous-marine de Santorin.

Navy's Waterworld Dive Center PLONGÉE

Cette agence PADI cinq étoiles de la plage de Kamari (plan p. 172, G5) propose une gamme d'excursions plongée allant de l'exploration de grottes de lave à des plongées sur épaves en passant par des sessions d'initiation à la plongée et une certification PADI. (☎22860 28190 ; navyswaterworld.gr ; plage de Kamari ; plongée 2 bouteilles 95 € ; ⌚8h-22h)

Santorini Dive Center PLONGÉE

Agence de plongée réputée à Perissa (plan p. 172, F6), avec plongées standards, gamme de cours PADI et excursions snorkeling (30 €).(☎22860 83190 ; www.divecenter.gr ; Perissa ; plongée 1/2 bouteilles 60/90 € ; ⌚9h-20h)

Fresque du site d'Akrotiri, musée de la Thira préhistorique (p. 176)

Santorini Brewery Company BRASSERIE

C'est dans cette brasserie (plan p. 172, F4) que sont produites les bières de la marque Donkey. Pour les amateurs, la visite vaut le détour, et permet de déguster la Yellow Donkey (ale dorée et houblonnée), la Red Donkey (ale ambrée), la Crazy Donkey (IPA), la White Donkey (ale au blé avec un soupçon de zeste d'orange) et la Lazy Ass (lager), toutes non filtrées, non pasteurisées et extrêmement goûteuses.

Excursions en bateau à Santorin

Les sorties en bateau sont une activité incontournable à Santorin. Elles permettent d'appréhender véritablement la géographie de l'île et de savourer les magnifiques couchers de soleil.

Il y a trois types de croisières (monocoque ou catamaran) : les croisières d'une demi-journée (5/6 heures) partent vers 10h, les croisières au couchant d'une demi-journée partent vers 15h30, et il y a également des croisières d'une journée complète (9 heures).

Les sorties à la demi-journée du matin et de l'après-midi permettent d'admirer, dans la caldeira, les îlots volcaniques inhabités de **Néa Kameni** et **Palia Kameni** (plan p. 172, D4), avec une escale au cratère de la première et une autre aux sources chaudes de la seconde. Les croisières en catamaran font une pause baignade aux sources chaudes mais pas au cratère, et la plupart passent devant le phare et le long des plages rouges et blanches du sud de l'île. Déjeuner et rafraîchissement sont compris.

Les croisières d'une journée font souvent halte à Thirassia (p. 196), et/ou au port en contrebas d'Oia.

Les départs se font de Fira Skala, en contrebas de Fira, de la baie d'Ammoudi à Oia ou de la marina de Vlihada, sur la côte sud. En règle générale, plus la croisière est bon marché, plus le bateau est bondé et plus les escales sont brèves. Les sorties de 3 heures dans la caldeira de **Caldera's Boats** (☎22860 24355 ; www.santorini-sea-excursions.com ; 25is Martiou, Fira ; croisières demi-journée/journée à partir de 20/44 €) ne coûtent que 20 €, mais mieux vaut payer plus pour une croisière plus longue et un meilleur service. Renseignez-vous avant de réserver.

Les croisières les plus agréables sont les excursions semi-privées (ou privées, si vous en avez les moyens) en petits groupes à bord de catamarans ; **Santorini Sailing** (☎22860 21380 ; www.santorinisailing.com ; St Gerasimos, Firostefani ; 105-165 €/pers), **Sunset Oia** (☎22860 72200 ; sailing-santorini.com ; croisière 5 heures en catamaran 145-190 € ; ⏲9h-22h) et **Spiridakos Sailing Cruises** (☎22860 23755 ; www.santorini-yachts.com ; 25is Martiou, Fira ; croisières à partir de 95 € ; ⏲8h-22h) font partie des opérateurs réputés.

Dégustations gratuites et jolies bouteilles.

En août, ne manquez pas la bière saisonnière Slow Donkey, vieillie en fûts de chêne utilisés par le domaine Argyros voisin pour fermenter son vin doux Vinsanto. (☎22860 30268 ; www.santorinibrewingcompany.gr ; route Messaria-Kamari ; ⏰11h-17h lun-sam l'été, horaires réduits le reste de l'année)

Santorini MTB Adventures CYCLOTOURISME

Cet opérateur dynamique (plan p. 172, F6) loue des vélos électriques pour explorer l'île et propose des circuits très prisés (120-150 €) vers les sites de la côte sud. Également sessions de descente pour les vététistes expérimentés, circuits guidés à vélo et sorties en voilier. (☎6980289453 ; www.santoriniadventures.gr ; Agios Georgios ; location VTT/vélo électrique 25/50 €/jour)

Se restaurer

Brusco CAFÉ €

À Pyrgos (plan p. 172, F4), ce café-traiteur au charme rustique sert du café, du vin et des plats aux saveurs locales. Parmi ses atouts, l'accueil chaleureux, les nombreuses tables en terrasse, les douceurs maison (notamment des baklavas) et les assortiments de produits de Santorin (*fava*, tomates, aubergine, câpres, etc.). (☎22860 30944 ; Pyrgos ; plats à partir de 8 €)

Tzanakis GREC €€

Institution locale depuis presque 30 ans, cette taverne (plan p. 172, E5) tenue en famille utilise des légumes et herbes aromatiques de son propre potager et des viandes et poissons d'amis éleveurs et pêcheurs dans des recettes classiques comme les boulettes à la tomate, les beignets de courgette, la chèvre sauce citron ou encore les *dolmadakia* (feuilles de vigne farcies). (☎22860 81929 ; facebook.com/tavernatzanakis ; Megalohori ; plats 8-14 € ; ⏰12h-minuit)

Aroma Avlis GREC MODERNE €€

Situé dans le domaine viticole Artemis Karamolegos (plan p. 172, F4), ce restaurant utilise à merveille les produits locaux dans une cuisine pleine de panache : mousse d'aubergine fumée, *chloro* (chèvre frais de Santorin), saucisses locales ou encore *orzotto* au crabe royal et au speck de Crète. Installez-vous sur la terrasse à l'ombre de la vigne et profitez du vaste choix de vins de la région. (☎22860 33794 ; www.artemiskaramolegos-winery.com ; route Messaria-Kamari ; plats 13-48 € ; ⏰13h-23h)

Metaxi Mas CRÉTOIS €€

Le raki coule à flots dans cette taverne conviviale, près de l'église d'Exo Gonia (plan p. 172, F4), rendez-vous privilégié des habitants et voyageurs en quête d'authenticité. On y sert un excellent menu de spécialités locales et crétoises (le propriétaire et cuisinier est originaire de Crète) comme de la poitrine de porc grillée et des asperges rôties au *gravie+ra* de Crète. Le tout devant un beau panorama. Réservez. (☎ 22860 31323 ; www.santorini-metaximas.gr ; Exo Gonia ; plats 9-21 € ; ⏲ 14h-minuit avr-oct)

Fratzeskos Fish Tavern POISSON €€

Cette superbe taverne du front de mer de Perissa (plan p. 172, F5) se spécialise dans le poisson frais, du mérou au bar, grillé à la perfection et riche en arômes citronnés. Il y a aussi des spaghettis au homard pour deux, du *saganaki* aux crevettes et bien d'autres délices. (☎ 22860 83488 ; facebook.com/fishtavernfrageskos1 ; Perissa ; plats à partir de 8 € ; ⏲ 12h-23h30)

Apollon Taverna GREC €€

Quittez la plage et traversez la route pour découvrir cette merveilleuse taverne, à 400 m de l'arrêt de bus sur le front de mer de Perissa (plan p. 172, F6). Commandez l'appétissant plateau de fruits de mer pour deux (30 €) ou optez pour une aubergine de Santorin fumée ou l'une des tartes traditionnelles du vaste menu. (☎ 22860 85340 ; Perissa ; plats 9-14 € ; ⏲ 10h-minuit)

Selene GREC MODERNE €€€

À Pyrgos (plan p. 172, F4), l'un des restaurants les plus réputés de Santorin sert des plats succulents et bien présentés tels que le *pasticcio* à la joue de porc ou la morue de l'Égée avec aubergine fumée, le tout accompagné d'une superbe carte des vins. Cela dit, le Meze & Wine Bistro, en bas, propose une cuisine tout aussi créative à des

Thirassia

Épargnée par le tourisme de masse, **Thirassia** (160 habitants) fut séparée de Santorin après une éruption volcanique en 236 av. J.-C. Perché au sommet de la falaise, le bourg principal de **Manolas** abrite tavernes et *domatia*. C'est un lieu charmant, incomparablement plus paisible que Fira. Figurant sur la route des ferrys au départ et à destination d'Athinios, Thirassia a droit à quelques dessertes hebdomadaires. Certaines excursions en bateau à la journée (p. 194) y font halte également. Autrement, prenez l'un des bateaux réguliers partant d'Ammoudi, en contrebas d'Oia (5 €). Demandez les horaires auprès des tour-opérateurs du centre.

STAVROS PAPAVASILIOU/SHUTTERSTOCK ©

Site archéologique de la Thira antique (p.191)

prix plus doux. (📞22860 22249 ; selene.gr ; Pyrgos ; restaurant 32-50 €, bistro 14-21 € ; 🕐restaurant 19h-23h, bistro 12h-23h)

Prendre un verre

Beach Bar

BAR

À la saison haute, on s'amuse 24h/24 dans ce bar installé sur le sable noir du front de mer de Perissa (plan p. 172, F6). Petit-déjeuner, déjeuner, dîner, chaises longues, parasols, cocktails, bières, concerts et DJ : rien ne manque. Et en cas de coup de chaud, la mer vous tend les bras ! (www.thebeachbar.gr ; 🕐24h/24 ; 📶)

Vaut le détour

Anafi ΑΝΑΦΗ

Merveilleuse escapade à quelque 22 km de Santorin, cette île attachante, peu visitée hors de l'été, est un refuge pour les voyageurs en quête de quiétude et de randonnées solitaires. Ses paysages de collines escarpées, parsemées de figuiers de barbarie et d'oliviers, sont dominés par le Kalamos (Rocher du monastère, 463 m).

Anafi se trouve à 1 heure 30 de Santorin en ferry (2/semaine). L'île est moins bien desservie par les ferrys que d'autres îles des Cyclades. Pour les liaisons avec Le Pirée et les autres îles, consultez le site ferries.gr.

Plages d'Anafi

Plusieurs jolies plages bordent la côte sud à partir d'Agios Nikolaos. La plus proche est celle de **Klissidi**, à 800 m (10 min à pied) à l'est du port. À 2,4 km (40 min à pied) à l'est, après les criques de Katsouni, Phlamourou, Exo Roukounas et Mikros Roukounas, s'étend la plage de sable de **Roukounas**, cernée par les dunes et flanquée de la charmante taverne Roukounas. Le sentier dépasse la délicieuse crique de **Katalimatsa** puis trois petites plages avant de grimper vers le monastère depuis la plage de galets de **Prasies**.

Monastère de Zoodochos Pigi

Incorporant les ruines du temple d'Apollon, construit selon la légende par les Argonautes, le **monastère de Zoodochos Pigi** est à 9 km d'Anafi (Hora). Fermé aux visiteurs, l'édifice est posé sur l'isthme reliant l'île à l'imposant **Kalamos** (Rocher du monastère) sur lequel se dresse le monastère inoccupé de Kalamiotissas.

Principaux sentiers de randonnées

N°1 : plage de Klissidi-monastère de Zoodochos Pigi (7 km, 2 heures 30 à 3 heures, aller). Passe par une dizaine de plages et criques et le port antique de Katalimatsa.

N°2 : Milies-monastère de Zoodochos Pigi (7,5 km, 3 heures 30, aller). Une randonnée assez éprouvante via les ruines de la Kastelli antique et le pic de Kastelli (325 m), d'où l'antique Voie sacrée mène au monastère.

N°3 : monastère de Zoodochos Pigi-Moni Kalamiotissas (2,5 km, 1 heure, aller). La plus célèbre (et abrupte) randonnée de l'île mène au sommet du rocher de Kalamos. Vue superbe.

N°4 : Anafi (Hora)-Agia Irini (7 km, 2 heures 30, aller). Cette balade facile passe par la chapelle de Stavros et traverse des propriétés anciennes jusqu'à la chapelle d'Agia Irini.

★ À savoir

- Une route sinueuse de 2 km monte au village principal d'Anafi (Hora) depuis le port, Agios Nikolaos (10 min en bus, 2 €). L'été, des bus gratuits arrivent au port 1 heure avant les départs de ferrys. Chaque jour, 3 bus rejoignent le port, à 11h, 14h et 18h, puis partent 10 minutes plus tard d'Anafi (Hora) vers le monastère ; retours à 11h25, 14h25 et 18h25 (3 €).
- En été, des caïques desservent plusieurs plages et îles proches (tarifs selon la distance et le nombre de passagers).

Une petite pause ?

La taverne **Margerita's** (☎ 22860 61237 ; www.margarita-anafi.gr ; Klissidi ; plats 6-12 € ; 9h-22h juin-sept ; wifi), à Klissidi, est titulaire du label "cuisine égéenne" et dispose d'une petite terrasse ensoleillée donnant sur la baie.

Explorer

Sérifos ΣΕΡΙΦΟΣ

Sérifos a une beauté rude, avec ses montagnes escarpées qui plongent dans des baies bleu outremer. En dehors de son chef-lieu, perché sur une colline, et du port aride de Livadi, l'île reçoit peu de visiteurs et la nature semble avoir repris ses droits. Les bourrasques y sont parfois violentes. Quelques vestiges d'extraction du fer (rails rouillés, grues) suscitent la curiosité.

Louer une voiture permet d'explorer véritablement Sérifos. Les amateurs de randonnée pourront également profiter du réseau de 10 sentiers balisés de longueurs et de difficulté variées qui sillonnent l'île.

Dans la mythologie grecque, Sérifos est l'île où grandit Persée, qui y rapporta la tête de Méduse pour protéger sa mère des avances insistantes de Polydectès. C'est aussi là que les Cyclopes auraient vécu.

Sérifos est l'une des rares îles des Cyclades où les habitants boivent l'eau du robinet.

Notre sélection

- ***Sérifos (Hora), chef-lieu de l'île (p. 204)*** *Perché au sommet d'une colline rocheuse, ce village cycladique pittoresque offre une vue spectaculaire.*
- ***Livadi (p. 202)*** *Le port principal de Sérifos offre une excellente base pour explorer l'île et ses plages.*
- ***Plages (p. 205)*** *Sérifos est bordée de plages aux eaux cristallines.*

Plan de Sérifos p. 202

Sérifos (Hora) et ses moulins FREESURF/STOCK.ADOBE.COM ©

Livadi Λιβάδι

1 PLAN CI-DESSUS, C2

Port principal et plus grand village de Sérifos, Livadi possède une vaste marina appréciée des plaisanciers et un front de mer étonnamment animé grâce à quelques tavernes et bars. Si l'on ajoute la proximité de superbes plages, Livadi constitue un excellent point de chute pour explorer l'île.

Livadakia PLAGE

Au sud du quai des ferrys s'étend cette magnifique plage bordée de tamaris, avec une taverne rustique posée au bord du sable.

Karavi PLAGE

Juste après Livadakia, cette plage est bordée de vignes et d'une myriade d'appartements de vacances.

Serifos Scuba Divers PLONGÉE

Basée à Livadi, cette agence de plongée réputée organise des sorties vers une douzaine de sites autour de l'île, dont des épaves et des mines englouties. Des sorties snorkeling d'une journée sont possibles en juillet-août. Location de bateaux et sessions de flyboard chargées en adrénaline. (☎ 6932570552 ; www.serifosscubadivers.gr ; plongée 1 bouteille/snorkeling 50/30 €)

Depuis/vers Sérifos

Sérifos est sur la ligne de ferry Le Pirée-Cyclades occidentales. En haute saison, liaisons avec Le Pirée (31-48 €, 2 heures-4 heures 30, 5/jour), Kythnos (8 €, 1 heure 15, 1/jour), Sifnos (6,50-15 €, 50 min, 4/jour), Milos (8-18 €, 1 heure-2 heures, 5/jour) et Syros (8,50 €, 2 heures 15, 1/jour). Plus d'informations sur www.ferries.gr.

Comment circuler

Des bus relient Sérifos (Hora) et Livadi (1,80 €, 1/heure en haute saison, moins hors saison, 15 min) ; les horaires sont affichés à l'arrêt de bus, à côté du quai du port de plaisance. En haute saison, chaque jour, jusqu'à 6 bus parcourent une boucle passant par Panagia, Galani, Kendarhos et la plage d'Agios Ioannis, et 2 bus se rendent à Megalo Livadi et Koutalas.

Depuis Livadi, vous pourrez monter à Sérifos (Hora) en bus et redescendre à pied par un agréable chemin de 2,5 km (route 1A).

Pour louer voiture, scooter ou quad, contactez à Livadi **Blue Bird** (☎22810 51511 ; www.rentacar-bluebird.gr), **Poseidon Rent a Car** (☎22810 52030, 6974789706 ; www.serifosisland.gr/poseidon) ou **Serifos Tours** (☎22810 51463 ; serifostours.gr).

Au départ de Livadi, un **taxi** (☎6932431114, 6944473044) pour Sérifos (Hora) coûte 8 € ; 8 € pour Psili Ammos, 20 € pour Platys Gialos, 23 € pour Sykamia et 23 € pour Megalo Livadi.

To Bakakaki TAVERNE **€**

Cette *kreatotaverna* (taverne de viande) du front de mer, qui tire son nom d'une petite grenouille endémique de l'île, est réputée pour ses grillades et ses viandes braisées, mais elle sert également des en-cas comme du *tirokafteri* (fromage au poivron rouge à tartiner) et de la *sfakiopita* (feuilleté au fromage et au miel). (☎22810 51010 ; plats 8,30-10 € ; 13h-tard ; wifi)

Kali's POISSON **€€**

Installez-vous dans ce restaurant au bord de l'eau et tartinez votre pain de rillettes aux fruits de mer avant de déguster un *saganaki* de moules (avec de la feta) ou des pâtes *orzo* à la langoustine. Les serveurs présentent avec humour la pêche du jour, des poissons grillés entiers. (☎22810 52301 ; www.kaliseafood.gr ; plats 7-18 € ; 12h-23h mars-oct ; wifi)

Metalleio MÉDITERRANÉEN **€€**

Sur la route derrière le front de mer, découvrez un menu limité mais riche en saveurs locales, comme le risotto au fromage de chèvre, la *tagliata* de veau et les glaces accompagnées de

Sérifos pratique

Serifos Tours (p. 203), propose de réserver des excursions et loue des véhicules. L'agence vend également des billets de ferry, de même que **Kondilis** (☎22810 52340 ; www.kondilis.gr ; ⏰9h-21h).

friandises maison. (☎22810 51755 ; facebook.com/Metalleio ; plats 10-16 € ; ⏰19h30-tard Pâques-oct ; 📶)

Yacht Club Serifos CAFÉ-BAR

Ouvert en 1938 au bord de la plage de Livadi, ce café-bar original constamment animé propose bonne musique, repas légers, café et cocktails à l'ombre de grands tamaris. Il ferme très tard – 5h en été. (☎22810 51888 ; facebook.com/YachtClubSerfios ; ⏰7h30-tard ; 📶)

Sérifos (Hora)

Σέριφος (Χώρα)

2 PLAN P. 205, C2

Perché au sommet de la colline rocheuse dominant Livadi, le petit village de Sérifos (Hora) est l'un des plus hauts et saisissants de tous les chefs-lieux des Cyclades. Le terminus des bus et le parking principal sont dans la partie haute de la ville, non loin de moulins à vent. De là, un escalier grimpe vers le dédale de ruelles et la place principale où se dressent l'**hôtel de ville** néoclassique et une église à coupole bleue.

Depuis la place, ruelles et escaliers mènent à l'acropole et aux ruines éparses du **kastro** (XVe siècle), offrant une vue imprenable. Un peu en contrebas, l'église à voûte en berceau d'**Agios Ioannis Theologos** est creusée dans la roche sur le site d'un ancien temple d'Athéna.

Musée archéologique MUSÉE

Ce modeste musée expose des fragments de sculptures mises au jour dans le *kastro*, essentiellement helléniques et romaines. Des panneaux en grec et en anglais racontent la légende de Persée, héros qui s'échoua enfant sur la côte de Sérifos. Le bâtiment est mal indiqué ; vous le trouverez près de l'arrêt de bus du haut de la ville. (☎22810 52611 ; adulte/enfant 2/1 € ; ⏰9h-16h mer-lun)

Stou Stratou CAFÉ €

Sur la ravissante place baignée de lumière, Stou Stratou propose un menu débordant d'art et de poésie (littéralement), de bons petits-déjeuners et des en-cas légers comme la tarte crétoise au fenouil ou l'assiette mixte fromage-charcuterie. Cocktails et cafés également. (☎22810 52566 ; www.stoustratou.com ; Plateia Ag. Athanasiou ; plats 3-10 € ; ⏰9h-tard Pâques-oct)

Aloni TAVERNE €€

Sur la route entre Livadi et Sérifos (Hora), à droite en venant de Livadi, Aloni offre un panorama superbe dans une atmosphère haut de gamme. Les habitants

Plages de Sérifos

Cette description des principales plages de l'île suit la côte dans le sens contraire des aiguilles d'une montre au départ de Livadi. La plus belle plage de l'île, **Agios Sostis** (plan p. 202, C2), est à 40 minutes de marche au nord-est de Livadi. Elle consiste en une pointe de sable prolongée d'un promontoire où se dressent une église à voûte bleue et des pitons rocheux aux tons or. De chaque côté s'étendent des plages de gravillons dorés léchées d'eaux cristallines, avec vue sur les îles au loin. Le mieux est de s'y rendre à pied, car la route d'accès est cahoteuse et les places de parking limitées.

À côté s'étend en contrebas de la route principale la jolie petite plage de **Psili Ammos** (C2), idéale pour la baignade et bordée de quelques tavernes. En poursuivant au nord, au pied d'une route en pente raide, se déroule la plage de gros sable de **Platys Gialos** (C1) qui possède une taverne saisonnière. À la sortie d'un virage, repérez le **monastère des Taxiarches** (C1), dédié aux archanges Michel et Gabriel, construit en 1572 et fortifié par mesure de protection contre les attaques de pirates et d'autres assaillants. Il est parfois ouvert et on peut alors y jeter un œil.

Sykamia (B1) est l'une des plus belles plages de l'île, au bout d'une route goudronnée spectaculaire à travers les collines en terrasses. Une bonne taverne borde le sable gris-brun parsemé de galets.

Sur la côte ouest, la petite plage de **Megalo Livadi** (A2), est intéressante pour ses constructions néoclassiques en ruine (vestiges de l'époque minière) et ses tavernes, mais le sable est un peu vaseux et rocailleux par endroits. Non loin se trouve la grotte où auraient vécu des Cyclopes.

Généralement larges et sablonneuses, les plus belles plages de la côte sud sont désertes en dehors de la haute saison. Le paysage sauvage est ponctué d'installations minières abandonnées. Trois plages se partagent une vaste baie abritée : la plage de galets de **Koutalas** (B2), petit village de pêcheurs ; celle de **Ganema** (B2), bordée de tamaris et d'eaux vert émeraude virant au bleu foncé à mesure que l'on s'éloigne du bord ; et celle de **Vagia** (B3), la plus belle, croissant de sable doré et de galets léché d'eaux iridescentes.

considèrent l'endroit comme l'une des meilleures tavernes de Sérifos, et les produits locaux (viandes et tartes salées) sont des incontournables de la carte. (☎22810 52603 ; facebook.com/alwni1 ; plats 7-15 € ; ⏲19h-tard tlj juin-oct, sam-dim nov-mai)

Explorer

Sifnos ΣΙΦΝΟΣ

Trois villages blancs posés telles des perles sur la crête de l'île, une lumière changeante, des eaux turquoise… Sifnos est une destination exquise en dépit de son aspect aride. Sur les flancs des montagnes du centre s'étend un paysage fertile d'oliveraies et d'amanderaies en terrasses, de coulées de lauriers roses et de coteaux tapissés de plantes aromatiques. Léchée de flots azur, chaque baie de l'île découvre un panorama réjouissant.

Ses mines d'or et d'argent apportèrent la prospérité à l'île à l'époque archaïque (à partir du VIIIe siècle av. J.-C. environ), mais leur production diminua progressivement jusqu'au Ve siècle av. J.-C., où les mines se tarirent véritablement.

Sifnos est désormais réputée pour sa poterie, sa vannerie et sa cuisine. La plupart des visiteurs séjournent dans la partie sud de l'île, bien desservie par les bus, mais louer une voiture permet de découvrir les plages isolées du nord et le point culminant de la route principale, couronné d'une église.

Notre sélection

- ***Kastro (p. 211)*** *Posée sur une colline plongeant dans des eaux cristallines, l'ancienne capitale de l'île est le plus envoûtant village de Sifnos.*
- ***Apollonia (p. 210)*** *Ce village au dédale de rues ponctué d'églises à coupoles bleues rejoint dans ses hauteur l'élégante Artemonas.*
- ***Moni Chrysopigi (p. 213)*** *Ce monastère perché sur un îlot accessible par un pont date du XVIIe siècle.*

Plan de Sifnos p. 208

Apollonia, le chef-lieu de l'île (p. 210)

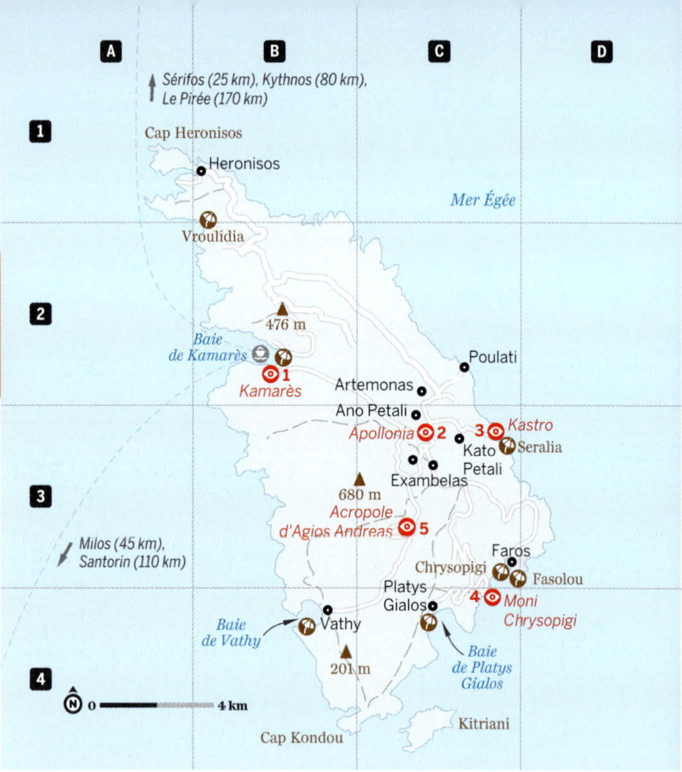

Kamarès Καμάρες

1 PLAN CI-DESSUS, B2

Logé dans un écrin de montagnes, le port de Kamarès sent bon les vacances avec son front de mer ponctué de cafés, tavernes et boutiques, ses hébergements et sa grande et belle plage, idéale pour les familles avec jeunes enfants, mais un peu moins si vous aimez nager.

Absinthe

FUSION €€

Doté d'une terrasse dominant la rue principale, Absinthe s'inspire de la Smyrne historique en incorporant dans ses plats à base de produits locaux des influences grecques, anatoliennes, ottomanes et asiatiques. Les boulettes de viande smyrniotes côtoient le *hünkâr beğendi* (ragoût de veau et purée d'aubergine épicée) et un exceptionnel curry de chevreau à la noix de coco

Depuis/vers Sifnos

Sifnos se trouve sur l'itinéraire des ferrys au départ du Pirée desservant les Cyclades occidentales. En été, nombreuses liaisons vers Le Pirée (36-52 €, 2 heures 30-5 heures 30, 6/jour), Sérifos (6,50-15 €, 50 min, 4/jour), Paros (5-60 €, 50 min-3 heures, 1 ou 2/jour), Folégandros (9-50 €, 1 heure 45, 3/jour) et Milos (7-16 €, 1 heure, 7/jour). Liaisons moins nombreuses l'hiver ; plus de détails sur www.ferries.gr.

Comment circuler

Kamarès est le principal port de ferrys de Sifnos.

Les horaires des bus sont affichés un peu partout sur l'île et les liaisons sont régulières entre Kamarès et Apollonia (à partir de Pâques 5/jour, saison haute ttes les 30 min ; 20 min), et Artemonas. À partir de Pâques, des bus relient Apollonia à Faros (3/jour, 20 min), Kastro (3/jour, 20 min), Platys Gialos (4/jour, 30 min) et Vathi (3/jour, 50 min). Liaisons beaucoup plus nombreuses en haute saison. L'été, chaque jour, un bus direct relie Kamarès à Kastro et un autre Kamarès à Platys Gialos, via Apollonia. Autrement, il faut faire la correspondance à Apollonia. Les billets coûtent généralement 1,80 € (maximum 2,30 €).

Pour louer une voiture, un scooter ou un quad, contactez **Apollo Rental** (☎ 22840 33333 ; www.automotoapollo.gr ; ⏲ 9h-21h avr-oct) à Apollonia, ou **1° Moto Car Rental** (☎ 22840 33791 ; plage de Kamarès, également un comptoir de réservation sur le port ; www.protomotocar.gr) à Kamarès. Vous trouverez une station-service à Apollonia.

Une dizaine de **taxis** (☎ 6932403485, 6944761210) opèrent sur Sifnos. Mieux vaut réserver à la saison haute. Leurs coordonnées sont affichés aux arrêts de bus.

avec du riz. (☎ 22840 31202 ; www.absinthe-sifnos.gr ; plats 15-23 € ; ⏲ mai-oct)

Folie INTERNATIONAL **€€**

Avec sa terrasse au bord de la plage, ce bar-restaurant ouvert en continu permettrait presque de passer sans effort du café matinal à un déjeuner de salades avant de lézarder, gin-tonic à la main, sur une chaise longue... puis de passer au dîner et/ou aux cocktails. La carte offre un vaste choix : omelettes, pancakes, pâtes, risottos, burgers, tortillas, poulpe et *fava*. (☎ 22840 31183 ; www.foliesifnos.gr ; Agia Marina ; plats 4-16 € ; ⏲ 10h-tard ; 📶)

Sifnos pratique

Office du tourisme (☎ 22840 31977 ; Kamarès ; www.sifnos.gr). Installé sur la petite place près du débarcadère des ferrys à Kamarès, cet office du tourisme n'ouvre qu'à la saison haute, et les horaires dépendent des arrivées de ferrys. Pratique pour acheter des billets de ferry, réserver un hébergement et consulter les horaires de bus.

Aegean Thesaurus (☎ 22840 33151 ; www.thesaurus.gr ; port de Kamarès et place principale d'Apollonia ; ⏲ 8h45-20h30 lun-sam, 8h45-12h30 et 15h-17h dim). Le pack d'information à 3 € proposé par Thesaurus est un investissement judicieux : il comprend une carte topographique de Sifnos, un aperçu des sentiers de randonnée et les horaires à jour des bus et des ferrys. L'agence propose aussi billets de ferry, circuits organisés et location de voitures.

Xidis Travel (☎ 22840 32373 ; www.xidis.com.gr ; Apollonia ; ⏲ 9h-21h). À Apollonia, vente de billets de ferry.

Peristeriona

CÉRAMIQUE

De tous le magasins de céramique de Sifnos, c'est le plus élégant. Glacis étincelant et rayures arc-en-ciel ornent les gobelets, assiettes et cocottes, tandis que les plats de grande dimension arborent des motifs inspirés de textiles traditionnels. (☎ 22840 32121 ; www.handmadepotteryart.com ; ⏲ 10h-14h et 17h-21h30 lun-sam, 17h-21h30 dim)

Apollonia

Απολλωνία

2 ◎ PLAN P. 208, C3

Le labyrinthe ponctué d'églises d'Apollonia s'anime en été d'un défilé d'Athéniens sur leur 31 qui déambulent sur Odos Prokou, surnommée Steno ("étroit"). Les bars, clubs, boutiques et cafés bouillonnent d'activité.

La route principale traverse le centre-ville, mais mieux vaut se garer au grand parking gratuit en bas de la colline et monter découvrir à pied le dédale des rues. Vous trouverez autour du carrefour principal banque, poste, pharmacie, librairie, taxis, etc.

Depuis Apollonia, les maisons s'étalent au nord jusqu'au village d'Ano Petali, puis jusqu'à Artemonas, avec ses élégantes demeures, ses églises, ses cafés et ses tavernes. En marchant 20 minutes sur l'allée piétonne partant derrière le restaurant Mamma Mia, on découvre une vue inoubliable sur les maisons blanches et les églises à coupoles bleues.

Cayenne GREC **€€**

À l'ombre d'un figuier et envahi d'herbes folles en retrait de Steno, ce restaurant grec moderne fait la part belle aux produits des Cyclades dans des plats tels que le risotto citron-câpres, les feuilletés à la viande et l'anguille fumée aux fèves de Santorin. (22840 31080 ; facebook.com/CayenneRestaurantSifnos ; plats 12-25 € ; 13h-tard ;)

Drimoni MÉDITERRANÉEN **€€**

Laissez errer votre regard sur la campagne ou lézardez au bord de la piscine (eh oui, il y a une piscine !) dans ce restaurant contemporain à la déco lumineuse. Le chef, Giorgos Patriarchis, fait honneur aux traditions culinaires de Sifnos avec des plats comme le *mastelo* (chevreau braisé au vin avec romarin et aneth), des salades inventives, des risottos et des pâtes. (22840 31434 ; www.drimoni.gr ; plats 8,50-14 € ; 18h-tard mai-sept ;)

Kastro Κάστρο

3 PLAN P. 208, C3

Posé sur un piton rocheux dont les pentes vertigineuses plongent vers les eaux cristallines et les vallées en terrasses tout autour, Kastro est le plus envoûtant village de Sifnos. Capitale de l'île jusqu'en 1836, c'est aujourd'hui un lieu endormi, hormis son unique et excellente taverne et quelques cafés saisonniers.

Le site a été habité depuis 1000 av. J.-C., comme en

Le village de Kastro

témoignent les vestiges d'une **acropole** qui domine le village, où s'élevait jadis un temple d'Athéna ou d'Aphrodite. De l'époque romaine subsistent plusieurs imposants **sarcophages**, impossibles à manquer lors d'une balade dans les ruelles escarpées du village.

En contrebas se trouvent le petit port et la plage de galets de **Seralia**.

Église des Sept Martyrs ÉGLISE

Depuis le côté mer du village, un sentier abrupt descend à flanc de falaise jusqu'à cette minuscule église à coupole bleue, posée sur un petit promontoire et cernée d'eaux d'un vert saisissant. Elle est le plus souvent fermée, mais c'est surtout le cadre d'une beauté exceptionnelle qui vaut le détour, surtout au printemps, lorsqu'au bord du chemin fleurissent des fleurs mauves et jaunes. Au pied du promontoire, on se baigne nu en sautant des rochers. (Epta Martiros)

Musée archéologique MUSÉE

Au cœur de Kastro, ce petit musée abrite des vestiges de la cité antique. Il est parfois fermé sans explications. (☎22840 31022 ; 2 € ; 🕒8h-15h mar-dim)

Leonidas TAVERNE €€

À l'entrée nord du village, cette taverne populaire sert de savoureuses spécialités locales, dont des entrées typiques de Sifnos comme les croquettes aux pois chiches et les chaussons

Paysage montagneux caractéristique de l'île

YIANNISX/STOCK.ADOBE.COM

au fromage, miel et graines de sésame. (☎22840 31153 ; facebook.com/leonidastavern ; plats 9-15 € ; ⌚12h-22h Pâques-sept ; 📶)

Ailleurs sur Sifnos

Sur la côte sud-est, le hameau de pêcheurs de **Faros** (plan p. 208, C3) se distingue par ses tavernes de poisson et plusieurs belles plages à proximité, dont **Fasolou** (C3), que l'on rejoint de l'arrêt de bus par un escalier permettant de passer de l'autre côté du promontoire.

À 10 km au sud d'Apollonia, **Platys Gialos** (C4) est une immense plage bordée de tavernes, d'hôtels et de boutiques. Sur la côte sud-ouest, **Vathy** (B4), village à l'atmosphère détendue, est niché au creux d'une baie arrondie de toute beauté.

Moni Chrysopigi — MONASTÈRE

4 ◉ PLAN P. 208, C4

Perché sur un îlot relié à la côte par un petit pont, cet élégant monastère blanchi est considéré comme le protecteur de Sifnos. Construit en 1650, il est dédié au Zoodochos Pigi (le "Printemps vivifiant"), représentation de la Vierge selon la tradition orthodoxe. Dans l'obscurité de l'église se cachent une iconostase en bois sculpté et un candélabre en métal en forme de bateau.

Les magnifiques eaux azur de la plage de Chrysopigi sont bordées de deux excellentes tavernes.

Acropole d'Agios Andreas — RUINES

5 ◉ PLAN P. 208, C3

Perchée sur une colline au centre de l'île, à 2 km au sud d'Apollonia, cette acropole entièrement mise au jour remonte à la période mycénienne (XIIIe siècle av. J.-C.). Depuis la muraille bien conservée, le panorama dévoile les vallées intérieures et l'île de Paros au loin. Contiguë, l'église **Agios Andreas** date du début du XVIIIe siècle. (acropole ☎22840 31488 ; adulte/enfant 2/1 € ; ⌚8h30-15h mar-dim).

Omega 3 — POISSON €€

Dans ce petit "bar à vins et poissons" décontracté à Platys Gialos (plan p. 208, C4), la cuisine de la mer est à l'honneur à travers des recettes du monde entier (sashimis, ceviches) et des spécialités locales comme le poulpe mariné où les pâtes *orzo* à l'écrevisse. Soupe et tartare de poisson sont savoureux. (☎22840 72014 ; facebook.com/omega3greece ; Platys Gialos ; plats 12-15 € ; ⌚12h-23h Pâques-sept)

To Limanaki — POISSON €€

Une excursion jusqu'au village de Faros (plan p. 208, C3) vaut le détour rien que pour se restaurer dans cette taverne en bord de mer, où Giorgios, pêcheur, prépare son poisson selon des recettes de sa mère. Goûtez la pêche du jour grillée ou les pâtes *orzo* au homard. (☎22840 71425 ; Faros ; plats 14-22 € ; ⌚12h-22h)

Explorer

Syros ΣΥΡΟΣ

Très attachante, Syros marie tradition et modernité. À dominante rurale, en dehors de son chef-lieu, Ermoupoli, c'est une des îles relativement petites des Cyclades mais également la plus peuplée car elle est la capitale administrative de tout l'archipel. Plaque tournante des ferrys desservant les Cyclades du Nord, Ermoupoli est aussi la plus grande ville des Cyclades. En raison de son statut de capitale, Syros est moins tournée vers le tourisme et ses plages ne sont donc pas aussi bondées. Animée toute l'année, elle compte d'excellents restaurants et réserve aux visiteurs l'authentique expérience de la douceur de vivre à la grecque.

Notre sélection

- ***Plateia Miaouli (p. 218)*** *Cette élégante place d'Ermoupoli est bordée de palmiers, de cafés et du majestueux hôtel de ville néoclassique.*
- ***Cathédrale Agios Georgios (p. 218)*** *L'édifice domine le quartier catholique médiéval d'Ano Syros.*
- ***San Michalis (p. 223)*** *Ce petit hameau au milieu des vignes offre un panorama spectaculaire.*

Plan de Syros p. 216 et plan d'Ermoupoli p. 219

Ermoupoli (p. 217)

A
B
C
D
1
2
3
4
5
6
Cap Trimeson
Cap Diapori
Kythnos (55 km), Kéa (60 km), Laurion (80 km), Le Pirée (130 km)
Mer Égée
Grammata
Kampos
Lia
San Michalis
Tinos (20 km), Mykonos (35 km), Andros (50 km)
Aetos
431 m
Varvarousa
Mytikas
Delfini
Pyrgos (440 m)
Mer Égée
Allou Yialou
Cathédrale Agios Georgios
3
Léros (180 km), Kos (200 km), Rhodes (300 km)
Ano Syros
Vrodado
Kini
Kini
1
Ermoupoli
Musée de l'Industrie
5
Danakos
Cap Katakefalos
Mt Volakas (312 m)
Paros (40 km), Naxos (50 km), Ios (95 km), Santorin (135 km)
Lazareto
Baie de Galissas
Galissas
Manna
Armeos
Pagos
Messaria
Ano Manno
Parakopi
Azolimnos
Vissa
Hrousa
Atelio
Finikas
Adiata
Finikas
Voulgari
Vari
Baie de Finikas
Posidonia
Mt Axachas (319 m)
Fabrika
Vari
Agathopes
Baie de Vari
Megas Gialos
Shinonissi
Komito
Strongylo
Megas Gialos
0
2 km
Cap Viglostasi

Depuis/vers Syros

✈ **Sky Express** (www.skyexpress.gr) propose des vols entre Athènes et Syros (109 €, 35 min), dont l'**aéroport** (JSY ; ☎22810 81900) est situé à 5 km au sud d'Ermoupoli. Pas de transports publics sur place, mais de nombreux taxis se présentent lorsqu'un avion est attendu.

⛴ En tant que capitale de l'archipel, Syros bénéficie théoriquement de liaisons satisfaisantes toute l'année avec toutes les îles des Cyclades et avec Le Pirée, sur le continent. En saison haute, on peut rejoindre Ermoupoli depuis Le Pirée (27-33 €, 2 heures-3 heures 45, 3/jour), Kythnos (9 €, 2 heures 15, 3/jour), Naxos (29-35 €, 1 heure 15-2 heures 45, 2/jour), Mykonos (20 €, 40 min, 3/jour) et Tinos (4,50-8,50 €, 50 min, 2/jour) ; détails sur www.ferries.gr.

Le principal **quai des ferrys** est situé à l'entrée de la ville.

Comment circuler

🚌 Des bus **KTEL Syros** (☎22810 82575 ; www.ktel-syrou.gr) parcourent une boucle en 1 heure dans les deux sens partant de la gare routière d'Ermoupoli, qui jouxte le quai des ferrys, et desservant Galissas, Finikas, Posidonia, Megas Gialos, Vari et Azolimnos (au moins 3/jour, et jusqu'à 1/heure en saison haute) ; le tarif maximal est de 1,70 €.

Il y a aussi 3 à 5 bus/jour pour Kini (1,60 €, 20 min), dont certains rejoignent la boucle principale. Départs plus fréquents l'été.

Fréquents départs de minibus pour Ano Syros (1,60 €, 15 min) depuis l'extrémité de la rue El Venizelou, côté front de mer.

🚗 Location de voitures et de scooters auprès d'agences comme Vassilikos (p. 222) sur le front de mer d'Ermoupoli. Le centre d'Ermoupoli est peu adapté à la conduite (escaliers, rues piétonnes ou à sens unique).

Depuis le port, les taxis facturent environ 4 € pour Ano Syros et 12 € pour Galissas ou Vari.

Ermoupoli

Ερμούπολη

1 ◎ PLAN P. 216, C3

En approchant d'Ermoupoli ("ville d'Hermès", le dieu messager), on aperçoit d'abord les deux collines dominant la ville, chacune coiffée d'une église splendide. Les bâtiments aux façades roses et blanches descendent en cascade vers le centre, un labyrinthe de ruelles, d'escaliers et de rues commerçantes organisé autour de la remarquable place principale.

Premiers installés, les catholiques fondèrent **Ano Syros** (Syros haute) au sommet d'une des deux collines. On peut s'y rendre en bus et redescendre à pied à travers le dédale d'églises, de monastères et de maisons chaulées.

Lors de la guerre d'indépendance, de nombreux réfugiés grecs orthodoxes fuyant les îles occupées par les Turcs fondèrent la ville moderne dans la partie basse avant de s'étendre sur les flancs de la seconde colline, **Vrondado**. Celle-ci est surmontée d'une église splendide. Au XIXe siècle, Ermoupoli était le principal port de Grèce, et la prospérité de ses armateurs est encore bien visible dans le quartier de **Vaporia**, aux élégantes demeures et places plantées de palmiers.

Découvrir

Église de la Dormition ÉGLISE

2 PLAN P. 219, A4

C'est un miracle qu'il soit resté quelque chose de cette majestueuse église orthodoxe des années 1820 après les bombardements de la Seconde Guerre mondiale. Et que dire de la découverte en 1983 d'une icône signée El Greco ! L'œuvre date des années 1560, avant le départ de l'artiste de sa Crète natale pour l'Espagne. Elle est à présent exposée à droite de l'entrée principale. (Panagia Kimissis ; Proiou ; horaires variables)

Se loger à Ermoupoli

C'est près du débarcadère des ferrys que se concentrent les adresses les plus économiques, tandis que plusieurs belles demeures du quartier de Vaporia ont été converties en boutiques-hôtels. Il n'y a pas de morte saison (la plupart des établissements restent ouverts à l'année), mais en basse saison, on obtient facilement des rabais.

Cathédrale Agios Georgios ÉGLISE

3 PLAN P. 216, C3

Fièrement dressée sur une colline au-dessus du quartier catholique d'Ano Syros, cette cathédrale est l'église mère de la minorité catholique des Cyclades. Appelez à l'avance pour visiter et admirer l'intérieur aux tons pastel et son plafond décoré d'étoiles. (Agios Georgios, Syros ; 8h30-21h30)

Plateia Miaouli PLACE

4 PLAN P. 219, C2

Sans doute le plus bel espace architectural urbain de toutes les Cyclades, cette place, jadis au bord de la mer, se trouve désormais en retrait. Dominée au nord par le bâtiment de l'**hôtel de ville** à l'architecture néoclassique, elle est entourée de palmiers et bordée, côté sud, par des cafés

A
B
C
D
1
2
3
4
5
6
Ano Syros (500 m)
Orionos
Louka Ralli
Korai
Kontoudi
Babagiotou
10
Ladopoulou
Agiou Nikolou
Plateia Vardaka
Musée archéologique
6
Iroön
Hôtel de ville
Themidos
Benaki
Evagelidou
Mitropolis Ant Politi
Apollonos
Plateia Miaouli
4
9
Emm Roidi
Souri
Hiou
Omirou
Leotsakou
Vikela
8
K&K Stefanou
7
Vokotopoulou
Kalomenopoulou
Papadam
Peloponnisou
Petrokokkinou
El Venizelou
Protopapadaki
Antiparou
Parou
Ifigenias
Ipirou
Plateia Pertessi
Arioupagou
Hiou
Akti P Ralli
Androu
Milou
Kosma
Keas
Thiras
Eptanisou
Akti Ethnikis Antistasis
Plateia Kanari
Nikolaou Filini
Proiou
Plateia SP Moustakli
Asklepeiou
2
Église de la Dormition
Kythnou
Plateia Laikis Kyriarchias
Ep Papadam
Port d'Ermoupoli
Musée de l'Industrie (650 m), de Syros (3,5 km)
Sifnou
Akti Papagou
Dodekanisou
Pythagora
Plateia Papagou
Principal quai des ferrys
N
0
100 m

Histoire de l'île

L'occupation de l'île est attestée dès le néolithique, comme en témoignent les restes de fortifications et les sépultures découverts à Kastri, au nord-est de Syros, et datant de 2800 à 2300 av. J.-C.

Les Vénitiens délogèrent les Byzantins de l'île en 1204, et y restèrent jusqu'en 1522, convertissant au passage la plupart des insulaires au catholicisme. Cette identité catholique survécut en grande partie aux siècles d'occupation ottomane qui suivirent.

Pendant la guerre d'Indépendance, des milliers de réfugiés orthodoxes fuyant les îles ravagées par les Turcs, notamment Chios (dont Eugène Delacroix dénonça les massacres), gagnèrent Syros. Ils y apportèrent un vent d'orthodoxie grecque et un esprit d'entreprise nouveau. Syros devint ainsi le centre commercial, naval et culturel de la Grèce au XIXe siècle. Malgré un déclin au cours du siècle passé, l'économie de Syros repose toujours sur ses navires, ses usines textiles, sa production horticole prospère et son important secteur tertiaire et administratif. La communauté catholique reste active sur l'île.

et des bars. Son nom lui vient d'un célèbre amiral, Andreas Miaoulis, originaire de l'île d'Hydra, et dont la statue se dresse au centre.

Musée de l'Industrie MUSÉE

5 PLAN P. 216, C4

Aménagé dans une ancienne manufacture du XIXe siècle, ce musée porte sur l'histoire de l'industrie et des chantiers navals de Syros. Plus de 300 pièces y évoquent les activités de la ville : confection textile, imprimerie, moteurs, bateaux, etc. Renseignez-vous pour savoir si l'usine de grenaille de plomb d'Aneroussis est ouverte (la visite est passionnante). Le musée est en face de l'hôpital, au sud de la ville. (☎ 22810 84762 ; www.ketepo.gr ; Georgiou Papandreou 11 ; adulte/enfant 2/1,50 € ; ⏲ 10h-15h30 dim-ven, 10h-15h30 et 18h-20h sam avr-août, 9h-17h lun-mar et jeu-ven, 9h-14h dim sept-mars)

Musée archéologique MUSÉE

6 PLAN P. 219, B2

Le petit musée archéologique de la ville occupe l'arrière de la mairie (entrée sur le côté). Fondé en 1834, il figure parmi les premiers musées créés en Grèce. Il présente une petite collection de céramiques et de vases en marbre, des stèles funéraires, une statuette égyptienne en granit noir datant de 730 av. J.-C. et de superbes figurines cycladiques. (☎ 22810 88487 ; Benaki ; adulte/enfant 2/1 € ; ⏲ 8h30-16h mer-lun)

Se restaurer

Restaurants et cafés-bars jalonnent le front de mer, en particulier le long d'Akti Petrou Ralli. Autre intéressant secteur pour se sustenter : les ruelles Emmanouil Roidi, Klonos et Kyparissou Stefanou, envahies de bougainvillées.

Kouzina

MÉDITERRANÉEN **€€**

7 PLAN P. 219, D2

Ce restaurant sert dans une salle intimiste et sur sa terrasse une cuisine méditerranéenne inventive à base de produits frais et locaux, allant d'un osso-buco tendre à souhait sur lit de risotto au parmesan à une moussaka aux arômes fumés. Carte des vins, bières artisanales et service impeccables. (22810 89150 ; facebook.com/kouzinasyros ; Androu 5 ; plats 10-28 € ; 19h-23h jeu-mar ;)

Seminario

MÉDITERRANÉEN **€€**

8 PLAN P. 219, C2

Conviviale et animée, cette taverne sur rue à la salle fleurant bon la menthe sert de délicieuses spécialités de grillades et poissons, ainsi que des pâtes, des risottos et des burgers. Les végétariens ne seront pas en reste grâce aux savoureuses tartes au fenouil, et les végans pourront se rabattre sur l'aubergine rôtie nappée de purée de fèves et saupoudrée de paprika fumé. (22813 01339 ; www.seminariosyros.wixsite.com/seminariosyros ; Klonos et Kyparissou Stefanou 7 ; plats 8,80-16 € ; 12h-minuit ven-mer, 18h-minuit jeu ;)

Plateia Miaouli, Ermoupoli

Syros pratique

Des informations utiles sur l'île sont disponibles sur www.syrosisland.gr.

L'agence **Vassilikos** (☎22810 84444 ; www.vassilikos.gr ; Akti Papagou 10 ; 🕘9h-21h), à Ermoupouli, vend billets de ferrys, circuits organisés et location de voitures.

Prendre un verre

Kouchico

BAR

9 PLAN P. 219, YC2

On peut y prendre un café en journée, mais c'est le soir que ce lieu s'anime, lorsqu'une foule de jeunes branchés s'y presse et déborde jusque dans la rue. (☎22813 00880 ; facebook.com/kouchico ; Ioannou Lavrentiou Ralli 15 ; 🕘7h-3h lun-ven, 9h-3h sam-dim ; wifi)

Sta Vaporia

CAFÉ

10 PLAN P. 219, D1

Descendez l'escalier situé derrière l'église Saint-Nicolas pour rejoindre ce café-restaurant qui jouit d'une vue de carte postale et sert, en continu, cafés, cocktails, limonade maison et petits et grands en-cas. En contrebas, les pontons de baignade sont très prisés (prévoyez un maillot de bain). (☎22810 76486 ; facebook.com/StaBaporia ; Athanasíou Krinou 2 ; 🕘10h-3h ; wifi)

Ailleurs sur Syros

Dès les environs d'Ermoupoli, collines et vallées se déploient, menant invariablement à de petites baies et plages, généralement bien desservies par les bus.

Les familles apprécient les eaux peu profondes de la plage de **Kini** (plan p. 216, B3), sur la côte ouest, un croissant de sable avec quelques bars et tavernes.

Galissas (A4) possède une belle plage, quelques maisons aux murs blancs et bleus, de bonnes tavernes et une jolie petite église blanche campée sur le promontoire. De l'autre côté de l'église s'étend la plage de galets d'**Armeos** (A4), appréciée des nudistes.

Plus au sud, **Finikas** (A5) s'enroule autour d'une baie avec d'un côté une marina et de l'autre une plage de galets et de sable. Les constructions y sont plus nombreuses qu'ailleurs, et l'endroit manque de charme. Un peu plus loin sur la baie s'étend la plage de **Voulgari** (B5), près du village de **Poseidonia** (B5). Au sud du promontoire, la minuscule plage d'**Agathopes** (A5) est prisée pour ses eaux calmes et sa taverne. Marchez encore 10 minutes vers le sud pour rejoindre **Komito** (A6), une baie abritée et bordée d'oliveraies.

San Michalis

Si vous êtes motorisé, ne manquez pas cette escapade le long de la ligne de crête qui parcourt Syros jusqu'au village de **San Michalis** (plan p. 216, C2) au nord de l'île. Panorama spectaculaire assuré ! À l'ouest comme à l'est, le regard plonge dans des vallées immaculées et l'on aperçoit à l'horizon les îles voisines. Célèbre pour ses fromages, San Michalis est désormais un petit hameau de maisons en pierre au milieu des vignes.

Marchez sur le sentier rocailleux et sinueux jusqu'à l'église catholique Saint-Michel et savourez le meilleur de la cuisine de Syros à **Plakostroto** (22813 06727 ; www.plakostroto.com ; San Michalis ; plats 9-16 € ; tlj juin-sept, sam-dim oct-mai ;). Ce restaurant sert du fromage local et des viandes grillées au feu de bois (coq, agneau, lapin...). Le point de vue s'étend jusqu'à Kéa, Kythnos et au-delà.

Sur la côte sud, la localité de **Megas Gialos** (B6) possède deux plages juste au bord de la route principale. Plus à l'est, **Vari** (C5), splendide et abritée, est bordée d'une plage de sable plus agréable ; cependant le front de mer et ses tavernes sont saturés de touristes à la saison haute.

Allou Yialou

POISSON **€€**

Cet élégant restaurant au bord de la plage de Kini sert essentiellement des produits de la mer (les crevettes à l'ouzo valent le détour), ainsi que quelques plats de viandes grillées. Très agréable au soleil couchant. (22810 71196 ; www.allouyialousyros.gr ; Kini ; plats 11-24 € ; 12h-22h Pâques-sept ;)

Explorer

Tinos ΤΗΝΟΣ

L'île de Tinos est très connue pour son site de pèlerinage, cher aux Grecs orthodoxes : l'église Panagia Evangelistria, située à Tinos (Hora).

On ne saurait, par ailleurs, rester indifférent au cadre de Tinos : des baies discrètes, des collines en terrasse, des sommets embrumés, plus d'une quarantaine de villages parsemés d'ouvrages en marbre, et enfin de magnifiques pigeonniers vénitiens.

L'île est forte d'une tradition artistique, en particulier en matière de travail du marbre. En témoigne le village de sculpteurs de Pyrgos, au nord, situé juste à côté des carrières de pierre.

La cuisine de Tinos, préparée à partir de produits locaux (fromages, saucisses, artichauts sauvages), est l'une des meilleures que vous aurez l'occasion de goûter en Grèce.

Notre sélection

- ***Église Panagia Evangelistria (p. 227) à Tinos (Hora)*** *Probablement le lieu de pèlerinage le plus important de la religion orthodoxe grecque.*
- ***Pyrgos (p. 231)*** *Ce hameau, véritable joyau de Tinos, a attiré de nombreux sculpteurs de marbre. Sa visite se prolonge dans d'excellents musées.*
- ***Paysages de la campagne de Tinos (p. 230)*** *Pigeonniers vénitiens, cultures en terrasse, villages pleins de charme sont à découvrir en sillonnant l'île.*

Plan de Tinos p. 226

Pigeonniers vénitiens et collines en terrasses de Tinos

A
B
C
D
E
F
1
2
3
4
0
5 km
Cap Fyra Myti
Andros (35 km), Rafina (130 km)
Malli
Marlas
Panormos
Mamados
Baie de Panormos
Baie de Kolimbithra
Musée de la Marbrerie
Vathy
Pyrgos
Plateia
Katapolioani
Kolimbithra
Cap Papargyros
Isternia
Livada
Ormos Isternion
Kardiani
650 m
Kalloni
Agapi
Komi
Exobourgo (640 m)
Amas rocheux
Krokos
Ormos Giannaki
O Ntinos
Loutra
Volax
Smardaki
729 m
Falatados
Le Pirée (150 km)
Tarabados
Mesi
Kampos
Steni
Agios Romanos
Xinara
Ktikados
Triantaros
Berdemiaros
Kionia
Hora (Tinos)
Sanctuaire de Poséidon et Amphitrite
Nissos Cyclades Microbrewery
1
Mer Égée
Pahia Ammos
Porto
Agios Fokas
Marathia
Agios Sostis
Syros (5 km)
Paros (45 km)
Mykonos (8 km), Naxos (50 km), Santorin (135 km)

Depuis/vers Tinos

Toute l'année, des ferrys relient Tinos aux ports de Rafina (27-36 €, 2-4 heures, jusqu'à 8/jour) et du Pirée (52 €, 5 heures 45, tlj) sur le continent, ainsi qu'aux îles de Syros (4,50-8,50 €, 50 min, jusqu'à 2/jour), Andros (13-16 €, 1 heure 30, jusqu'à 4/jour) et Mykonos (8-15 €, 30 min, jusqu'à 9/jour). En été, Tinos est desservie par les liaisons express qui partent de Rafina vers les grandes îles comme Paros, Naxos, Ios et Santorin, au sud ; détails sur www.ferries.gr.

Tinos (Hora) compte deux embarcadères pour les ferrys. Le Nouveau port (parfois appelé "Port extérieur"), est situé au nord de l'ensemble portuaire et prend en charge les ferrys traditionnels et les express (plus gros). Le Vieux port (ou "port intérieur"), à 300 m au sud du Nouveau port, est dévolu aux petits ferrys rapides. Vérifiez à l'avance le quai de départ de votre ferry.

À Tinos (Hora), vente de billets de ferry à l'agence **Malliaris Travel** (22830 24242 ; www.malliaristravel.gr ; 9h-21h).

Comment circuler

De mai à septembre, **KTEL Tinos** (22830 22440 ; www.kteltinou.gr) propose au moins 2 bus par jour de Tinos (Hora) à Kionia (1,80 €, 10 min) et Panormos (4,50 €, 1 heure), au nord-ouest, via Kampos (1,80 €, 15 min) et Pyrgos (3,60 €, 50 min). Nombreuses liaisons supplémentaires en juillet-août. La gare routière de Tinos (Hora) se trouve sur le port. Les billets s'achètent à bord des bus.

La meilleure façon d'explorer l'île est de louer un véhicule, pour explorer de nombreux sites en une journée. **Vidalis Rent a Car & Bike** (22830 23400 ; www.vidalis-rentacar.gr ; Leoforos Stavrou Kionion) compte 4 agences à Tinos (Hora).

Pour réserver un **taxi,** appelez le 22830 22470.

Tinos (Hora)

Τήνος (Χώρα)

1 PLAN CI-CONTRE, D4

Tinos (Hora) est le modeste chef-lieu et le port de l'île. Les visiteurs apprécient le dédale de ruelles ponctué de bars et de cafés qui s'étend en retrait du front de mer. Mais l'atout touristique majeur de la ville est sans conteste l'église Panagia Evangelistria, probablement le lieu de pèlerinage le plus important de la religion orthodoxe grecque.

Deux rues principales montent à l'église. Evangelistria est bordée de boutiques et de stands d'articles de piété, tandis que Leoforos Megalocharis se distingue par sa bande latérale caoutchoutée, laquelle est empruntée par les pèlerins qui cheminent à genoux vers l'église, poussant de longs cierges devant eux. La religion est au centre de tout à Tinos ; n'espérez pas y trouver une chambre un jour de grande fête religieuse.

Des bus partent de la gare routière bordant le port vers les quatre coins de l'île.

Panagia Evangelistria ÉGLISE

La vie religieuse à Tinos s'organise autour de cette grande église, et de son icône de Notre-Dame de Tinos, découverte en 1823 sous l'église actuelle dans les ruines d'une chapelle – une nonne, sœur Pélagie, aurait eu une vision de la Vierge lui indiquant où la trouver.

Située à gauche de la nef en entrant, l'icône est lourdement ornée de bijoux. L'intérieur de l'église est également richement décoré avec en particulier, par centaines, des ex-voto en argent suspendus au-dessus des pèlerins et des visiteurs : un navire, un berceau, un cœur, des poumons, une tronçonneuse...

Construite en 1830 dans un style néoclassique et richement décorée du marbre provenant des carrières de Panormos, l'église domine une cour flanquée d'arcades ombragées. De nombreuses inscriptions ont été gravées dans le marbre des balustrades, certaines remontant à plus de 100 ans. Sous l'église, là où fut découverte l'icône, se trouve le baptistère constitué de trois chapelles voûtées.

L'ensemble comprend plusieurs musées (horaires variables), qui abritent des collections d'objets religieux, d'icônes et d'art profane.

Tenue décente exigée à l'entrée (jambes et épaules couvertes). (☎22830 22256 ; www.panagiatinou.gr ; Leoforos Megalocharis ; accès libre ; ⏲8h-20h)

Fondation culturelle de Tinos CENTRE CULTUREL

Aménagé dans un bâtiment néoclassique du front de mer, ce centre culturel abrite une remarquable collection de sculptures d'un enfant de Tinos, Yannoulis Chalepas (1851-1938). Cette fondation présente par ailleurs des expositions et programme des spectacles musicaux durant l'été. (☎22830 29070 ; www.itip.gr ; Akti G. Drosou ; adulte/enfant 3 €/gratuit ; ⏲9h-15h lun-ven)

Sanctuaire de Poséidon et Amphitrite SITE ARCHÉOLOGIQUE

Du IVe siècle av. J.-C. au IIIe siècle de notre ère, un vaste sanctuaire dédié à Poséidon et Amphitrite, son épouse, s'étendait le long de la plage de Kionia, à 3 km au nord-ouest du centre de Tinos (Hora). Il n'en subsiste que les fondations des temples, autels, fontaines et thermes. La brochure fournie à l'entrée est indispensable pour comprendre le site. (☎22830 22670 ; Kionia ; 2 € ; ⏲8h30-15h mer-lun)

La maquette du site présentée au **musée d'Archéologie de Tinos** (22830 29063 ; Leoforos Megalocharis ; adulte/enfant 2 €/gratuit ; 8h30-15h30 mer-lun) est également très utile.

Poseidon Travel EXCURSIONS EN BUS

Tous les jours en été (départ 11h, retour 17h30), un circuit en bus mène au couvent de Sainte-Pélagie ainsi que dans les villages de Volax, Loutra, Pyrgos, Panormos et Tarambados. C'est une excellente façon de voir les sites remarquables de Tinos en une journée. Renseignements et départs à la gare routière de Tinos (Hora). (22830 22440 ; www.poseidontravel-tinos.com ; Leoforos Stavrou Kionion ; circuit journée complète 12 € ; juin-août)

Nissos Cyclades Microbrewery BRASSERIE

Joignez-vous à la visite guidée, suivie d'une dégustation, de cette microbrasserie pour découvrir les secrets de fabrication de la bière de Nissos. (22830 26333 ; nissos.beer ; Tinou-Agiou Ioanni Porto, Vagia ; visite 6 € ; 17h et 18h mar et jeu, 10h, 11h et 12h sam, mi-juin à mi-sept)

Marathia GREC **€€**

Poisson grillé et courgettes épicées, poulpe braisé et pois géants, verre de blanc, sans oublier le murmure de la houle sur la plage... Ce restaurant utilise des ingrédients extra frais dans des recettes de famille

Église Panagia Evangelistria

faisant honneur à la cuisine locale. On s'installe dans un décor contemporain au bord de la plage d'Agios Fokas. (22830 23249 ; www.marathiatinos.gr ; Iroon Polytechneiou, Agios Fokas ; plats 10-25 € ; 8h30-minuit ;)

Itan Ena Mikro Karavi MÉDITERRANÉEN **€€**

Cet élégant restaurant avec salle et terrasse, baptisé d'après les premiers mots de la comptine *Il était un petit navire*, sert une cuisine grecque inventive aux saveurs méditerranéennes. Le veau braisé et les raviolis au lapin sont préparés avec des produits locaux. Le service et le cadre sont fantastiques. (22830 22818 ; www.mikrokaravi.gr ; Trion Ierarchon ; plats 12-19 € ; 12h-23h30 ;)

San To Alati

TAVERNE €€

San To Alati ("comme le sel") est une jolie taverne en bord de mer qui tire son nom d'un conte de fées. L'endroit se spécialise dans une cuisine égéenne à base de produits locaux : fromages, tarte à l'artichaut, anchois marinés et calamars, poulpe et poisson tout juste débarqués des bateaux. (☎22830 29266 ; facebook.com/santoalati ; Iroon Polytechneiou, Agios Fokas ; plats 10-20 € ; ⏰12h-minuit ; 📶)

Ailleurs sur Tinos

La campagne de Tinos est un merveilleux patchwork d'amples collines cultivées en terrasses, de sommets pierreux, de villages ruraux, de belles plages et de mémorable architecture, avec, entre autres, de pittoresques pigeonniers. Mieux vaut louer un véhicule pour tout voir.

Au nord de la ville, le splendide village de **Ktikados** (plan p. 226, D3) semble perché au-dessus du paysage. Il abrite une excellente taverne et une jolie église coiffée d'une coupole bleue et d'un élégant clocher.

Juché au sommet d'une colline entourée de champs, **Kampos** (YY) abrite le **musée Costas Tsoclis** (☎22830 51009 ; www.tsoclismuseum.gr ; Kampos ; accès libre ; ⏰10h-18h mer-lun juin-sept), où sont exposées les œuvres de cet artiste plasticien né à Athènes en 1930.

Ne manquez pas **Tarabados** (D3) et son lacis de ruelles où somnolent des chiens, ornées de sculptures en marbre, et débouchant sur une agréable vallée aux nombreux pigeonniers.

À environ 17 km au nord-ouest de Tinos (Hora), au cœur d'un écrin de verdure, l'adorable **Kardiani** (C2), aux ruelles étroites, semble comme accroché au versant d'une falaise vertigineuse. Magnifique panorama.

Au nord de Pyrgos (voir l'encadré p. 231), la route principale s'achève à **Panormos** (B1), qui doit sa popularité à son joli port de pêche, où l'on trouve nombre de tavernes de poisson.

À 12 km au nord de Tinos (Hora), sur la côte nord, s'étendent les eaux émeraude de la baie de **Kolimbithra** (D2), où des surfeurs profitent des vagues de deux belles plages.

Un détour par l'intérieur des terres vous mènera à **Agapi** (D2), un joli village dans une vallée verdoyante émaillée de pigeonniers. Romantique en diable, le village est au diapason de son nom (*agapi* signifie "amour" en grec).

Passez par le séduisant village de **Krokos** (D3) à l'imposant monastère catholique, pour arriver à **Volax** (D3), à environ 6 km au nord de Tinos (Hora), un hameau lové au creux d'un amphithéâtre de petites collines ponctuées d'amas rocheux aux teintes remarquables. À 2 km au sud se dressent les ruines de la

Le village de Pyrgos

Somptueux hameau constellé d'églises, Pyrgos (plan p. 226, B2) est le véritable joyau de Tinos et l'un des plus beaux villages de l'archipel des Cyclades. D'étroites ruelles chaulées convergent vers une place idyllique bordée de cafés. Dans les environs, le marbre est extrait dans des carrières depuis des millénaires. À la fin du XIXe et au début du XXe siècle, le village était un lieu de rencontre et d'échange pour les sculpteurs, dont on peut découvrir certaines œuvres dans trois intéressants musées.

Le **musée de la Marbrerie** (22830 31290 ; www.piop.gr ; Pyrgos ; adulte/enfant 4/2 € ; 10h-17h mer-lun), bâtiment moderne implanté dans les collines dominant Pyrgos, accueille les expositions consacrées aux carrières de marbre et aux techniques de sculpture utilisées sur l'île depuis l'Antiquité. On y découvre de superbes illustrations (légendées en anglais) ainsi que des objets et éléments architecturaux taillés dans du marbre de Tinos. Plusieurs vidéos intéressantes illustrent les derniers carriers au travail.

Intéressant musée, la **maison-musée de Yannoulis Chalepas** (Pyrgos ; adulte/enfant 3 €/gratuit ; 11h-18h jeu-dim avr à mi-oct) permet de découvrir l'atelier de ce sculpteur né à Tinos en 1851. Le billet donne également accès au musée des Artistes de Panormos, proche.

forteresse vénitienne d'**Exobourgo** (D2) édifiée au sommet d'un imposant éperon rocheux à 640 m d'altitude.

Sur la côte nord-est, la plage de **Livada** (E2) est spectaculaire ; celles à l'est de Tinos, notamment Porto et Pahia Ammos, sont un plus urbanisées.

O Ntinos — TAVERNE €€

Installée sur une terrasse ensoleillée dominant la baie de Giannaki, cette taverne (plan p. 226, C3) conviviale propose une succulente cuisine maison de spécialités insulaires, dont un choix de mezze particulièrement appétissant ; goûtez le maquereau mariné au basilic et fenouil et l'aubergine au fromage épicé de Tinos. Le repas débute par une soupe de poisson, offerte, et se termine souvent par une glace maison. (22830 31673 ; Ormos Giannaki ; plats 9-22 € ; 12h30-23h30 avr-sept ;)

Drosia — TAVERNE €€

Dans cette taverne de Ktikados (plan p. 226, D3), plats de poisson ou d'agneau et vue splendide. (22830 21807 ; facebook.com/taverna.drosia.tinos ; Ktikados ; plats 9-13 € ; 12h-15h et 18h-22h Pâques-oct ;)

Les Cyclades Hier et aujourd'hui

Portique du temple d'Apollon à Naxos (p. 128)

Histoire

Le peuplement des Cyclades remonterait à plus de 7 000 ans avant notre ère. Vers 3000 av. J.-C., le commerce maritime entre les îles donna naissance à une civilisation cycladique homogène, constituée d'une poignée de petites communautés de marins et de fermiers. C'est au cours du cycladique ancien (3000-2000 av. J.-C.) que furent sculptées ces figurines en marbre de Paros, au style géométrique épuré – à l'origine elles étaient en partie peintes –, représentant des déesses-mères que l'on appelle "idoles cycladiques". Marins émérites, les habitants des Cyclades ont développé des échanges commerciaux prospères avec la Crète, la Grèce continentale, l'Asie Mineure, l'Europe et l'Afrique du Nord.

Au milieu du cycladique moyen (2000-1550 av. J.-C.), la majorité des îles étaient occupées par les Minoens, que l'on considère comme la première civilisation avancée d'Europe. Les palais minoens marquent une vraie rupture avec le mode de vie du néolithique. Les vestiges témoignent d'une société sophistiquée, avec leur architecture splendide et leurs fresques minutieuses. À Santorin, la cité minoenne d'Akrotiri (p. 176 et 192) a révélé des objets caractéristiques de ce faste.

Au début du cycladique récent (1550-1100 av. J.-C.), les îles passèrent sous l'influence des Mycéniens, eux-mêmes supplantés par les Ioniens à partir du Xe siècle av. J.-C. et par les Doriens au VIIIe siècle av. J.-C.

L'île de Délos, au cœur des Cyclades (le nom des Cyclades vient du cercle, *kyklos*, qu'elles dessinent autour de Délos), devint au VIIIe siècle un important sanctuaire dédié à Apollon, doublé d'une place commerciale florissante (p. 101). Au Ve siècle av. J.-C., les Athéniens, au faîte de leur puissance, affirmèrent leur contrôle sur Délos et sur la mer Égée. La Ligue de Délos constituée par Athènes en 478 av. J.-C. était à l'origine une alliance défensive contre les Perses dans le cadre des guerres médiques : Athènes demandait aux îles des alentours de lui payer un tribut en échange de sa protection. Les membres de la ligue venaient déposer leur tribut dans le temple d'Apollon.

Durant la période hellénistique (323-146 av. J.-C.), les Cyclades se retrouvèrent assujetties aux Ptolémées d'Égypte, puis aux Macédoniens. En 168 av. J.-C., les Romains conquirent la Macédoine. L'année suivante, ils firent de Délos un port franc. Sa prospérité fut multipliée avec l'établissement d'un marché aux esclaves où étaient vendus jusqu'à 10 000 individus par jour. En 146 av. J.-C., les Cyclades devinrent une province romaine, et les liens commerciaux qu'elles établirent avec de nombreuses régions de la Méditerranée leur assurèrent une nouvelle prospérité.

Après le partage de l'Empire romain en l'an 395, les Cyclades passèrent sous la gouvernance de Constantinople (ex-Byzance). Au tout début du XIIIe siècle, au cours de la quatrième croisade, les Vénitiens,

Les grandes périodes de l'architecture des Cyclades

Minoenne Les plus anciens vestiges d'architecture grecque (environ 2000 av. J.-C) datent de la civilisation minoenne, aux complexes palatiaux dédaléens (à l'image du palais de Cnossos, en Crète). La forteresse d'Akrotiri, à Santorin (p. 192), en est un bel exemple.

Mycénienne Peuple guerrier, les Mycéniens construisirent des palais-citadelles dans des emplacements stratégiques, enclos d'enceintes épaisses de 3 à 7 m (vestiges à Naxos, p. 130, ou à Sifnos, p. 213).

Classique C'est pendant cette ère (Ve-IVe siècle av. J.-C.) que se développent les ordres dorique (colonnes massives, chapiteau sans fioriture), ionique (colonne à cannelures plus profondes, chapiteau à volutes) et corinthien (chapiteau orné de feuilles). Des théâtres aux gradins en hémicycle datent de cette période.

Hellénistique Les résidences des citoyens fortunés affichent le statut de leurs propriétaires : marbres, mosaïques, fresques... Délos (p. 98) rassemble les plus belles demeures de cette période.

Byzantine Après les églises paléochrétiennes (IVe-VIIe siècle) au plan basilical à l'antique, les églises en Grèce prennent des caractères byzantins vers 700 environ : plan en croix grecque, coupole centrale et coupoles plus petites aux quatre angles, trois chapelles à l'Orient. Mosaïques et fresques ornent l'intérieur. Plus bel exemple des Cyclades : la Panagia Ekatontapyliani (fondée en 326), à Paros (p. 144).

Vénitienne Forteresses, ports de caractère, élégantes villas, pigeonniers : du XIVe au XVIe siècle, les Vénitiens ont laissé derrière eux un héritage architectural remarquable. Voir *Patrimoine vénitien* p. 16.

Néoclassique Dans la foulée de son indépendance en 1830, la Grèce renoue avec l'architecture antique – colonnes et formes géométriques.

qui nourrissaient des rancunes envers l'Empire byzantin, parvinrent à convaincre les croisés qu'ils trouveraient à Constantinople un butin bien plus fastueux qu'à Jérusalem. En 1204, la capitale byzantine fut mise à sac par les croisés. Une grande partie de l'Empire byzantin fut démembrée au profit d'États féodaux gouvernés par des princes "latins", essentiellement des Francs et des Vénitiens. Les Cyclades tombèrent sous l'autorité des Vénitiens, qui les distribuèrent alors à des aristocrates. Le plus puissant d'entre eux, Marco Sanudo, se retrouva à la tête d'une douzaine des îles les plus grandes, dont Naxos, Paros, Ios, Sifnos, Milos, Amorgos et Folégandros, dont l'architecture a conservé un éclat vénitien.

Les Cyclades tombèrent sous la domination turque en 1537, mais l'empire peina alors à en assurer la protection, et les fréquentes attaques de pirates entraînèrent le transfert de la plupart des villages côtiers sur les hauteurs. Les *hora* (villes principales) en sont les vestiges et se distinguent par leur authenticité. Ces attaques, ajoutées à une pénurie en vivres et en eau, conduisirent au dépeuplement des îles les plus isolées. En 1563, seules cinq îles étaient encore habitées.

La participation de l'archipel à la guerre d'Indépendance de 1821 fut limitée, si ce n'est que les îles des Cyclades servirent de refuge aux Grecs fuyant les massacres perpétrés dans d'autres îles. Pendant la Seconde Guerre mondiale, les Cyclades furent occupées par les Italiens, puis, en octobre 1943, par les Allemands. À la fin de la guerre, l'extrême pauvreté de l'archipel poussa de nombreux insulaires à émigrer sur le continent, mais aussi en Amérique du Nord ou en Australie.

Le boom touristique initié dans les années 1970 a redonné vie aux Cyclades. Reste à trouver des formes de développement durable propres à sauvegarder la beauté et le charme de cet archipel unique.

La vie insulaire

Économie

La vie agraire traditionnelle a cédé la place au tourisme sur nombre d'îles, bien que les deux activités coexistent souvent : des familles tiennent hôtels et tavernes en été et se consacrent à l'agriculture en hiver.

Le tourisme a apporté la prospérité dans beaucoup d'îles. L'amélioration des transports, des télécommunications et de la technologie, dans l'ensemble, a rendu la vie plus facile et moins isolée pour les îliens. Néanmoins, le disparités sociales et économiques perdurent. Ainsi, la cosmopolite Mykonos n'a rien à voir avec des îles plus petites et éloignées, où la plupart des habitants mènent une vie frugale, liée aux traditions.

L'hiver peut être particulièrement rude sur les îles isolées, sans aéroport ni liaisons maritimes régulières. Sur certaines îles, des habitants retournent à Athènes après la saison touristique, tandis que sur les plus grandes, les stations balnéaires sont délaissées au profit des villages situés sur les hauteurs ou des villes pourvues d'écoles et de services.

Identité régionale

Dans un pays où les identités régionales restent profondément enracinées, les insulaires ont tendance à s'identifier de prime abord à leur île, voire leur village avant de se considérer comme Grecs. Ceux qui vivent à Athènes ou à l'étranger conservent des liens étroits avec leur île, et y reviennent régulièrement pendant les vacances.

Les coutumes peuvent différer d'une île à l'autre, influencées par leur histoire et topographie particulières, qui se reflètent dans tous les domaines, de la cuisine à l'architecture en passant par la musique et la danse.

Vie de famille

La famille conserve une place prépondérante dans la structuration de la société grecque. Nombre de ceux qui travaillent à Athènes envoient leurs enfants chez les grands-parents sur les îles pendant l'été. Les Grecs attachent énormément d'importance à l'éducation et sont l'un des pays qui envoie le plus d'étudiants à l'étranger.

Les relations hommes-femmes révèlent des paradoxes. Si les hommes aiment donner l'impression qu'ils sont aux commandes, ce sont souvent les femmes qui tiennent les rênes, tant à la maison que dans les entreprises familiales.

Religion

Religion officielle du pays, le christianisme orthodoxe est un élément clé de l'identité et de la culture grecques. Durant les occupations étrangères, l'Église fut le principal défenseur de la culture, de la langue et des traditions. Elle garde aujourd'hui une forte influence sociale, politique et économique.

Les rites religieux font partie de la vie quotidienne sur les îles. Vous remarquerez que des habitants font le signe de croix lorsqu'ils passent devant une église. En cas de problème, on va à l'église allumer un cierge ou déposer un *tama* (offrande votive) devant le saint approprié.

L'année grecque s'organise selon les fêtes des saints et celles du calendrier liturgique. La plupart des Grecs portent le prénom d'un saint, comme des bateaux, des villes et des montagnes.

Les îles abritent des centaines d'églises et de chapelles privées, vouées à protéger les familles de marins. Les églises et les monastères sont ouverts aux visiteurs, habillés correctement : jupe sous le genou pour les femmes, bras et épaules couverts, et pantalon pour les hommes.

La plupart des *panigyria* (fêtes) des îles célèbrent leur saint tutélaire, celui de l'église ou du monastère local. Pâques est le plus grand événement de l'année, avec des processions à la lueur des cierges, des feux d'artifice et de l'agneau rôti à la broche. Quelques îles sont renommées pour leurs festivités pascales particulières : ainsi à Folégandros, 3 jours durant, une procession d'une icône de la Vierge visite chaque maison et bateau.

Plus de 50 000 catholiques, essentiellement d'origine génoise ou franque, vivent dans les Cyclades, pour la plupart à Syros, où ils représentent 40% de la population. Tinos compte également des villages et paroisses 100% catholiques.

Carnet pratique

Mykonos (p. 97) KAVALENKAVA/STOCK.ADOBE.COM ©

Avant de partir

Hébergement

- Les *domatia*, chambres d'hôtes (sans petit-déjeuner), sont prisées des voyageurs à petit budget. L'été, leurs propriétaires guettent les clients à l'arrivée des bus et bateaux en scandant "*room, room !*"
- Le site de l'**Association panhellénique de camping** (☎ 21036 21560 ; www.greececamping.gr) liste les campings.
- Pour les locations, consultez www.mygreek-villa.com et www.prettygreekvillas.com ou encore Airbnb (www.airbnb.com).

Mykonos (Hora)

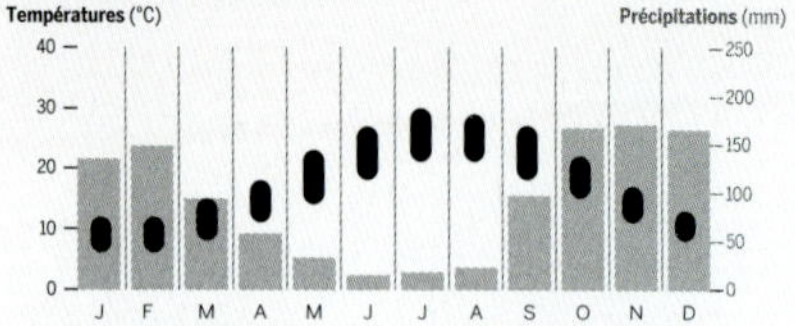

Quand partir

Printemps (avril-juin)
Profitez du soleil du début de la saison tout en évitant la canicule et les bateaux bondés.

Été (juil-août)
Soleil et plage le jour, douces senteurs le soir et nuits festives. Foule et prix au plus haut.

Automne (sept-oct)
Moins de monde, mer encore chaude et balades tranquilles sur les hauteurs.

Hiver (nov-mars)
Prix des hébergements pouvant être divisé par deux mais ferrys réduits au minimum et nombreux hôtels, sites et restaurants fermés.

Arriver dans les Cyclades

Avion

Beaucoup de voyageurs se rendant dans les Cyclades arrivent en avion à Athènes, puis prennent le ferry vers leur île de destination.

Les îles de Mykonos et Santorin accueillent l'été des vols réguliers depuis la France, la Belgique et la Suisse.

Des vols intérieurs quotidiens relient Athènes à Syros, Paros, Naxos, Milos, Mykonos et Santorin.

Aéroport international Eleftherios Venizelos (ATH ; ☎ 210 353 0000 ; www.aia.gr). L'aéroport international d'Athènes, à 27 km à l'est de la capitale. Pour rallier les ports, voir p. 241.

Aéroport de Mykonos (JMK ; ☎ 22890 79000 ; www.mykonos-airport.com)

Aéroport de Santorin (JTR ; ☎ 22860 28400 ; www.santoriniairport.com)

Catégories de prix

Ces fourchettes de prix données dans les sections *Se restaurer* indiquent le prix moyen d'un plat principal (service non compris).

€ moins de 10 €

€€ 10-20 €

€€€ plus de 20 €

Depuis/vers la France

Les tarifs d'un aller-retour Paris-Athènes débutent vers 160 € pour un vol direct en basse saison, et 200 € en haute saison. Le vol dure environ 3 heures.

Des vols directs pour Mykonos et Santorin sont proposés depuis plusieurs villes de France.

Aegean Airlines (☎01 70 03 13 23 ; www.aegeanair.fr)

Air France (☎0 800 240 260 ; www.airfrance.fr)

Olympic Air (www.olympicair.com)

easyJet (☎0 820 420 315 ; www.easyjet.com)

Ryanair (☎0900 88087 ; www.ryanair.com)

Transavia (☎0 892 058 888 ; www.transavia.com)

Volotea (www.volotea.com/fr)

Depuis/vers la Belgique

Outre les compagnies régulières, les compagnies low cost Ryanair et Jetairfly rallient la Grèce au départ de Bruxelles. Comptez au moins 120 € pour un aller-retour Bruxelles-Athènes (environ 3 heures).

Vols directs pour Santorin et Mykonos également.

Aegean Airlines (☎32-275 34710 ; www.aegeanair.fr)

Avertissement

Les informations contenues dans ce chapitre sont particulièrement susceptibles de changements et sont données à titre indicatif.

Airstop (www.airstop.be/fr)

Brussels Airlines (☎090251600 ; www.brusselsairlines.com)

Connections (☎070 23 33 13 ; www.connections.be ; Zuidstraat 19-21, 1000 Brussel)

Gigatours Voyages Éole (www.voyageseole.be)

Jetairfly (www.jetairfly.com)

Ryanair (☎0900 88087 ; www.ryanair.com)

De l'aéroport d'Athènes aux départs de ferrys

Les ferrys desservant les Cyclades partent des principaux ports de l'Attique : Le Pirée (liaisons pour la plupart des îles), Rafina (pratique pour Mykonos, Andros et Tinos) et Laurion (Lavrio ; pour Kythnos et Kéa). Voici comment rejoindre ces ports depuis l'aéroport d'Athènes.

Pour **Le Pirée**, empruntez le **bus X96** (1 heure 30, toutes, ttes les 20 minutes ; 6 €). Autrement, prenez le métro, en changeant à Monastiraki.

Le port de **Rafina** est proche de l'aéroport d'Athènes. Des **bus** (3,45 €, 45 min ; ⏱4h40-22h20) partent de l'aéroport près du Sofitel, devant le terminal des arrivées, et s'arrêtent au quai de Rafina ; achat des billets à bord.

Pour **Laurion (Lavrio)**, à 60 km au sud-est d'Athènes, les navettes de l'aéroport partent devant le terminal des arrivées près du Sofitel ; il faut changer de bus à Markopoulo.

Depuis/vers la Suisse

En vous y prenant à l'avance, vous pouvez trouver des vols réguliers Genève-Athènes directs (2 heures 40) à partir de 140 FS en basse saison et 200 FS en haute saison.

Vols directs pour Santorin et Mykonos également.

Aegean Airlines (☎210 626 10 00 ; www.aegeanair.fr)

Swiss (☎0848 700 700 ; www.swiss.com)

easyJet (☎0848 282 828 ; www.easyjet.com)

STA Travel (☎058-450 49 49 ; www.statravel.ch)

Depuis/vers le Canada

Des compagnies régulières desservent Athènes depuis le Canada. À l'heure de nos recherches, un vol direct Montréal-Athènes (9 heures 10) et Toronto-Athènes (9 heures 40) coûtaient à partir de 1 000 $C environ.

Quelques adresses d'agences et de transporteurs :

Air Canada (☎1-888-247-2262 ; www.aircanada.com)

Aegean Airlines (☎210 626 10 00 ; www.aegeanair.com)

Air Transat (☎1 877 872 6728 ; www.airtransat.com)

Lufthansa (☎1 800 563 5954 ; www.lufthansa.com)

Expedia (www.expedia.ca)

Travelocity (www.travelocity.ca)

Comment circuler

Ferrys

Pour chaque île, une section *Depuis/vers*, en début de chapitre, répertorie les liaisons avec les autres îles et le continent.

- Les départs des ferrys sont souvent retardés en fonction de la météo, et les tarifs fluctuent.
- Les compagnies de ferrys ont des bureaux dans la plupart des îles.
- **Greek Ferries** (☎281 052 9000 ; www.greekferries.gr) recense les informations importantes.
- **ferries.gr** (ferries.gr) : horaires et service de vente de billets en ligne.
- Pour localiser en temps réel votre ferry et vérifier s'il sera à l'heure, consultez le sites **Ferries in Greece** (www.ferriesingreece.com/live-boat-traffic.htm) ou **Vessel Finder** (www.vesselfinder.com).

Sur les îles

Pour chaque île, une section *Comment circuler* en début de chapitre détaille les modes de déplacement.

Infos pratiques

Argent

- En dehors des grosses localités, mieux vaut prévoir des espèces et ne pas compter uniquement sur votre carte bancaire.
- La plupart des lieux touristiques ont un ou plusieurs DAB, mais ils ne fonctionnent pas toujours.
- Laissez un pourboire de 10 à 20% de l'addition, au restaurant,

lorsque le service n'est pas compris. Dans le cas contraire, un petit pourboire est toujours apprécié. Pour un taxi, arrondissez le prix de quelques euros.

Cartes

Les cartes **Terrain Editions** (terrainmaps.gr) sont incontournables pour explorer les îles. Elles couvrent l'histoire, les mythes, les sites touristiques, la topographie et les sentiers de randonnée. Vous les trouverez dans la plupart des librairies et des boutiques de souvenirs.

Douane

- L'importation de médicaments est soumise à une législation sévère. Si vous suivez un traitement, munissez-vous de votre ordonnance.
- Acheter et exporter des antiquités sans un permis spécial est rigoureusement interdit et passible de lourdes peines. Retirer la moindre pièce d'un site archéologique est une infraction.

Électricité

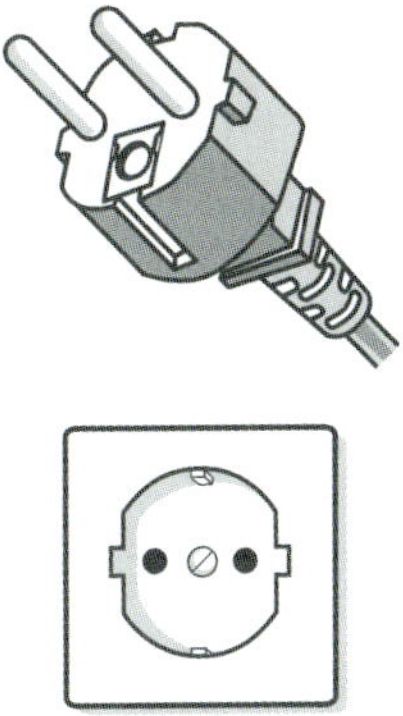

Type F
230 V/50 Hz

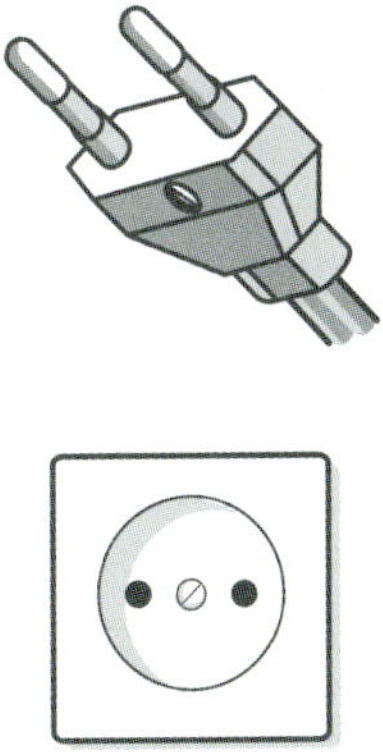

Type C
220 V/50 Hz

Formalités et visas

- Avant le départ, contactez les ambassades et les consulats pour s'assurer que les modalités d'entrée sur le territoire n'ont pas changé.
- La Grèce est un pays membre de l'espace Schengen. Pour entrer en Grèce, les Français, les Belges et les Suisses doivent présenter une carte d'identité ou un passeport en cours de validité. Les Canadiens peuvent séjourner en Grèce jusqu'à 90 jours sans visa en présentant un passeport valable encore 3 mois après leur départ.
- À partir de 2021, les citoyens de 60 pays hors UE – dont le Canada –, devraient être concernés par une demande d'autorisation préalable en ligne, sur le modèle de l'Esta américain. Attention, de nombreux sites frauduleux existent déjà. Le site officiel utilisera le domaine europe.eu.

Handicapés

Si des progrès ont été réalisés en matière d'accessibilité à Athènes, ce n'est pas le cas dans le reste du pays, où les pierres, pavés glissants et escaliers sont difficiles voire impossibles d'accès pour les fauteuils roulants.

L'**APF France Handicap** (☎01 40 78 69 00 ; www.apf-francehandicap.org ; 17 bd Auguste-Blanqui, 75013 Paris) peut fournir des informations utiles sur les voyages accessibles. **Yanous** (www.yanous.com), **Hizy** (hizy.org), **Handicap.fr** (www.handicap.fr) et **Tourisme et Handicaps** (www.tourisme-handicaps.org) constituent également de bonnes sources d'information.

Les principales plateformes d'hébergement que sont **Abritel** (www.abritel.fr), **Airbnb** (www.airbnb.fr), **Booking** (www.booking.com) et **Hotels.com** (fr.hotels.com) ont intégré des critères d'accessibilité à leur moteur de recherche.

Internet (accès)

La plupart des hôtels, de nombreux cafés et certains restaurants offrent le Wi-Fi.

Jours fériés

Nouvel An 1er janvier

Premier dimanche du carême février

Jour de l'indépendance (fête nationale) 25 mars

Vendredi saint 30 avril 2021, 22 avril 2022, 14 avril 2023

Dimanche de Pâques (orthodoxe) 2 mai 2021, 24 avril 2022, 16 avril 2023

Fête du Printemps/fête du Travail (Protomagia) 1er mai

Pentecôte (Agiou Pnevmatos) 21 juin 2021, 13 juin 2022, 5 juin 2023

Fête de la Dormition (Assomption) 15 août

Jour de l'Ohi 28 octobre

Noël 25 décembre

Problèmes juridiques

En matière de stupéfiants, la stricte législation grecque ne fait pas de distinction entre la consommation et la vente. Une quantité infime de marijuana peut suffire à envoyer son détenteur en prison.

Santé

- Il y a au moins un docteur sur chaque île et les plus grandes disposent d'un hôpital. Bien que la formation médicale soit d'un excellent niveau en Grèce, les services de santé manquent cruellement de moyens. Il est essentiel de souscrire une bonne assurance santé.
- L'eau du robinet est rarement potable dans les îles.

Un fil d'Ariane en voyage

Vous êtes ressortissant français ? Pensez à vous enregistrer sur le **portail Ariane** (pastel.diplomatie.gouv.fr/fildariane) du ministère des Affaires étrangères. Ce service gratuit vous permet de recevoir des alertes si la situation le justifie. Crise politique, catastrophe naturelle, attentat... recevez en temps réel des consignes de sécurité lors de votre voyage.

Us et coutumes

Langage corporel Pour dire "oui" de la tête, les Grecs font le signe que nous utilisons pour dire "non" et vice versa.

Photographie Dans les églises, évitez d'utiliser le flash ou de photographier l'iconostase. Sur les sites archéologiques, l'usage d'un trépied est réservé aux photographes professionnels.

Lieux de culte Couvrez-vous les épaules et les jambes. L'entrée de certaines églises est refusée aux personnes trop dévêtues.

Tabac Il est interdit de fumer du tabac dans les lieux publics.

Sécurité

La Grèce est un pays relativement sûr, toutefois le vol à la tire est fréquent. Surtout dans les grandes stations balnéaires, surveillez votre verre (des drogues y sont parfois versées à l'insu du consommateur).

Téléphone

- Le forfait de téléphone portable des voyageurs européens fonctionne en Grèce comme dans leur pays d'origine, sans surcoût. Les autres voyageurs doivent se renseigner sur les frais d'itinérance.
- Les opérateurs de téléphonie mobile grecs (Cosmote, Vodafone, Wind...) proposent la 4G et vendent des cartes SIM prépayées permettant d'obtenir un numéro local. Cosmote assure généralement la meilleure couverture.
- L'indicatif téléphonique de la Grèce est ☎30. Pour appeler l'étranger depuis la Grèce, composez le code d'accès international (☎00), suivi de l'indicatif du pays (☎33 pour la France, ☎32 pour la Belgique, ☎41 pour la Suisse et ☎1 pour le Canada) et le numéro de votre correspondant.
- Les numéros d'urgence sont les suivants :

Ambulances	☎116
Urgences	☎112
Police	☎100
Police touristique	☎171

Si vous appelez depuis un numéro étranger, seul le ☎112 fonctionne.

Toilettes

Le diamètre des canalisations n'étant pas adapté à l'évacuation du papier, veillez à jeter papier toilette et autres détritus dans la petite poubelle prévue à cet effet.

Voyager en solo

Pour les femmes, voyager seule en Grèce est sans doute plus sûr que dans la plupart des autres pays européens. Mieux vaut cependant rester vigilante, les vols à la tire et les agressions sexuelles peuvent arriver.

Voyageurs LGBT+

La Grèce reste une destination prisée par la communauté LGBT+, notamment Mykonos.

Langue

La langue grecque est probablement la plus ancienne des langues européennes : elle se transmet oralement depuis 4 000 ans, et s'écrit depuis environ trois millénaires.

L'alphabet grec est très proche de notre alphabet latin et la prononciation pose peu de problèmes aux francophones. Dans cette section, les lettres en italique indiquent la place de l'accent tonique. Les trois genres, masculin, féminin et neutre, sont indiqués par "m/f/n".

Indispensable pour mieux communiquer sur place : le *Guide de conversation Grec* de Lonely Planet. Inclus : un minidictionnaire.

Expressions courantes

Salut.

Γειά σας. *ya*·sas (poli)

Γειά σου. *ya*·sou (fam)

Bonjour/bonsoir.

Καλή μέρα/σπέρα. ka·*li* *mè*·ra/*spè*·ra

Au revoir.

Αντίο. an·*di*·o

Oui./Non.

Ναι./Οχι. nè/*o*·hi

S'il vous plaît.

Παρακαλώ. pa·ra·ka·*lo*

Merci.

Ευχαριστώ. èf·ha·ri·*sto*

Désolé(e).

Συγγνώμη. sigh·*no*·mi

Comment t'appelles-tu ?

Πώς σας λένε; pos sas *lè*·nè

Je m'appelle...

Με λένε ... mè *lè*·nè...

Parlez-vous français ?

Μιλάτε αγγλικά; mi·*la*·tè gha·li·*ka*

Je (ne) comprends (pas).

(Δεν) καταλαβαίνω. (dhèn) ka·ta·la·*vè*·no

Au restaurant

J'aimerais... Θα ήθελα... tha *i*·thè·la...

une tasse de café ένα φλυτζάνι καφέ è·na fli·*dza*·ni ka·*fè*

une table pour deux

ένα τραπέζι για δύο άτομα è·na tra·*pè*·zi ya *dhi*·o *a*·to·ma

une bière

μία μπύρα *mi*·a *bi*·ra

Je suis végétarien(ne).

Είμαι χορτοφάγος. *i*·mè hor·to·*fa*·ghos

Que me recommandez-vous ?

Τι θα συνιστούσες; ti tha si·ni·*stu*·sès

Santé !

Εις υγείαν! is i·*yi*·an

C'était délicieux !

Ήταν νοστιμότατο. *i*·tan no·sti·*mo*·ta·to

L'addition, s'il vous plaît.

Το λογαριασμό, παρακαλώ. to lo·ghar·ya·*zmo* pa·ra·ka·*lo*

Alphabet grec

L'alphabet grec compte 24 lettres, dont nous indiquons les formes majuscules et minuscules. Certaines lettres ressemblant à l'alphabet latin se prononcent très différemment, le **B** par exemple, qui se prononce *v* ; et le **P**, qui se prononce *r*. Comme en français, deux lettres jointes modifient le son de la syllabe : **ου** se prononce *ou* et **οι** se prononce *i*.

Α α	*a*	de "bar"
Β β	*v*	de "vin"
Γ γ	*gh*	"g" plus doux et guttural
	y	de "yaourt"
Δ δ	*dh*	comme dans "dé"
Ε ε	*e*	è de "frère"
Ζ ζ	*z*	de "zoo"
Η η	*i*	de "lit"
Θ θ	*th*	comme dans "thé"
Ι ι	*i*	de "lit"
Κ κ	*k*	de "koala"
Λ λ	*l*	de "la"
Μ μ	*m*	de "ma"
Ν ν	*n*	de "net"
Ξ ξ	*x*	comme dans "axe"
Ο ο	*o*	de "port"
Π π	*p*	de "pompe"
Ρ ρ	*r*	de "route" légèrement roulé
Σ σ, ς	*s*	de "sable"
Τ τ	*t*	de "table"
Υ υ	*i*	de "lit"
Φ φ	*f*	de "fil"
Χ χ	*kh*	comme dans "chrome"
	h	"h" aspiré
Ψ ψ	*ps*	de "psaume"
Ω ω	*o*	de "port"

La lettre **Σ** a deux formes de minuscules – **σ** et **ς**. La seconde ne s'utilise qu'en fin de mot. Le point d'interrogation grec est désigné par notre point-virgule ";".

Shopping

Je souhaiterais acheter...
Θέλω ν' αγοράσω... *thè*·lo na·gho·*ra*·so...

Je ne fais que regarder.
Απλώς κοιτάζω. ap·*los* ki·*ta*·zo

Combien ça coûte ?
Πόσο κάνει; *po*·so *ka*·ni

C'est trop cher.
Είναι πολύ ακριβό. *i*·nè po·*li* a·kri·*vo*

Pourriez-vous baisser le prix ?
Μπορείς να κατεβάσεις την τιμή; bo·*ris* na ka·tè·*va*·sis tin ti·*mi*

Urgences

À l'aide !
Βοήθεια! *vo*·*i*·*thi* *a*

Appelez un médecin !
Φωνάξτε ένα γιατρό! *fo*·*nak*·*stè* *è*·*na* *yi*·*a*·*tro*

Appelez la police !
Φωνάξτε την αστυνομία! — fo·nak·stè tin a·sti·no·mi·a

Il y a eu un accident.
Εγινε ατύχημα — èy·i·nè a·ti·chi·ma

Je suis malade.
Είμαι άρρωστος. — i·mè a·ro·stoss

J'ai mal ici.
Πονάει εδώ. — po·na·ï·è·dho

Je me suis perdu(e).
Έχω χαθεί. — è·rho rha·thi

Heure et chiffres

Quelle heure est-il ?
Τι ώρα είναι; — ti o·ra i·nè

Il est (deux) heures.
Είναι (δύο η ώρα). — i·nè (dhi·o) i o·ra

hier	χθες	rhtèss
aujourd'hui	σήμερα	si·mè·ra
demain	αύριο	av·ri·o
matin	πρωί	pro·i
après-midi	απόγευμα	a·po·yèv·ma
soir	βράδυ	vra·dhi

1	ένας/μία ένα	è·nass/mi·a (m/f) è·na (n)
2	δύο	dhi·o
3	τρεις τρία	triss (m et f) tri·a (n)
4	τέσσερεις τέσσερα	tè·ssè·riss (m et f) tè·ssè·ra (n)
5	πέντε	pen·dè
6	έξη	èk·ssi
7	επτά	ep·ta
8	οχτώ	orh·to
9	εννέα	è·nè·a
10	δέκα	dhè·ka

Transports et orientation

Où est... ? Πού είναι...; — pou i·nè...

Quelle est l'adresse ?
Ποια είναι η διεύθυνση; — pia i·nè i dhi·èf·thin·si

Pouvez-vous me montrer (sur la carte) ?
Μπορείς να μου δείξεις (στο χάρτη); — bo·riss na mou dhik·siss (sto rhar·ti)

Je voudrais aller à...
Θέλω να πάω στο/στη... — thè·lo na pao sto/sti...

Où puis-je acheter un billet ?
Πού αγοράζω εισιτήριο; — pou a·gho·ra·zo i·ssi·ti·ri·o

À quelle heure part-il ?
Τι ώρα φεύγει; — ti o·ra fèv·yi

S'arrête-t-il à... ?
Σταματάει στο ...; — sta·ma·ta·ï sto...

J'aimerais descendre à...
Θα ήθελα να κατεβώ... — tha i·thè·la na na ka·tè·vo...

En coulisses

Vos réactions ?

Vos commentaires nous sont très précieux pour améliorer nos guides. Notre équipe lit vos lettres avec la plus grande attention, et vos commentaires sont transmis aux auteurs concernés. Pour nous faire part de vos réactions et suggestions, consultez notre site Web :
www.lonelyplanet.fr

Nous reprenons parfois des extraits de notre courrier pour les publier dans nos produits, guides ou sites Web. Si vous ne souhaitez pas que vos commentaires soient repris ou que votre nom apparaisse, merci de nous le préciser. Notre politique en matière de confidentialité est disponible sur notre site Internet.

Un mot des auteurs

Peter Dragicevich

C'est toujours un plaisir d'avoir de la compagnie sur la route, surtout celle d'un de vos meilleurs amis. Merci, David Mills, de m'avoir si assidûment aidé lors de mes recherches sur la vie nocturne à Mykonos. Je tiens également à remercier tout particulièrement Brana Vladisavljevic, rédactrice en chef extraordinaire. Merci pour ton soutien et toutes ces opportunités.

Anna Kaminski

Mille mercis à Brana pour m'avoir confié la moitié des Cyclades et à tous ceux qui m'ont aidée. En particulier : à Alex à Chálki (Naxos), à Apostolos d'Atlantis Oia à Santorin, au maître-nageur qui m'a secourue à Ios, à Kostas à Folégandros, à Alix et Semeli à Amorgos,à Flora à Antiparos, et à tous les experts en vin qui ont contribué à ma formation en œnologie.

Crédits photographiques

Photographie de couverture : Oia, Santorin © Allard Schager

À propos de cet ouvrage

Cette 1re édition du guide *Cyclades en quelques jours* est extraite, traduite et adaptée de la 11e édition du guide *Greek Islands* de Lonely Planet (en anglais), écrit, pour les Cyclades, par Peter Dragicevich et Anna Kaminiski.

Ce guide a été réalisé par :

Traduction Antoine Thibault

Révision Christophe Corbel

Direction éditoriale Didier Férat

Responsable éditorial Dominique Bovet

Coordination éditoriale Clara Mackenzie

Responsable prépresse Jean-Noël Doan

Maquette Christian Deloye

Cartographie Martine Marmouget/Afdec

Couverture Laure Wilmot

Merci à Muriel Chalandre, Julien Lannoy et Dorothée Pasqualin

Index

Voir aussi les index :
Se restaurer p. 254
Prendre un verre p. 255
Sortir p. 255
Shopping p. 255
Activités p. 255

Références des **sites**
Références des **plans**

E

F

G

H

I

J

K

L

Références des **sites**
Références des **plans**

R

S

T

V

Se restaurer

Références des **sites**
Références des **plans**

T

V

Y

Prendre un verre

Sortir

Shopping

Activités

Les auteurs

Peter Dragicevich

Après une carrière réussie dans l'édition de journaux et de magazines spécialisés, dans sa Nouvelle-Zélande natale et en Australie, Peter a réalisé son rêve de "Kiwi" et a abandonné son travail pour découvrir ses origines européennes. Il a participé à des dizaines de guides pour Lonely Planet sur une collection étrangement disparate de pays, qu'il a appris à aimer. Il est de nouveau basé à Auckland en Nouvelle-Zélande, mais son mode de vie encore nomade l'en éloigne souvent.

Anna Kaminski

Originaire de l'Union soviétique, Anna a grandi à Cambridge, au Royaume-Uni. Diplômée de l'université de Warwick, elle se passionne pour l'histoire, la culture et littérature des Amériques et des Caraïbes, et se découvre un amour infini pour l'Amérique latine. Ses aventures l'ont poussée à poser brièvement ses bagages à Oaxaca et à Bangkok et ses connaissances en droit pénal l'ont amenée à assister bénévolement des avocats dans les tribunaux, les ghettos et les prisons de Kingston en Jamaïque. Anna a contribué à près de 30 titres pour Lonely Planet.

Les Cyclades en quelques jours
1re édition
Traduit, extrait et adapté de l'ouvrage *Greek Islands, 11th edition, March 2020*

Dépôt légal Juin 2020
ISBN 978-2-81618-587-4
Imprimé par L.E.G.O. Spa (Legatoria Editoriale Giovanni Olivotto), Italie

En Voyage Éditions | un département édi8